Hasta luego, Inseguridad

Insaguridad

Has sido una mala amiga

BETH MOORE

Tyndale House Publishers, Inc.
Carol Stream, Illinois

Visite la apasionante página de Tyndale Español en Internet: www.tyndaleespanol.com.

Visite la página de Living Proof en Internet: www.LProof.org.

TYNDALE y el logotipo de la pluma son marcas registradas de Tyndale House Publishers, Inc.

Hasta luego, Inseguridad: Has sido una mala amiga

© 2010 por Beth Moore. Todos los derechos reservados.

Fotografías de la portada de Beth Moore por Stephen Vosloo © por Tyndale House Publishers, Inc. Todos los derechos reservados.

Fotografía del fondo de la portada © por Ivan Stevanovic/iStockphoto. Todos los derechos reservados.

Diseño: Jacqueline L. Nuñez

Traducción al español: Adriana Powell y Omar Cabral

Edición del español: Mafalda E. Novella

Publicado en asociación con la agencia literaria de Yates & Yates (www.yates2.com).

Versículos bíblicos sin otra indicación han sido tomados de la *Santa Biblia*, Nueva Traducción Viviente, © 2008, 2009, 2010 Tyndale House Foundation. Usado con permiso de Tyndale House Publishers, Inc., Carol Stream, Illinois 60188, Estados Unidos de América. Todos los derechos reservados.

Versículos bíblicos indicados con RV60 han sido tomados de la *Santa Biblia*, versión Reina-Valera 1960. Copyright © 1960 Sociedades Bíblicas en América Latina; Copyright © renovado 1988 Sociedades Bíblicas Unidas. Usado con permiso.

Versículos bíblicos indicados con NVI han sido tomados de la *Santa Biblia*, Nueva Versión Internacional,® NVI.® © 1999 por Biblica, Inc. Usado con permiso de Zondervan. Todos los derechos reservados mundialmente.

Versículos bíblicos indicados con *The Message* han sido traducidos libremente al español de *The Message* por Eugene H. Peterson, copyright © 1993, 1994, 1995, 1996, 2000, 2001, 2002. Usado con permiso de NavPress Publishing Group. Todos los derechos reservados.

Originalmente publicado en inglés en 2010 como *So Long, Insecurity* por Tyndale House Publishers, Inc., con ISBN 978-1-4143-3472-1.

Library of Congress Cataloging-in-Publication Data

Moore, Beth, date.
  [So long, insecurity. Spanish]
  Hasta luego, inseguridad : has sido una mala amiga / Beth Moore.
    p. cm.
  Includes bibliographical references.
  ISBN 978-1-4143-3475-2 (sc)
  1. Christian women—Religious life. 2. Security (Psychology) 3. Trust in God—Christianity. I. Title.
  BV4527.M62418 2010
  248.8′43—dc22
                                              2010000871

Impreso en los Estados Unidos de América

16 15 14 13 12 11 10
7 6 5 4 3 2

Para Annabeth

Contenido

Agradecimientos

Jamás he tenido tantas personas a quienes agradecer al terminar una obra escrita. Más de mil hombres y mujeres contribuyeron a este mensaje, y si tú eres uno de ellos, mis palabras de agradecimiento no podrán expresar mi corazón y cuán humilde me siento por tu inversión servicial. Oro para que Dios bendiga tus esfuerzos de manera asombrosa, con una cosecha de mujeres que encuentren el libro por su providencia y logren la libertad que anhelan.

Para mi amada comunidad en Internet, a la que llamo las "Siestas": Chicas, este libro existe porque ustedes contribuyeron a él y me dieron el coraje para escribirlo. Se reconocerán a ustedes mismas en cada página. Esperen hasta ver el capítulo 7. Es acerca de ustedes, de principio a fin. Las quiero muchísimo. Son una gran parte de mi jornada y me proporcionan un panorama hacia el resto del mundo. Que Jesús siga siendo su premio.

Para los más de 150 hombres que participaron en la encuesta masculina: Sus perspectivas resultaron ser una de las coyunturas más importantes en esta jornada. Valiosísimas. Muchas gracias por permitirme citarlos y hasta meterme un poco con ustedes. Fueron estupendos. A propósito, muchos de ustedes me preguntaron qué podrían hacer para que la inseguridad sea un problema más pequeño para sus esposas e hijas. Cada vez me sonreí y pensé: *Si tienes la perspicacia suficiente como para hacer la pregunta, no eres parte del problema.* Los respeto muchísimo. Otra vez, gracias.

Para mis muchachas de TMA los lunes en la noche: Me divertí bastante con ustedes. Gracias por proporcionarme elementos de su generación joven para entender un asunto que, sin duda, sólo seguirá aumentando en importancia. ¡Continúen reuniendo el coraje para ser las mujeres de Dios de quienes hablamos!

Para mis amigas: Pobrecitas. Esta fue una época peligrosa para ser mis compañeras de ejercicio. Gracias por contarme cosas sobre las que se habrán preocupado luego de si yo las compartiría por escrito. Les aseguro que sí lo hice, pero no se preocupen. O no usé nombres o los cambié. Me estoy riendo fuertemente. Mejor que también lo hagan ustedes. Ayuda a calmar los nervios.

Para mi segunda familia, el personal de Living Proof Ministries: Ustedes son los que más amo, además de mi familia directa. Realmente los adoro. Gracias por todas las conversaciones trascendentales sobre este asunto durante el almuerzo y por actuar, una vez más, como que no veían el momento de conseguir el nuevo libro. No soy digna de ustedes. Los quiero y no puedo imaginar mi vida sin ustedes.

Para Sealy y Curtis y el personal de Yates and Yates: Gracias por ser gente en la que puedo confiar. Gracias por ser los primeros en captar la visión y por hacer todo lo que pudieron para cumplirla. Lo mejor es que no lo hicieron porque creen en mí, sino porque creen en Jesús. Gracias a Dios, él puede usar a cualquiera; si no, ustedes y yo nunca nos habríamos encontrado. Ustedes son regalos de su misericordia para mí.

Para el equipo de Tyndale: Mark Taylor, tengo muchísimo respeto por usted y su patrimonio espiritual. Me siento honrada de colaborar con usted, señor. Gracias por asumir este riesgo conmigo. Ron Beers, usted es, sinceramente, uno de los hombres más gentiles que jamás he conocido. Apuesto que las mujeres en su vida no luchan con mucha inseguridad. Jan Stob, tú fuiste una de las primeras mujeres en leer el manuscrito, y me sentí aliviada hasta el punto de llorar porque me di cuenta de que lo entendiste. A veces, soy una persona tan necesitada y desorganizada que me pregunto si he escrito un libro entero sólo para mí misma. Tú me diste a conocer que, por lo menos, este fue escrito para las dos. Jackie Nuñez y Stephen Vosloo, ¡me encantó el trabajar con ustedes! Muchísimas gracias por venir a Houston y por hacerme sonreír hasta que me dolieron las mejillas. Tenía más arrugas cuando se fueron de las que tenía cuando llegaron. Maria Eriksen, estoy muy agradecida por tu atención a cada detalle y por no dejar de hacer preguntas hasta que entendiste la audiencia del libro. Tu intensidad profesional me dejó sin duda alguna de que estabas haciendo tu trabajo. Stephanie Voiland, muchas gracias por tu obra diligente en corregir el manuscrito. ¿Cuántas veces te preguntaste por qué no podía expresarme de manera más sencilla?

Para Lisa Jackson: Tú eres una parte integral del equipo de Tyndale, pero eres digna de mención especial en este proyecto. A medida que este mensaje cobró forma escrita, supe que tendría que ser editado por una mujer. Dios supo que tú serías la editora. Me encantó cada momento trabajando contigo. Tienes una capacidad extraordinaria de estar siempre disponible, pero de nunca interferir. Eso no es fácil. Siempre recordaré el día que pasamos juntas, llevando a cabo cada cambio, sin un solo momento de incomodidad. ¿Qué tal estuvo eso? Trataste el manuscrito con dignidad. Me ganaste el corazón como editora, como madre y como hermana que también está tratando de navegar las aguas infestadas de tiburones de esta cultura. Muchas gracias, desde lo profundo de mi corazón.

He escrito todos los otros agradecimientos con gozo rebosante, pero a medida que concluyo, me inundan las lágrimas.

Para mis maravillosas hijas, Amanda y Melissa: No hay nada en el mundo que me satisfaga tanto como aprender y reflexionar y servir al lado de ustedes dos. Respeto sus opiniones más que las de cualquier otra persona. No hay mayor prueba de la gracia de Dios en mi vida que ustedes dos. Nadie me hace pensar ni reír ni orar ni *comprar* como ustedes. Dios las usa continuamente para conectarme con una generación de mujeres que son, sin casualidad, lo suficientemente jóvenes como para ser mis hijas. No hay palabras para expresarles cuánto me importan.

Para mis yernos, Curtis y Colin: Me alegro muchísimo de que no supieran en qué se estaban metiendo. Nunca podrían haber imaginado las implicaciones de tener esposas metidas tan profundamente en el ministerio a las mujeres. Ustedes son muy comprensivos . . . y son los hijos que nunca tuve.

Para Jackson y Annabeth: Gracias por proveerme innumerables distracciones encantadoras. Su Bibby está loca por ustedes.

Para mi hombre, Keith: ¿Cómo puedo agradecerte lo suficiente por permanecer conmigo a través de tantos altibajos y vueltas en el camino? Otros vienen y se van, pero tú has estado a mi lado durante treinta y un azarosos años. Tú eres mi compañero de por vida. Mi mejor amigo. No elevo ofrenda en el altar de Dios que no te haya costado harto, de una manera u otra. A menudo dices que nunca podrías escribir un libro, pero, querido, gran parte de tu vida ha sido un libro abierto con el nombre de tu esposa en la portada. Vacilo entre el remordimiento y la gratitud por ello. Que Dios te bendiga por preocuparte tanto por las personas que me permites hablar de ti constantemente y, de vez en cuando, de tus fallas. Eres un hombre humilde con un deseo profundo de ver a las personas lastimadas encontrar la sanidad. Estoy tan enamorada de ti . . . otra vez.

Más allá de todo lo demás que amo, "¡que todo el honor y toda la gloria sean para Dios por siempre y para siempre! Él es el Rey eterno, el invisible que nunca muere; solamente él es Dios. Amén" (1 Timoteo 1:17).

Introducción

Bueno, supongo que lo que tienes en tus manos es lo más cerca que llegaré para escribir una autobiografía. La historia entera de mi vida crece como un brote silvestre de la tierra espinosa de la inseguridad. Cada temor que he enfrentado, cada adicción que he alimentado, cada relación desastrosa que he tramado y cada decisión idiota que he tomado han brotado de esta tierra desgraciadamente fértil. A través del poder y de la gracia de Dios, he tratado con muchos de sus efectos secundarios, pero, curiosamente, hasta ahora he pasado por alto la fuente primaria.

Nuestra familia tiene una propiedad en el área más fea, llana y agreste de lo que se conoce, generosamente, como el "país montañoso" de Texas. Digámoslo de esta manera: si hay una demanda repentina de cactos, mezquites y rocas blancas indeterminadas, Keith y yo seremos ricos. Cuando estuve allí, hace poco, capté un vistazo contradictorio de mí misma mientras caminaba lentamente por un sendero rocoso, esquivando espinas. Tenía puestos mis auriculares, con mi iPod a todo volumen. Mi mano izquierda, con mi aro de boda y una manicura fresca, estaba alzada en el aire, alabando a Dios, y mi mano derecha estaba al otro lado, asiendo una escopeta. Sé cómo cargarla. Sé cómo usarla. Sonreí ampliamente, sacudí la cabeza y me pregunté: *¿Cómo sucedió esto?*

Serpientes de cascabel, y muchas de ellas. Son la razón por la cual Keith puso en fila varias latas de refresco en un tocón, colocó una escopeta en mis manos y me dijo: "Apunta con cuidado, 'Lizabeth. Ahora, inclínate hacia el arma, apóyala contra tu hombro y, cuando estés lista, dispara con ganas." Erré la primera vez, pero no he vuelto a hacerlo. A mi modo de ver, puedo salir a disfrutar del aire fresco bien equipada o puedo sentarme en el aire viciado de la casa enfurruñándome por un sendero lleno de peligros. Alcánzame la escopeta. No me voy a perder la vida por unas culebras.

Estos son días peligrosos para ser una mujer, pero, con seguridad, son los únicos que tenemos y están pasando rápidamente. Podemos quedarnos sentadas, como víctimas, hablar de cuán injusta es toda la presión en cuanto al género y volvernos más inseguras a cada rato, o podemos elegir equiparnos bien y salir a vivir plenamente. Este libro es para cualquier mujer que valientemente elija lo último, a pesar de la fuerte coacción de su propia inseguridad en una cultura que la hace casi inevitable.

Por toda la vanagloria de nuestra sociedad, hemos desarrollado un sistema erróneo de creencias que es tan sutil como una serpiente de cascabel. Es hora de encañonarlo firmemente y hacerlo pedazos.

Quizás nunca has leído un libro como este. Quizás no compartes mi sistema de creencias, pero te has sentido atraída a abrirlo porque compartes mi batalla. Echa un vistazo a tu alrededor. ¿Ves a otra mujer? Lo más probable es que ella también comparta esa batalla. Sin importar nuestras ocupaciones, trayectorias o posesiones, la gran mayoría de nosotras está nadando en un océano de inseguridad y haciendo lo mejor para escondernos detrás de nuestros anteojos de natación. En caso de que pensemos que un día podremos simplemente dejar este desafío atrás, he aprendido, a medida que hacía la investigación para este libro, que probablemente no lo haremos. Si lo dejamos de lado, la parte crónica de la inseguridad puede disminuir en nuestros años sesenta, pero la inseguridad misma podría acosarnos hasta la muerte. Con sinceridad, ¿a quién le gustaría cualquiera de las dos opciones? Aun en el mejor de los casos, ¿qué se supone que hagamos con los primeros cincuenta y nueve años, hasta sentirnos mejor?

La inseguridad femenina es una epidemia, pero no es incurable. Sin embargo, no debes esperar que se vaya tranquilamente. Tendremos que dejar que la verdad nos grite al alma más fuerte que las mentiras que nos hayan infectado. De eso trata este libro. Nos invita a enfocarnos firmemente en un asunto que es causa de muchos más. Es mi profunda esperanza que me acompañes en esta jornada hacia la seguridad auténtica. Te prometo que seré directa contigo y no trataré de manipularte. Si tengo algo que decir, lo diré francamente en vez de intentar hacerte ingerir algo que no sabías que estaba en tu plato. Arriésgate desde la primera página hasta la última, y si, sinceramente, llegas al final sin una pizca de entendimiento o de ánimo, empacaré mis libros y me iré a casa. Sin embargo, espero que salgas con algo infinitamente mayor. Quiero nada menos que cierres este libro como mujer *segura*.

El proceso de escribir este libro ha sido distinto a cualquier otro que he experimentado. Me encanta la investigación, y disfruto el estudio para cada libro tanto como el escribirlo. Me toma meses escudriñar otros recursos antes de teclear la primera palabra en mi computadora. Sin embargo, no pasó así esta vez. Casi no pude encontrar libros que trataran específicamente sobre la inseguridad. Tal vez haya más recursos escondiéndose en algún lado, pero los métodos para encontrarlos, que me han servido durante años, me fallaron en esta instancia. En esta carencia, descubrí fuentes infinitamente más valiosas. Recurrí a las personas como mis libros. A más de 1.200 de ellas, de hecho, y tal vez te interese saber que no estudié sólo a las mujeres. Tendrás que seguir el mensaje para ver qué roles juegan los hombres. Creo que sus contribuciones te resultarán muy esclarecedoras.

Cada historia femenina que comparto en estas páginas es, de alguna forma, una parte de la mía. Tal vez no llegué tan lejos como ella. Tal vez ella no llegó tan lejos como yo. Sin embargo, nos entendemos muy bien. Nos deseamos lo mejor. Quizás ya es hora de caminar bien, lado a lado.

CAPÍTULO I

Lo suficientemente enojada como para cambiar

ESTOY MUY ENOJADA, y necesito hacer algo al respecto. Algunas personas, cuando se sienten a punto de estallar por una emoción, comen; otras vomitan. O salen a correr, o se meten a la cama. A algunas les da una crisis. Otras la reprimen y tratan de olvidarla. Yo puedo hacer todas esas cosas en orden secuencial, pero aun así no encuentro alivio.

Cuando mi alma se enciende hasta que siento que mi piel está a punto de reventar, escribo. Nunca a mano, si puedo evitarlo. Cuanto más alterada estoy, es cuando más disfruto golpeando las teclas de la computadora. Tecleo por fe y no por vista. Mi teclado es testigo de que soy una persona apasionada, con una obsesión por las palabras: casi todas las vocales están gastadas. Me parece que *enojo* no tiene vocales suficientes. Quizás sería mejor decir que estoy encolerizada. Esa palabra está bien. O ¿qué tal una ira irracional hasta el punto de la inconsciencia? Y que se gasten las vocales del teclado.

A decir verdad, ni siquiera estoy muy segura de qué es lo que me encoleriza. Espero descubrirlo a medida que vaya dándole duro a estos capítulos. Una cosa es cierta: una vez que lo descubra, es probable que no lo guarde para mí sola. Después de todo, ya conoces el dicho: No hay peor furia que la de una mujer despreciada. Y me siento desdeñada.

Sin embargo, no sólo por mí misma. Me siento enojada en nombre de todas las que hemos nacido con un par de cromosomas X. Toda mi vida en el ministerio la he vivido en el bendito caos de la cornucopia femenina. Durante veinticinco años seguidos he observado a nuestro género a través del cristal de las Escrituras; he reflexionado sobre nosotras, he defendido a nuestro género, he redargüido y amonestado, he deliberado sobre nosotras, he orado por nosotras, he perdido el sueño por nosotras, he llorado por nosotras, me he muerto de risa y me he ofendido por nosotras —y a causa de nosotras— en más oportunidades de las que puedo recordar. Y, luego de un cuarto de siglo rodeada por chicas que van desde la etapa del jardín de infantes hasta que les llega el momento de usar el forro con puntillas en el interior del ataúd, he llegado a esta tierna conclusión: necesitamos ayuda. *Yo necesito ayuda.* Algo más de la que estamos recibiendo.

La mujer que vi hace unos días en la autopista, y que lloraba a lágrima tendida sobre el volante de su Nissan, necesita ayuda. La chica que miente sobre su edad para conseguir un empleo en un bar de topless necesita ayuda. La divorciada que por el autodesprecio ha engordado veinticinco kilos necesita ayuda. ¡Qué caramba! La cantante de rock que desdeñé durante años necesita ayuda.

Hace poco, cuando leí algo humillante que su ex dijo sobre ella —algo que a cualquier mujer le dolería en el alma—, salté en su defensa como un chacal sobre un ratón, y me pregunté, en serio, cómo podría contactarme con su agente para ofrecerme como su mentora en un estudio bíblico.

Días atrás, en un salón de té, me senté junto a una preciosa mujer a la que quiero mucho. Se casó hace tres meses; hicieron todo lo correcto como para llegar a la sagrada ceremonia, lo cual aumentó mucho la expectativa. Después de comentar más o menos durante una hora sobre el matrimonio, me dijo: "El último fin de semana parecía estar desinteresado en mí. Seré sincera: eso me conmocionó. Tenía ganas de preguntarle: '¿Así que ya no te intereso? ¿Tan rápido? ¿Se acabó todo?'"

Estoy bastante segura de que su esposo volverá a entusiasmarse, pero ¡qué tragedia que ella sienta que tiene la vida útil de un videojuego!

Recordé otro contacto reciente con una hermosa mujer de treinta años, como las que salen en las tapas de las revistas, quien mencionó —casi al pasar— que tiene que ponerse algún disfraz para que su marido quiera hacer el amor con ella. No critico sus tacos con plumas rosadas, pero me pregunto si estará pagando un precio demasiado alto. Es que me da tristeza que no pueda sentirse deseable siendo ella misma.

Ayer me enteré de que una muñequita de quince años con quien estoy en contacto se acostó con su novio en un intento desesperado por retenerlo. A pesar de todo él la dejó, y luego se lo contó a todo el mundo en la escuela a la que ella asiste.

Una mujer a la que amo está atravesando su tercer divorcio. Quiere encontrar un buen hombre desesperadamente, aunque, bien sabemos, que andan por ahí. El problema es que ella sigue casándose con el mismo tipo de hombre.

Estoy muy enojada.

Si estos ejemplos fueran la excepción a la regla, no me tomaría la molestia de escribir, pero tú y yo conocemos bien el tema. Día tras día escucho ecos del miedo y de la desesperación de mujeres, aunque hagan todo lo posible por ahogar el ruido con sus carteras Coach. ¿A quién creo que estoy tomándole el pelo? Escucho el resonar de mi propio corazón más veces de las que quiero reconocer. Procuro sofocarlo, pero no logro hacer que se calle. Algo debe andar mal en nosotras para que nos valoremos tan poco. Nuestra cultura nos ha jugado una mala pasada. Tenemos dañada la columna vertebral de nuestra alma y, ¡santo cielo!, tenemos que arreglarla.

Esta mañana, mientras me preparaba para ir a la iglesia, mi teléfono celular vibró hasta casi caerse del lavabo por los seis mensajes de texto que recibí de una amiga soltera que tenía una crisis sentimental. Le respondí con lo poco que tenía para dar, mientras luchaba con mis propios asuntos. Decidí que lo que yo necesitaba era un buen sermón para evitar que se me corriera el delineador, así que busqué en los canales de televisión hasta que encontré un impresionante pastor local. Quién lo diría, el sermón era sobre lo que una mujer necesita de un hombre.

Suspiré hondo.

En realidad, el mensaje era buenísimo para alguien que tuviera la intención de hacer lo que él recomendaba, pero como yo conozco la naturaleza humana y me sentía inusitadamente cínica, sentí que mi frustración iba en aumento. El predicador se había preparado bien. Brindó una presentación en PowerPoint de media docena de diapositivas con gráficos último modelo que describían lo que los hombres deberían hacer por las mujeres: "Las mujeres quieren que se les diga que son encantadoras. Que son hermosas. Atractivas."

No lo negaré. ¿Qué mujer no florecería ante una constante afirmación de esa naturaleza?

Sin embargo, mi pregunta es la siguiente: ¿Qué pasa si nadie nos lo dice? ¿Podemos encontrar la manera de sentirnos bien? O ¿qué pasa si él lo dice porque *se supone* que es lo tiene que hacer, pero en realidad no lo siente? ¿Tenemos alguna esperanza? Y ¿qué si *ningún* hombre se siente cautivado por nosotras? ¿Qué hacer si no nos ven particularmente hermosas? O ¿si, razonablemente, no lo sienten todos los días? ¿Estamos seguras sólo cuando él lo dice? ¿Qué ocurre si él nos ama, pero no se siente tan atraído por nosotras como solía estarlo? ¿Qué pasa si su computadora está llena de imágenes de lo que a él le parece atractivo y nosotras estamos a años luz de eso? Y ¿si tenemos setenta y cinco años, y cada gramo de atracción ha quedado muy atrás? ¿Podemos seguir sintiéndonos adecuadas en esta sociedad dominada por los medios, o sólo es posible si nuestro hombre se queda ciego?

El otro día, un tipo me dijo que los hombres normales nunca son demasiado viejos como para dejar de mirar mujeres. ¡Caramba! ¿Se supone que las que estamos casadas con estos hombres "normales" tenemos que seguir esforzándonos por competir con lo que hay allá afuera? O ¿tal vez debiéramos decirnos que las miradas de nuestra pareja son inofensivas? No me estoy poniendo a la defensiva; quisiera poder creerlo con todas mis ganas, pero, en ese caso, ¿inofensivas para *quién*?

¿Qué pasa si eres soltera y en el horizonte no hay un hombre al que quisieras presentar a tu papá? Con sinceridad, ¿no hay nada más que convalide nuestra femineidad, si no es un hombre?

Es una ironía que muchas de las mujeres que se ponen a la defensiva y dicen no necesitar nada de un hombre hayan hecho una de estas tres cosas: han intentado convertirse ellas mismas en varones, han recurrido a una relación codependiente con una mujer masculina, o han hecho lo de *Sexo en la ciudad*, tratando de ganarles a los varones jugando el mismo juego que ellos.

No me digas que no tenemos cuestiones con los hombres. Después de todo este tiempo en el ministerio femenino, no te creeré. Quizás tú seas la rara excepción, pero yo sé que si eres una mujer real, segura de ti misma, que no está obsesionada con la aprobación de los hombres ni alimentas algún rencor contra ellos, no has llegado a ese lugar por casualidad. Ninguna de nosotras podría lograrlo.

Quiero establecer un par de cosas, lo antes posible:

1) Los hombres, desde luego, no son la única fuente de inseguridad para las mujeres. Nos ocuparemos de otras causas en las siguientes páginas, pero estamos empezando aquí porque una mujer con emociones enfermizas hacia los hombres invariablemente será enfermiza en todas las demás áreas, algunas de las cuales van mucho más allá de su sexualidad.

2) No estoy atacando a los hombres. Nada podría estar más alejado de mi intención que culpar a los hombres de nuestros problemas, o inferir que nos divorciemos emocionalmente de ellos para sobrevivir. Dios me aplastaría como a un tábano si yo hiciera eso. Creo que

ninguno de los varones de mi vida alegaría que abrigo ira reprimida hacia su género.

Soy una gran hincha de los hombres. Algunos de los que he amado eran maravillosos, y me casé con mi favorito. Después de treinta años de matrimonio, todavía estoy prendada de mi esposo y no puedo imaginar la vida sin él. Nadie me hace reír como él. Nadie me hace pensar como él. Nadie tiene acceso a mi corazón como él. Él es digno de mi respeto y se lo doy de buena gana. Lo mismo pasa con mis yernos, y si hay alguien en este mundo que sea objeto de mi cariño desenfrenado, ese es mi nieto, Jackson. Amo a mis varones con todo mi corazón y tengo en la más alta estima a muchos otros.

Los hombres no son nuestro problema; lo que nos daña es lo que tratamos de conseguir de ellos. No hay nada más frustrante que intentar obtener nuestra femineidad de nuestro compañero. Usamos a los hombres como espejos para ver si somos valiosas, hermosas, deseables, dignas de atención, aceptables. Tratamos de leer sus expresiones y estados de ánimo para determinar si es el momento de actuar con inteligencia y hacernos las difíciles, o de hacernos las tontas y necesitadas de rescate. Peor aún, tratamos de poner en acción su Quijote interior y actuamos como damiselas en peligro. Cuando XX conoce a XY y trata de apropiarse de ese X para tener uno extra, lo que está intentando es mutar a ambos.

Lo digo con respeto y con gran compasión: pretendemos conseguir nuestra seguridad de un género que realmente no tiene mucho que le sobre. Nuestra cultura es tan despiadada con los varones como lo es con las mujeres. Sus inseguridades adoptan formas diferentes, pero no te equivoques. Ellos las tienen. Tú lo sabes, y yo también.

Admitámoslo. Los hombres quieren que recuperemos el control de nosotras mismas. No quieren vivir bajo la presión de tener que hacerse cargo de nuestro sentido de autoestima. Es demasiado para ellos. Los más cándidos lo reconocerán con gusto, y si no lo hacen, te darás cuenta cuando los veas correr a toda prisa para poner su vida a salvo.

El hombre se siente mucho más atraído por una mujer segura que por la que es una ruina emocional que insiste en que él podría completarla. Como dice mi amiga Christy Nockels: "A los hombres no los atraen las mujeres histéricas y necesitadas." Me avergüenza decir que lo sé por experiencia personal. No es mi enfoque habitual, pero a veces la vida me ofrece oportunidades tan irresistibles de actuar como una idiota que cedo.

He tenido la bendición y la calamidad de casarme con un hombre muy sincero. Keith es de los que han orado pidiendo perdón por pensamientos impuros, aun cuando yo estaba sentada ahí mismo, a su lado, con la cabeza inclinada. Demás está decir que mi cabeza no permaneció inclinada. Ahí estaba yo, pensando que no había nada más seguro en el mundo que orar con mi esposo, y entonces . . . *¡pum!* Con toda sinceridad, este hombre no me lastimaría intencionalmente por nada en el mundo. Y bien sabe que, después de mi primera gran reacción, nunca más volvió a hacer este tipo de oración-confesión. Keith es un tipo muy cariñoso, pero él no tenía idea de que un comentario inocente (y por sentimiento de culpa, irónicamente) pudiera herir mi autoestima, mucho menos hacer que se me cruzaran todo tipo de imágenes nocivas, según mi estado de ánimo. Lo peor de todo es que una semana después yo seguía pensando en lo que Keith había dicho, mientras que él permanecía ajeno al asunto.

Esa es una clave que nos plantea algo importante. ¿Vamos a insistir en obtener nuestra seguridad de personas —hombres *o* mujeres— que ignoran la enorme importancia que le damos a la manera en que nos valoran? ¿En serio? Quizás otros en nuestras vidas no sean tan despistados. Quizás se regodeen en el poder que tienen sobre nosotras. Sea como fuere, ¿vamos a vivir lastimadas y ofendidas? La perspectiva es agotadora. La realidad, a la larga, es extenuante.

De innumerables maneras, Keith ha sido la mejor medicina del mundo para mi caso terminal de idealismo, por amarga que pueda resultar la dosis. Nunca olvidaré un breve diálogo que tuvimos hace unos diez años, a raíz de que sufrí la pérdida de una amistad. De pronto, su mujer autosuficiente (con la que él se había casado específicamente por tal característica) empezó a tratar de absorberle la vida y, aunque parezca mentira, creyó que a él eso le encantaría. Después de pensar cuidadosamente y de planificar esa entrega completa de mi vida, le hice a Keith una declaración valiente y llorosa, que decía más o menos lo siguiente: "Voy a centrar mi atención en ti. Tú eres mi mejor amigo. En muchos sentidos, mi único amigo. He decidido que tú eres la única persona en el mundo en la que puedo confiar de verdad." Él me miró como un conejo asustado y dijo: "Cariño, ¡no puedes confiar en *mí*!" Ese era el auténtico Keith. Aunque nunca me había sido infiel, ni pensaba serlo, en su estilo demoledor quiso decir: "¡No puedes depositar toda tu confianza en mí! ¡No puedo aceptar la presión! ¡Yo también te fallaré!" Me quedé completamente desconcertada. Era volver al punto de partida.

Un hermoso lugar donde estar, en realidad. Un lugar que estoy tratando de encontrar, una vez más. Quizás la persona con la que estoy enojada sea conmigo misma. Quizás estoy furiosa conmigo misma por necesitar cualquier parte de esta jornada para mi propio bien. ¿Cómo podría necesitar algo más en este mundo, aparte de lo que ya tengo? Señor, ten misericordia. ¿Qué más podría querer una mujer? En realidad, me gustaría decirte exactamente qué otra cosa podría querer esta mujer, y no sólo para su propio beneficio. Quiero que en lo profundo del alma tengamos una seguridad que provenga de una fuente que nunca se agote ni nos desacredite por necesitarla. Nos hace falta un lugar al cual podamos ir cuando estemos necesitadas e histéricas, aunque nos resulte odioso estarlo. No sé tú, pero yo necesito alguien que me ame cuando me odio a mí misma. Y, sí, alguien que me ame una y otra vez hasta que me despida de todos estos elementos terrenales.

La vida es demasiado difícil, y el mundo demasiado mezquino, para que muchas de nosotras consigamos un elevado sentido de aceptación, aprobación y afirmación desde temprano, y lo mantengamos por el resto de nuestra vida . . . pase lo que pase. Las circunstancias cambian abruptamente y llegan los reveses. Las relaciones terminan de improviso; o, de manera igualmente impactante, comienzan. Cambian las escuelas. Cambian los amigos. Cambian los empleos. Se producen ofensas. Se cometen traiciones. Ocurren tragedias. Los compromisos se terminan. Los matrimonios comienzan. Los hijos llegan. Los hijos se van. La salud decae. Las estaciones cambian. La vieja situación que llega sigilosamente en una nueva época de nuestra vida puede ser más complicada que nunca. Podemos pensar que hemos asesinado al monstruo de una vez por todas, pero entonces se levanta de la muerte y le ha crecido otra cabeza.

Como si la lucha no fuera lo suficientemente dura, nos saboteamos a nosotras mismas y nos sumergimos en la autocondenación como un submarino rellenándose de agua. ¿Con qué frecuencia pensamos: *Ya debería manejar esto de una mejor manera*? Así que ¿está bien preguntar por qué no lo hacemos? Por ejemplo: ¿qué hay en el fondo de una respuesta impulsiva y desagradable?

Dios no creó seres estáticos cuando sopló vida dentro de Adán. Como criaturas dinámicas, siempre estamos cambiando, ya sea subiendo o bajando en espiral como por una escalera. Por favor, no me malinterpretes. Dios nos libre de vivir la vida en un círculo vicioso de avance y retroceso. He aprendido algunas lecciones que me tomaron décadas, y espero por todos los cielos no tener que volver a aprenderlas. Sin embargo, nunca llegué a un lugar en el que el dolor o la incertidumbre ya no me extendieran la invitación a una dosis considerable de falta de confianza, aun cuando tomo la difícil decisión de no morder el anzuelo. Todavía me incomoda más facilmente de lo que quisiera, y quedo atrapada en un breve pero sombrío pozo de inseguridad, uno que me afecta de manera demasiado reiterada como para negar que haya algo roto en alguna parte. Muchas veces, cuando la situación merece algunos sentimientos heridos, tiendo a responder con un clásico efecto demoledor. "Sé bien de lo que hablo," reprendo. "No puedo creer que haya vuelto a caer en esto. Mi mente sabe perfectamente bien que esto no me caracteriza. ¿Por qué no puedo transmitirle ese mensaje a mi corazón?"

Escucha con atención: el enemigo de nuestra alma gana más cuando retrocedemos que cuando sucumbimos ante un primer ataque. Lo primero es infinitamente más desalentador. Mucho más efectivo para hacernos sentir desesperadas y tentarnos a renunciar. Podemos racionalizar, incluso sinceramente, que el primer ataque nos tomó por sorpresa. Los retrocesos, por otro lado, hacen que nos sintamos débiles y estúpidas: *A estas alturas, ya debería haber superado esto.* Hace poco tiempo tropecé con una pregunta que acuña perfectamente esta mentalidad: ¿Cuántas veces debo demostrarme que soy una idiota?

Odio seguir abatiéndome tan fácilmente, y de algún modo trato de convencerme de que si tan sólo pudiera desarrollar un psiquismo suficientemente saludable, la vida no podría tocarme. Sería completamente inconmovible. Una roca. Sin embargo, algo sigue fastidiándome. Cierta vez, un hombre conforme al corazón de Dios confesó: "Cuando yo tenía prosperidad, decía: '¡Ahora nada puede detenerme!' Tu favor, oh Señor, me hizo tan firme como una montaña; después te apartaste de mí, y quedé destrozado" (Salmo 30:6-7).

En cuanto me siento completamente segura, como si fuera la mejor amiga de Dios, un terremoto parte por el medio esa montaña fuerte. Y, madre mía, quedo destrozada. Me parece que nunca debemos llegar a estar tan seguras de nosotras mismas como para no ser conmovidas. ¿Es posible que una roca pueda moverse hacia adelante?

¿Es la meta de una vida de fe llegar a un lugar donde simplemente nos mantenemos fijas hasta nuestra muerte? Tal vez eso sea parte de mi problema. Tal vez me aburro fácilmente. Siempre estoy queriendo ir a algún lugar con Dios. Olvido que, para poder ir realmente, tiene que suceder algo que produzca en mí el deseo de abandonar el lugar en el que estoy. Tal vez todas estemos hartas de avanzar tres pasos y tener que retroceder dos. Me dirás que soy un genio de las matemáticas, pero ¿acaso no significa eso dar un paso hacia adelante? ¿Acaso no es eso un gran progreso en nuestra carrera contra los vientos huracanados de una cultura atea? Y si no perdemos ese terreno, ¿no estamos en camino a algún sitio nuevo? ¿Estamos dispuestas a dar tres pasos más, aunque tengamos que retroceder dos?

Quizás este proceso sea sólo para mí. Jamás he escrito un solo libro en base a un conocimiento que domine. Suelo escribir para descubrir algo que estoy anhelando, incluso algo por lo que estoy desesperada. He encarado muchas cuestiones en el camino, pero, Dios me ayude, que alguien me diga que me retire cuando empiece a escribir libros con el único fin de hablar de mí misma. Esa clase de engreimiento me hace sentir muy mal. Dios ha sostenido este ministerio para la mujer, que tiene un simple enfoque: soy una mujer común que comparte problemas comunes, en busca de soluciones comunes, recorriendo un camino con un Salvador poco común. Si algo me lastima, concluyo que probablemente lastime a otra persona. Si algo me confunde, considero que es probable que también confunda a otra persona. Si algo me ayuda, espero, con todas mis fuerzas, que pueda ayudar a alguien más. Después de todo, "las tentaciones que enfrenta[mos] en [nuestra] vida no son distintas de las que otros atraviesan. Y Dios es fiel" (1 Corintios 10:13).

Para ser sincera, no sé si tú y yo nos sentimos igual en este momento. Sólo tengo el presentimiento. A ver si esto suena como algo que podría brotar de tu propia pluma: Ya estoy harta de la inseguridad. Ha sido una pésima compañera. Una amiga malísima. Prometió siempre pensar primero en mí y comprometerse en actuar para mi beneficio. Juró enforcarse en mí y ayudarme a evitar que me hieran o que me olviden. En cambio, la inseguridad invadió cada área de mi vida, me engañó y me traicionó en un sinnúmero de oportunidades. Ya es hora de que me restablezca emocionalmente lo suficiente como para elegir mejores compañeras de vida. Tengo que deshacerme de ella.

Por la gracia y el poder de Dios, he tenido la vivificante alegría de ganar muchas batallas, algunas de ellas contra enemigos nada pequeños. He experimentado victorias espectaculares sobre el pecado sexual, la adicción, las relaciones enfermizas y otros adversarios igualmente feroces. Pero hay una batalla en particular que no he ganado: la batalla contra la fortaleza de la inseguridad. *Todavía.* Con la ayuda de Dios, voy a lograrlo. Es demasiado siniestra y está muy profundamente entrelazada en las fibras de mi alma femenina como para que me ocupe de ella cargando además una maleta llena de otras fortalezas. Gracias a Dios, llega un momento en la vida servicial cuando estás preparada para enfrentar al enemigo Goliat en persona y pelear a muerte contra él.

Tienes en tus manos el relato de una mujer en busca de una seguridad real y duradera, que transforme el alma. Me honraría que quisieras acompañarme.

CAPÍTULO 2

Una inseguridad que impacta

Todas tenemos inseguridades; acompañan la vulnerabilidad inherente a nuestra condición humana. La pregunta es si nuestras inseguridades son lo suficientemente severas para lastimarnos, limitarnos o incluso distraernos de lograr una profunda efectividad o el cumplimiento de nuestro propósito. ¿Están privándonos de la vida poderosa y abundante que Jesús claramente prometió? ¿Nos mordisquean los talones desde la puerta de nuestro hogar hasta nuestro lugar de trabajo? Las Escrituras afirman que los creyentes en Cristo son personas llenas de dones. Nuestras inseguridades ¿apagan al Espíritu al punto de que nuestros dones, para efectos prácticos, resultan en gran parte infructuosos o, por lo menos, vacilantes? Quizás tú puedas responder a cada una de estas preguntas con un sincero "no." Sin embargo, la única razón por la que me tomo la molestia de escribir un libro, en lugar de dirigir un grupo pequeño, es porque creo que si puedes decirlo, serías parte de una absoluta minoría.

Estoy convencida de que la inseguridad que tienen muchas mujeres —si no la mayoría— es suficiente como para estorbarlas. Hace poco encuesté a más de novecientas mujeres, y descubrí que 78 por ciento confesaba tener sentimientos de inseguridad en un nivel igual o por encima del que les molestaba.[1] Eso lo califica como un gran pedido de sanidad. Del total de encuestadas, 43 por ciento ubicó sus problemas con la inseguridad en algún punto entre "bastante grande" y "enorme." Si esas novecientas mujeres son un remoto reflejo del resto de nosotras, tenemos que reconocerlo como un grave problema y buscar soluciones serias del Creador quien nos modeló maravillosamente.

Antes de seguir avanzando, comencemos por anotar algunas definiciones sobre la inseguridad, para poder evaluar si nuestras inseguridades necesitan atención y sanidad. Más adelante en nuestro viaje, hablaremos de varias experiencias que pueden alimentar esas inseguridades. Hasta entonces, ten por seguro que a menudo hay motivos reales para que las inseguridades de una persona superen a las de otra.

Estoy lo suficientemente familiarizada con el asunto en cuestión como para saber que a medida que comencemos a definir y a describir esta enfermedad, las mujeres que padezcan casos crónicos empezarán a sentirse inseguras incluso de sus inseguridades. (Mira quién habla.) Trata de no llegar a eso. Hubo una época en la que habría sentido la tentación de abandonar un libro que aumentara mi vulnerabilidad, pero en la actualidad prefiero perseverar a través de la incomodidad de mirar detenidamente mis debilidades, en lugar de vivir en la negación y en la esclavitud. El enemigo de nuestra alma tiene mucho por ganar si no te ocupas de tus inseguridades. No le des ese tipo de ventajas. Sigamos siendo sinceras y valientes, y confiemos en que la ayuda viene en camino.

Muy bien, empecemos por ver la definición de inseguridad que da un especialista:

La inseguridad hace referencia a una profunda sensación de falta de confianza en uno mismo: un sentimiento profundo de incertidumbre sobre nuestro valor básico y nuestro lugar en el mundo. La inseguridad está relacionada con la pusilanimidad crónica y con la falta de confianza crónica en nosotros mismos, y con la ansiedad por nuestras relaciones. El hombre o la mujer inseguros viven en constante miedo al rechazo y con una profunda incertidumbre en cuanto a si sus propios sentimientos y deseos son legítimos.[2]

Espero que esta definición transmita, hasta cierto punto, la idea de que inseguridad no es igual que sensibilidad. La segunda puede ser un rasgo encantador que a menudo se evidencia en los individuos y en las relaciones fructíferas. No todas las personas sensibles son inseguras, pero no tengas duda de que todas las personas inseguras suelen ser extremadamente sensibles. Paradójicamente, también son capaces de repartir toda clase de cosas que no pueden recibir. Mientras le das un repaso a esta primera definición, debes tener presente que no es necesario que te ajustes a todas las características de la descripción para calificar como insegura y necesitada de sanidad.

Por ejemplo, yo no estoy ansiosa por todas mis relaciones, pero tengo suficiente como para que me inquieten algunas de ellas. Asimismo, no vivo con el constante miedo al rechazo en todas mis relaciones, pero un puñado de experiencias me han dejado heridas considerables. Tampoco me debato con la sensación de no tener un lugar en este mundo. De hecho, al igual que tantas otras mujeres atareadas por sus responsabilidades (madres, maestras, cuidadoras, doctoras, ejecutivas empresariales, por nombrar algunas), parte de mi inseguridad proviene de estar incómoda con el lugar que sí tengo. Sea que nos sintamos insignificantes, sobrevaloradas, o ebrias por un alocado cóctel de ambas cosas, la inseguridad aterriza de lleno en esta frase: falta de confianza en una misma. Me subo a ella. Luego, nado en ella. Y por fin, casi me ahogo en ella.

Esta mañana salí a caminar para escuchar música de alabanza en mi iPod y para presentar ante Dios los temas de este libro, con la esperanza de que él hablara a mi corazón. Sé que lo hizo. Me di cuenta de que quizás no dude solamente de mí misma. Quizás, inconscientemente, dudo también de que Dios me use. Déjame ser sincera: si yo fuera Dios, no me habría dedicado una segunda mirada. Constantemente me siento incompetente, inadecuada y fuera del certamen. Esta mañana me di cuenta de que no sólo carezco de seguridad, sino que tampoco tengo fe. No sólo dudo de mí, sino que además dudo de lo que Dios *piensa* de mí. Fue una revelación. Casi un horror. Me pregunto si te sientes identificada.

Si conoces a Jesucristo, él te ha elegido a ti también, y te ha designado para lograr algo bueno. Algo importante. Algo preparado para ti antes del comienzo de los tiempos (Efesios 2:10). Algo para lo cual has sido destinada a producir un fuerte impacto dentro de tu esfera de influencia.

Quizás, como yo, en lo profundo de tu ser abrigas la mentira de que te conoces mejor de lo que Dios te conoce, y que de alguna manera has logrado esconder algo de su mirada omnisciente. Esta puede ser la única explicación de que se ocupe de ti. Para quienes tratamos de vivir a la luz de las Escrituras, este razonamiento es mucho más sutil que explícito. Las raíces siempre se extienden debajo de la tierra. A veces, la única forma de saber que existen es viendo lo que crece de ellas. Si en lo oculto de nuestro corazón erróneamente suponemos cosas como: "Si Dios me conociera de verdad, yo no le agradaría," estas ideas alimentarán nuestras inseguridades como el encargado del zoológico le arroja paladas de heno al elefante. Únicamente sabemos que esa suposición está ahí porque algo grande, vivo y destructivo está creciendo de ella.

Algunas de nosotras nunca buscamos la sanidad de Dios para nuestras inseguridades porque sentimos que no nos ajustamos al perfil. Pensamos que la persona insegura sólo se muestra de una manera —tímida, tal vez hasta torpe—, y esa no es exactamente la que vemos reflejada en el espejo. Por lo menos, no cuando tenemos el rímel puesto. Y, desde luego, no es la mujer que presentamos en público. La mejor manera de tapar la inseguridad es el perfeccionismo. Es entonces cuando se convierte en una forma de arte.

Mantén la mente abierta a cómo se ve una mujer insegura, y no te apures a desentenderte del tema sólo porque una dimensión del retrato no se parece a ti. El hecho de que pueda ser una complicada mezcla de confianza y timidez es la razón por la que tardé tanto en identificarla y reconocerla en mí misma.

Mientras me preparaba para escribir este libro, hice un inventario de la inseguridad y descubrí que muchas de las afirmaciones no se aplicaban a mí en absoluto.

¿Lloro con facilidad? No.

¿Evito ser el centro de la atención en situaciones sociales? Oh, no. Existe un motivo por el cual algunas de mis amistades me llaman "Beth la comediante."

Sin embargo, otros indicios del inventario eran tan descriptivos que sentí que el rostro se me ponía colorado como si me hubieran atrapado engañando a alguien.

¿Tengo un intenso deseo de hacer las paces cada vez que creo que hice algo malo? ¿Me hablas en serio? ¡Tengo el fuerte deseo de hacer las paces aun cuando no haya hecho *nada* malo! Y no solamente porque quiera hacer el bien. Lucho contra un enorme deseo de hacer las paces que no siempre está centrado en otros o en Dios. A veces, tengo mucho más miedo a la reacción violenta de las personas que a la de Dios. Él es infinitamente más misericordioso. Según cuán insegura me sienta en el momento, tener a alguien enojado conmigo es muy inquietante, aunque yo esté del lado de la razón en el conflicto. No puedo enumerar la cantidad de veces en que Dios ha tenido que decirme que deje de tratar de arreglar algo que insiste en permanecer roto. Para las personas inseguras, la pérdida del favor o de la aprobación de alguien y la falta de armonía es algo espantoso.

Aquí hay algunas otras preguntas de la encuesta que dieron en el blanco:

Si alguien se enoja conmigo, ¿me cuesta no pensar en el tema? Me esfuerzo por no pasar más allá de la obsesión.

¿Hay ocasiones en las que me siento ansiosa sin una razón aparente? Dios sabe que sí.

¿Me siento herida cuando me doy cuenta de que no le agrado a alguien? Me parte el corazón.

¿Tengo miedo de que mi esposo pueda dejarme por otra
persona? No todo el tiempo. No la mayor parte del
tiempo, pero más seguido de lo que creo que sea sano.

La definición describía la inseguridad como "una profunda
incertidumbre en cuanto a si sus propios sentimientos y deseos
son legítimos." ¿Lo captaste? ¿Con cuánta frecuencia tienes que
preguntarte si lo que estás sintiendo es real? ¿Si debes sofocar tus
deseos o procurar concretarlos? ¿Si eres desconfiada o prudente?
¿Si se supone que tú debieras hacer "esto" o no? Si eres como yo,
sucede más a menudo de lo que quisieras reconocer.

Tal vez protestes: "Pero, Beth, yo siento esas mismas cosas y
no me considero insegura." Mi pregunta para responderte sería:
¿Con cuánta intensidad sientes esas mismas cosas? Si las sientes
con la misma intensidad que yo, la mujer que ves en el espejo
probablemente tenga un problema de inseguridad más grande
de lo que quieras reconocer. O, lo que es más importante, que
quieras sanar.

La intensidad es un factor clave en la inseguridad. Un conflicto
en una relación puede herir a una persona, pero a otra puede devas-
tarla. Obviamente, la segunda es la menos segura. La inseguridad
no tiene que ver solamente con cuántos de los requisitos cumples
tú. Es acerca de en qué medida te afectan los que tienes.

Otro factor clave a tener en cuenta es por cuánto tiempo hemos
estado sufriendo inseguridad. Tal vez captaste la repetición de la
palabra *crónica* en la definición de inseguridad que hizo el especialista. Es un término médico que fue usado por Hipócrates de
la palabra griega *chronos*, que quiere decir "tiempo." Se refería a
las enfermedades que persistían por muchos días. En la medicina

moderna, el término a menudo sigue usándose para describir una condición que ha durado tres meses o más. Sígueme la corriente aquí por un momento. ¿Te han molestado durante más de noventa días tus inseguridades? Las mías sí. Entonces, han sido crónicas. Basta con decir eso. Avancemos.

Consideremos por un instante el elemento de la timidez en nuestra definición anterior. Ante la mención del término, nuestra mente, una vez más, comienza a dibujar la imagen de una persona tímida, o cómo actúa, y nos damos cuenta de que no queremos ser esa mujer. Después de todo, somos demasiado orgullosas para ser como ella, pero la verdad es que la timidez no es tan fácil de identificar como esa estudiante de séptimo grado en el vestuario, que perfeccionó el arte de cambiarse la ropa de gimnasia sin sacarse el vestido primero. Lo único que se necesita para ser crónicamente tímida es ser crónicamente consciente de una misma. La timidez es la profunda conciencia y obsesión por una misma, sin importar de qué modo se exteriorice. De pronto, un enfoque más amplio cambia todo lo que suponemos de ella.

La persona tímida puede protegerse bajo su sencillez y tratar de mimetizarse en el cuadro, pero también puede vestirse a la perfección y ubicarse bajo el reflector. En ambas representaciones —o cualquiera que haya entre ellas—, por lo general es más consciente de sí misma que lo que tiende a ser de cualquier otra persona en la sala. Sea que se sienta inferior o superior, hace un control frecuente de su lugar en el espacio. Puede gustarle u odiarlo, pero no le será indiferente. Nunca pienses que el orgullo y el egocentrismo no juegan papel alguno en la inseguridad. Sin embargo, como sigue confundiendo su inseguridad con humildad, nunca reconoce el egocentrismo para poder alejarse de él.

Ahora, veamos la descripción de inseguridad del especialista que me atrapó de entrada:

> La persona insegura también abriga expectativas irreales sobre el amor y las relaciones. Estas expectativas, por sí mismas y por los demás, a menudo son inconscientes. La persona insegura crea una situación en la cual es casi inevitable ser decepcionada y herida en las relaciones. Lo irónico es que, aunque las personas inseguras son heridas fácilmente y con frecuencia, por lo general ignoran que son cómplices involuntarias de crear su propia miseria.[3]

¡Así soy yo! O, por lo menos, así *era* yo. Me describe cada vez menos sólo porque he decidido declararle la guerra y dejar que Dios intervenga, pase lo que pase. La trampa oculta es la siguiente: rara vez se me ha llamado la atención por esto. Tal como sugiere la definición, yo no era consciente de poner excesiva presión en la relación, ni se me acusó de ello, pero en retrospectiva, lo veo vergonzosamente obvio. Hay que admitirlo: muchas de nosotras parecemos mucho más enteras en las cosas del corazón de lo que en realidad estamos.

Como tú, en muchas relaciones yo me sentía segura y tenía confianza en mí misma, mientras que otras eran casi la muerte para mí. Sin importar qué tan saludables fueran algunas de mis relaciones, aquellas en las que yo albergaba expectativas poco razonables me causaban considerable dolor e innumerables desilusiones.

¿Puedes decir lo mismo? Si estuviéramos hablando sólo Dios, tú y yo, ¿podrías sincerarte? Tratemos de relacionarnos así a lo largo de estas páginas. ¿Cómo es tu propio historial de relaciones?

¿Tienes tendencia a poner una presión considerable en algunas relaciones importantes? ¿Tienes expectativas poco realistas?

Una vez escuché a un comediante en la televisión decir que por fin había llegado a la conclusión de que lo que una mujer quiere en un hombre es otra mujer. ¿No es esa la verdad? ¿No solemos desear que nuestro hombre sea más sensible y cariñoso? ¿No desearíamos que nos llevara a comer a un lindo restaurante, a ver una buena película romántica, y luego conversar acerca de cómo se sintió? ¿Acaso no anhelamos una ocasión en la que nos ofrezcan un masaje, en lugar de pedir que se lo demos nosotras?

No obstante, otras veces pensamos que si tenemos que escuchar las quejas de otra mujer (no, no todas las mujeres son quejosas), meteremos la cabeza en el lavarropas y aguantaremos la respiración. Sabes que eres poco realista cuando le quieres decir a tu amiga que se ponga un poco de pelo en el pecho y acepte su situación como un hombre.

Es entendible que en gran medida construyamos relaciones basadas en lo que obtenemos psicológicamente de ellas. Tal vez tengas una amiga muy sanguínea que te divierte o que aporta un elemento de emoción a tu vida, pero ¿qué pasa si ella parece no estar de excelente humor cuando se encuentran después del trabajo ese día? ¿Te sientes igual de bien, o tiendes a desilusionarte, aunque no lo demuestres? ¿Te sientes como si te hubiera defraudado? Puede que tengas una mentora a la que acudes por orientación espiritual, pero ella no parece tan concentrada en ti como solía estarlo. ¿Con qué facilidad te las arreglas en esa clase de transiciones?

Podemos ser tan bendecidas en ciertas relaciones que nuestras expectativas poco realistas parecen cumplirse y, por consiguiente, nos parecen razonables. Nos quedamos con la idea de que somos personas seguras porque, durante un tiempo, las cosas importantes funcionan como queremos, pero entonces las cosas cambian y de pronto caemos en un pozo emocional. Nos damos cuenta de que no estábamos seguras. Estábamos consentidas. Una forma que tenemos para detectar la inseguridad es a través de nuestra reacción visceral ante cualquier nivel de cambio en la relación, particularmente, cuando percibimos que el foco se ha apartado de nosotras. Cuanto más fácilmente nos sentimos amenazadas, más inseguras somos. Puedes darlo por sentado.

Sé lo que es crear, involuntariamente, una atmósfera en la que sea inevitable cierta medida de sufrimiento. En mis días muy enfermizos, tendía a elegir con cuidado relaciones en las que, de una u otra manera, salía maltratada. Había otras ocasiones en las que ponía tanta confianza en determinadas relaciones que la desilusión era inevitable. Gracias a Dios, sólo unos pocos de esos choques fueron fatales. Sin embargo, el resto de las relaciones quedó arruinado, o llevó mucho tiempo repararlo. Si dependemos demasiado de una relación, el estallido es inevitable. Es natural que la presión lleve al estallido. Las ramificaciones de esta clase de inseguridad van desde la desilusión constante hasta el abuso permanente.

Curiosamente, en las relaciones tóxicas tanto la víctima como el victimario sufren de una enfermedad similar. Ambos son crónicamente inseguros. Ambos tienen un falso sistema de confianza que alimenta a paladas a ese elefante destructivo. La buena noticia es que, cuando permitimos que Dios traiga sanidad a las tendencias enfermizas que tenemos, no sólo lograremos relaciones más sanas, sino que, por añadidura, las disfrutaremos mucho más. Incluso es posible que comiencen a *gustarnos* algunas de esas personas que amamos, pero que apenas podemos soportar.

A estas alturas, me arriesgaré a decir algo bastante audaz, para que estés advertida. En tu búsqueda de la seguridad que Dios nos brinda, las únicas relaciones de tu vida que sufrirán en lugar de mejorar son aquellas muy enfermizas. Daré un paso más. Es probable que las más enfermizas no sobrevivan, y quizás no deberían sobrevivir. Más adelante volveremos a esto.

Por ahora nos estamos ocupando de nosotras mismas, pero a medida que avancemos en nuestro viaje nos ocuparemos de aquellas personas que prefieren que seamos inseguras y que tienen una necesidad enfermiza de que sigamos siéndolo. El especialista que mencioné anteriormente las denomina "depredadores emocionales." Tú no eres la única culpable, pero, amiga, eres la única a la que puedes cambiar. Dios está dispuesto a hacerlo. Dios puede hacerlo. Permítele llegar a esa parte temerosa de tu ser que devalúa al resto de tu persona.

Mientras este capítulo llega a su fin, no permitamos que nuestro enfoque sobre las relaciones personales nos confunda como para pensar que esta es la única parte de nuestra vida en riesgo de inseguridad. Solamente es la más dolorosa. La misma falta de confianza, la timidez y el temor que nos persiguen en casa nos perseguirán hasta el trabajo y nos ladrarán como un schnauzer miniatura en nuestro escritorio. La inseguridad no sólo nos impedirá alcanzar y luego *funcionar consecuentemente* a nuestro máximo potencial, sino que transformará a nuestros compañeros de trabajo en una amenaza, y nos llevará a la trampa de adoptar poses. También nos perseguirá a la iglesia, donde estaremos tan distraídas por quién conocemos o dejamos de conocer, dónde nos sentamos o dónde no nos sentamos, o qué marca de ropa usamos o no usamos, que probablemente no escucharemos ni tres palabras del mensaje.

Este es el lugar perfecto para intentar dar mi propia y concisa definición de la inseguridad: autosabotaje.

La inseguridad es algo miserable. Eso es, en definitiva. No la necesitamos; no la queremos. Podemos vivir sin ella, en serio. Entonces ¿qué pasaría si renunciáramos a ser cómplices de nuestra propia miseria?

CAPÍTULO 3

No tiene un solo aspecto

A VECES, LAS explicaciones generalizadas son una gran ayuda. Es lo que yo espero que hayamos logrado en el capítulo previo. Otras veces, sólo necesitamos un concepto reducido a su forma más básica. Ahí es donde comenzaremos este capítulo. Según el *Diccionario* de la Real Academia Española, la definición de la palabra *inseguro* es la siguiente: "Falto de seguridad."

Ahí la tienes. A veces, es así de simple. Si reiteradamente te falta seguridad, eres insegura. No es más que una cuestión de descubrir por qué y qué hacer al respecto. A veces, muy dentro de ti, sabes que luchas contra la inseguridad, aunque no logres que muchas personas te crean. Yo he tenido conversaciones como esta:

"¿Cómo puedes sentirte insegura? Tú lo tienes todo." No; en realidad, nadie lo tiene todo. Las apariencias engañan.

"Tu esposo te ama." Sí, así es. Y yo lo amo a él, pero somos personas imperfectas, con corazones imperfectos. No siempre decimos lo correcto, ni elegimos hacer aquello que beneficia al otro. Nos amamos profundamente y nos conocemos como nadie más. Conocemos bien las debilidades del otro y somos sumamente conscientes de sus vulnerabilidades. La mayoría de las veces, evitamos rozarlas. Otras veces apuntamos hacia ellas. Nuestro corazón está completamente expuesto al otro, como un blanco grande, redondo, palpitante y rojo. Ese tipo de susceptibilidad hace que las alegrías sean jubilosas, y que los ataques sean espantosos. De todos modos, nadie en el mundo puede amarte de una manera tan perfecta como para sanar un desgarrón en la tela carmesí de tu alma. Además, si una persona dedicara su atención completa e inquebrantable a amar cada parte de nosotras, y nos hiciera el único objeto de su cariño eterno, ilimitado y evidente, probablemente comenzaríamos a sentirnos asfixiadas. Quizás eso tenga un poco que ver con lo que quiso decir Ovidio cuando escribió: "El amor que se alimenta hasta engordar pronto se transforma en aburrimiento." No sé en tu caso, pero a mí me gustan las personas que tienen una vida. Lo único que quiero es una parte sana de ella.

"Tú le agradas a muchas personas." Esas palabras son hermosas para una sanguínea como yo, pero, por cada persona a la que le agrado, hay otra a la que le desagrado.

Hacer conjeturas sobre quién lucha con la inseguridad y quién no en base a lo que parecen vivir sugiere lo poco que entendemos la naturaleza de la inseguridad y cómo se alimenta. Convencidas de que la inseguridad es completamente circunstancial, llegamos a supuestos equivocados que añaden toda clase de basura al montón en el que estamos. Tengo la esperanza de que, a lo largo de nuestra búsqueda, algo nos haga repensar nuestro esquema, y desarrollemos una perspectiva realista de lo que mueve a las personas. Si en la secundaria te retorcías de resentimiento hacia esa alegre porrista bronceada, de cabellos rubios y ojos azules, es muy factible que en la actualidad sigas odiando a la versión adulta en tus círculos sociales o laborales, *a menos que* vayas a la raíz del motivo por el cual te sentiste así en el pasado.

No estás sola. Todas las mujeres alguna que otra vez han tenido celos de la chica del momento, y no hay nadie más insegura que la chica que acaba de perder su trono. Esto es lo que muchas personas no entienden: que ella puede sangrar mucho más en la lucha contra la inseguridad que todas sus competidoras juntas.

Si tú supieras lo que siente su corazón gran parte del tiempo, hasta podría suceder que sintieras una pizca de pena por ella. Indudablemente, te ahorrarías la energía de desear estar en su lugar.

Si tenerlo todo es un mito, entonces el mantenerlo es pura ciencia ficción. La presión es imposible y el apetito de esa bestia es insaciable. Ella no entendería el concepto de estar despreocupada aunque la idea la golpeara en la cabeza como una plancha para el cabello. Ya ves, nadie se deja seducir tanto por la mentira de que la seguridad depende de las circunstancias como alguien que *casi* lo tiene todo. Cuanto más creíble sea el mito, menos probable será que ella lo rechace y se libere. Se siente tan cerca de la meta que casi puede agarrarla. Está colgando ahí mismo, frente a sus ojos, pero ella no logra alcanzarla. Suele ser la última persona en descubrir la verdad, a veces creyendo con todo su ser que si tan sólo pudiera hacer esto o controlar aquello, podría acallar ese dolor que tiene en su interior. Cae en el ridículo por su necesidad crónica de afirmación. Y Dios sabe que nadie es más infeliz con el paso del tiempo que ella. Tal vez haya sido realmente envidiable durante el primer año de la universidad, pero no querrías estar en sus zapatos desde los cuarenta años hasta la tumba. Especialmente cuando el médico le dice que tiene que cambiar los zapatos a los de taco bajo.

En esta guerra, los heridos no siempre son los que nosotros esperaríamos. En veinticinco años de congresos y retiros espirituales, ningún grupo me ha causado más angustia que las esposas de los atletas profesionales. La mayoría de las mujeres con las que hablé personalmente tenía el alma destrozada. Las que no la tenían invirtieron sus vidas compasivamente en las que sí. Conocían el dolor de la inseguridad, la trampa que representaba, y algunas supieron cómo escapar del juego —y no estoy hablando del juego en el campo deportivo, que parece juego de niños en comparación. Cada vez que tuve la oportunidad de servir a un grupo de esposas de atletas profesionales, ellas fueron las mujeres más hermosas con las que me haya encontrado, esas que te dejan embobada. Es posible que yo haya envidiado en parte cómo lucían, pero jamás envidié lo que enfrentaban.

No olvides uno de los principales propósitos de este capítulo: Cuidado a quién codicias. Cuidado con tu manera de juzgar. Sé lenta en formarte una opinión sobre alguien y pensar que sabes todo sobre las que son como ella. No es tan distinta a ti. Nadie en este mundo es inquebrantable. Solamente los muertos no sangran cuando se los corta. Todas tenemos miedo de no ser quienes fingimos ser. Cuanto más cuidado pongamos en la imagen que proyectamos, más propensas estaremos a ser manejadas por el miedo.

Quizás hayas caído en la cuenta de que muchas de las mujeres con inseguridad crónica que he mencionado son físicamente atractivas. No seguiré machacando sobre esto, pero quiero dejar bien establecido al principio que si piensas que las mujeres realmente atractivas no tienen este problema, estás un poquitín loca. Si por casualidad estás pensando que el problema son las de belleza mediana, te equivocas. El problema es el alma herida. Mejorar su apariencia física puede hacer que una mujer se sienta mejor consigo misma, y podría decirse que mejora en parte su calidad de vida, pero eso no sanará su inseguridad. Mientras más lo crea, más expuesta estará a otro golpe. Cada mujer tiene, dentro de sus habilidades, varias maneras de verse lo mejor posible. No lo mejor de otra, claro, sino lo mejor de ella misma. No obstante, si nuestra búsqueda ha pasado de la atención razonable a una verdadera obsesión, será mejor que revisemos en nuestra alma qué es lo que nos está motivando.

Alguna vez has frenado de golpe para preguntarte en voz alta: "¿Qué estoy haciendo?" Créeme, yo lo hago. Es una pregunta tremendamente importante; pero es necesario continuar con otras, como: "¿Por qué estoy haciendo lo que hago? ¿Qué espero lograr?"

Felizmente, no siempre que buscamos dentro de nuestra alma obtenemos un resultado mordaz. En realidad, a veces podemos llegar a descubrir que nuestros motivos no están tan fuera de órbita. Sin embargo, cuando más miedo tengamos de hacernos las preguntas difíciles, es probablemente cuando más necesitemos hacérnoslas. A veces podemos tener una motivación bastante aceptable, pero las consecuencias resultan totalmente diferentes de lo que esperábamos y no podemos controlarlas. Un buen ejemplo: el año pasado una mujer que conozco se hizo una liposucción, y hace poco decidió que se veía lo suficientemente bien como para conseguir un hombre mejor, así que se deshizo de su esposo. ¡Tienen hijos! Algo se trastornó en alguna parte. De más está decirlo, no todas las mujeres que se hacen una liposucción abandonan al marido. Es algo mucho más profundo que el deseo de tener unos muslos tersos lo que lleva a ese desenlace.

En mi barrio hay una mujer que, por años, ha sido la envidia de las otras mujeres que viven aquí. Su rostro es prácticamente perfecto. Peor aún, también lo es su cuerpo. Sorprendentemente, lo ha mantenido así por lo que parece una eternidad. *¿Tiene esta mujer alguna vez un mal día?* Yo me he mantenido físicamente activa, pero créeme cuando te digo: no estamos jugando con las mismas cartas. Recuerdo muchas veces en que iba haciendo una caminata enérgica por el barrio, y ella casi me hizo volar de la acera al pasar corriendo como una veinteañera con sus pantalones cortos elastizados rojo y negro. Siempre pensaba en lo estupenda que se veía y me maravillaba que solamente fuera pocos años más joven que yo. Hace poco estaba dando mi millonésima caminata por este barrio en el que hemos vivido durante veinticinco años, cuando ella volvió a pasar zumbando junto a mí. Esta vez montaba bicicleta, estaba vestida con sus pantalones elastizados y se veía fantástica; pero de pronto, sentí lástima por ella. Pensé: *Caramba, debe ser agotador mantener el ritmo.* Y sentí un poco de lástima por mí misma, también. Seguro, yo quiero mantenerme en buena forma el mayor tiempo posible, pero ¿qué pasará cuando ya no pueda? ¿Estará bien?

En lo profundo de mi ser escucho esa voz diciendo: *No preguntes si estará bien para ellos. Esta es la verdadera pregunta: ¿estará bien para ti?* Tú y yo tendremos que llegar a un lugar en el que dejemos de dar a las personas la clase de poder que solamente Dios debería ejercer sobre nosotras. El cambio no será fácil. Los viejos hábitos tardan en morir, pero *podemos* tomar la decisión radical de rehacer el cableado de nuestro sistema de seguridad.

Antes de hacerlo, necesitaremos ampliar el análisis sobre otros falsos supuestos. No sólo nos equivocamos al creer que las mujeres atractivas tienen menos inseguridades que las demás, sino también en que las mujeres casadas tienen menos inseguridades que las solteras. No discuto que un buen hombre y un buen matrimonio pueden mejorar enormemente el sentido de bienestar de una mujer, pero puedes tomarme la palabra en esto: si una mujer está casada con un hombre que de alguna forma alimenta sus inseguridades, tiene el doble de problemas que su amiga soltera. Un mal matrimonio puede hacerte sentir años luz más insegura que la soltería. El consejo para la casada no es que abandone a su esposo, ni para la soltera que se case con alguien sólo por cobertura emocional. La solución es enfrentar la inseguridad con la convicción de que todo lo que Dios dice sobre nosotras es verdad.

Verás, la trampa no es solamente poner nuestra seguridad en algo que nos dé un falso positivo. También está en pelear vehementemente para mantenerla en ese sitio. Sea que nuestro falso positivo son las apariencias, el matrimonio, los negocios lucrativos, lograr una posición, la educación o la notoriedad, solamente servirán para mantenernos seducidas y distraídas con ellas, y nunca llegaremos a las cuestiones de fondo. Incluso si lográramos que los demás creyeran que somos toda una mujer, nosotras sabríamos la verdad. La falta de confianza en nosotras mismas nos seguiría devorando. De un modo u otro, tarde o temprano, nos delataremos. La seguridad depositada en cualquier cosa terrenal no se puede sostener.

En este momento, el tema me consume. Cada mujer con la que me encuentro inevitablemente se convierte en un libro de mi biblioteca de investigación para este mensaje. Esto es, si se abre. Hace pocos días, me encontré con una gran amiga en el centro comercial del barrio. Ella es varios años más joven que yo, pero tenemos gustos parecidos en el café y en la ropa, así que la pasamos genial. Ella me dijo: "Oye, alguien de tu oficina me dijo que estás escribiendo un libro sobre la inseguridad." Esta amiga es agradablemente sincera sobre sus debilidades, y aunque podría haberse escapado escondiéndolas detrás de una fachada exquisitamente montada, siguió con lo que estaba diciendo: "Mujer, ¡sabes perfectamente bien que ese es mi gran problema! ¡Quiero el primer ejemplar!" ¿Te das cuenta de lo que quiero decir? Agradablemente directa. Continuó: "¿Sabes, Beth? Las personas que no te conocen bien jamás imaginarían que luchas con la inseguridad." Luego agregó algo que me hizo pensar: "Después de todo, eres tan menuda."

En ese momento lo vi claro. La mayoría de nosotras tiene lo que yo llamo un falso positivo predominante: *una cosa* que creemos que nos hará más seguras en *todas las cosas*. ¿Quieres saber cómo puedes localizar tu propio falso positivo predominante, aquello que más asocias con la seguridad? Piensa en una persona que creas que es segura y define qué cosa tiene ella que tú crees que no tienes, al menos no en la misma medida. Es probable que ese sea tu falso positivo: *una cosa* que te haría más segura en *todas las cosas*. De más está decir que a todas nos gustaría cualquier cantidad de cosas que nos dieran la seguridad que estamos buscando, pero cada persona tiende a priorizar una por encima de las demás. Nuestro apego a esa cosa no es algo cerebral. Pocas de nosotras razonaríamos que el peso que le damos al objeto o a la circunstancia tiene sentido en un nivel intelectual. Es algo emocional. A menudo, ni siquiera estamos conscientes de ello, pero lo demostramos mediante el excesivo poder que le otorgamos.

Mi amiga expresó (abiertamente, porque ese es su estilo) que gran parte de su inseguridad está relacionada con su peso. Es por ese motivo que se inclinaba a creer que yo sería más segura. Su falso positivo predominante puede ser la esbeltez. Su lucha concreta no es igual a la mía. Y, créeme cuando te lo digo, la mía no es como la de ella. ¡Tiene ella acaso cosas que no tenga yo! Verás, mi amiga tiene una figura fabulosa que la mayoría de las mujeres envidiaría, pero dice que tiene algunos kilos de más que la vuelven loca. Otras dos mujeres podrían haber llevado la conversación en un sentido totalmente diferente. Imagínate a una escritora y una amiga distintas:

"¿Sabes? Las personas que no te conocen realmente bien jamás imaginarían que luchas con la inseguridad. Después de todo . . .

- . . . estás casada con el hombre más maravilloso del mundo." *Falso positivo predominante: Un gran hombre me haría segura.*
- . . . ¡mira esta casa! Querida, jamás tendrás que preocuparte por el dinero." *Falso positivo predominante: El éxito económico me haría segura.*
- . . . tienes la mejor personalidad que conozco. Les caes bien a todos." *Falso positivo predominante: La popularidad me haría segura.*

. . . ¡eres joven y estás en la flor de la vida!" *Falso positivo predominante: Recuperar la juventud me haría segura.*

. . . ¡eres hermosa! ¡Yo daría cualquier cosa por verme así en el espejo!" *Falso positivo predominante: La belleza me haría segura.*

. . . tú manejas toda esta corporación. ¡Mira cómo se lanza la gente a la piscina por ti!" *Falso positivo predominante: El poder me haría segura.*

. . . ¡todos te admiran!" *Falso positivo predominante: El prestigio me haría segura.*

. . . mira todos los títulos que tienes colgados en la pared. ¿Me estás tomando el pelo? ¡Eres la persona más inteligente que conozco!" *Falso positivo predominante: Los títulos me harían segura.*

. . . tienes un puesto asegurado. ¿De qué te preocupas?" *Falso positivo predominante: La seguridad laboral me haría segura.*

No soy tan ingenua como para creer que cualquiera de esas cosas no añadiría una capa de seguridad a una parte de nuestra vida. Al menos, temporalmente. Lo que digo es que ninguna de estas cosas, ni el conjunto de ellas, solucionarían el meollo del problema. Aun así chapotearíamos en la falta de confianza en nosotras mismas o nos preocuparíamos por si mañana tendremos o no lo que tenemos hoy. Muchas lucharíamos con lo poco que merecemos aquello que tenemos, y eso basta para hacernos sentir inseguras. Adquirir tu falso positivo predominante es como tapar con un dedo la grieta de una represa a punto de desbordarse. Puedes intentar detener el escape en un punto, pero la presión aumentará en otro, y un día el dique reventará. Tener un toque de seguridad aquí y allá es muy distinto a ser una persona segura, y eso es lo que tú y yo procuramos.

Conozco algunas colegas que piensan que publicando un libro cambiarían las cosas. No es así. Tampoco si se hacen una cirugía en la nariz. (Obviamente, no puedo hablar por experiencia propia.) Tampoco lo solucionarán con dinero, ni con implantes de siliconas, ni con una gran casa, ni con un hombre que las llame seis veces al día. Ni con un cabello espléndido, aunque suele seducirme la esperanza de que eso sí lo haga. Tampoco lo hará una gran oficina en una corporación financieramente sólida . . . si es que todavía existe algo por el estilo. Ni siquiera bajando esos cinco kilos de más arreglarás lo que la inseguridad ha roto. Cualquiera de esas cosas puede calmar a la bestia salvaje por un tiempo, pero, inevitablemente, volverá a despertarse y la esperanza postergada la volverá más hambrienta que nunca. No hay nada en este planeta que tenga el poder de garantizar seguridad a todo lo demás. Ni siquiera un hijo largamente deseado, tan amado como pudiera serlo. Escribo estas palabras con compasión y ternura. Hay muchas cosas asombrosas que un hijo puede traer a una vida, pero no deposites tu seguridad en eso. Los hijos acentuarán todas las inseguridades que tengas. Te lo garantizo.

Supongo que sabes que no estoy condenando a nadie. Conmigo estás a salvo, aun cuando tu falso positivo fuera la cosa más alejada de la mía. Después de todo, no tienes un caso de inseguridad tan crónico que consintieras en convertirte en una chica de portada. Para ser sincera, no me importa que alguien sepa de mi lucha. ¿Qué clase de chiflado pensaría que no la tengo? Voy en camino a ser libre, y estoy resuelta, Dios mediante, a llevarme conmigo a varias mujeres. Los recorridos que nos han traído a encontrarnos en esta coyuntura pueden ser tan distintos como el día y la noche, pero el camino que nos llevará a la seguridad que permanece por más tiempo que las circunstancias es muy parecido.

No hace mucho, estaba pasando por uno de esos días que todas las mujeres tenemos —al menos de tanto en tanto— sintiéndome deprimida, probablemente por cambios hormonales. Sabes lo que te digo: esos días en los que miras dentro del refrigerador y te preguntas cuándo irá alguien al supermercado, o dentro del ropero y te preguntas por qué compraste todas esas cosas espantosas. Esos días en los que nos miramos al espejo y farfullamos: "Guácala." O, si somos más espirituales: "Que Dios te bendiga." Esos días en que estamos demasiado hundidas en nosotras mismas como para levantarnos, de manera que habitualmente acudimos a alguien para que lo haga. Debería haber sido Dios, pero para mí, ese día, esa persona fue Keith.

Si siento que no me veo bien, de alguna manera racionalizo que, como Dios ve el corazón, él no es la amenaza, así que no necesito recurrir a él. ¿Cuándo aprenderé a acudir a él para todas las cosas de mi vida? En cambio, pienso que Keith podría ser la amenaza. Es posible que él no me amara tanto si pensara que no me veo bien. Ya sabes la rutina. Ni muerta me habrían atrapado haciéndole la verdadera pregunta: "¿Todavía te parezco hermosa?" Sería demasiado humillante. Me expondría demasiado. Mientras te hablo de mí, sé buena conmigo si prefiero no dar a entender que soy más patética de lo que soy. Eso me lo dejaré para una mejor oportunidad. Soy tan honesta como puedo cuando te digo que aunque tengo la esperanza de que otras mujeres piensen que soy linda —y si no lo soy en cuanto a la belleza física, por lo menos que sea en la personalidad—, no tengo una profunda necesidad emocional de que piensen algo más que eso. Mi tema primordial de "belleza" está ligado a mi esposo. Él es la persona que anhelo atraer *y* cuyos ataques esporádicos de desinterés me derrumban. Él es el único que posee la flecha que puede herir este talón de Aquiles en particular.

Así que, en lugar de hacerle a Keith la pregunta que tenía en mente, simplemente traté de averiguar si él podía ofrecerme la información. De otra manera no vale. Por favor, alguna otra confiese que también lo hace. No me dejen colgada. Me puse algo que pensé que a él le gustaría mucho: unos jeans y un suéter, porque a Keith no le gusta que su mujer parezca una cualquiera. Entonces procedí a caminar entre él y ese interminable programa de pesca no menos de veinte veces. Nada. Ni una palabra. Bueno, tal vez un "Hola, ¿cómo estás, cariño?," pero yo no quería pescar un "Hola, ¿cómo estás, cariño?" Quería un simple: "Vaya, debo ser el tipo más afortunado del mundo." Nada. Dos horas después, todavía no había logrado nada. Keith *sí* puede ser edificante, así que no era una idea inverosímil; sólo que esta vez no funcionó.

Finalmente me dejé caer en una silla junto a la mesa del porche posterior de mi casa y escuché una voz de mi propia alma discapacitada, imitando a la de Keith: *La cuestión es que ya no eres hermosa para mí.* No es para sorprenderse que viniera de la voz de mi alma; la autocondenación es el problema más fuerte de las personas que tienen una formación como la mía, pero es ahí cuando sucedió lo más insólito. Un instante después, escuché una voz más profunda —no audible, desde luego, sino del lugar más recóndito de mi interior— que dijo: *Sí, claro que lo eres.* La voz vino de la nada. De hecho, me sobresaltó. Mira, no soy dada a ese tipo de pensamientos cuando estoy desanimada. Yo sabía que esa voz no era mía. Era la de Cristo. También supe que no tenía absolutamente nada que ver con mi belleza física, y sí con el tipo de belleza que es realmente perdurable —incluso, susceptible de mejorar— sin importar qué nos haya pasado, quién nos rechace, qué tan discapacitadas seamos o cuánto envejezcamos.

Ya había tenido antes ese pensamiento, pero nunca en este contexto. Sentada junto a la mesa del porche, me di cuenta con renovado asombro de que, aunque quizás tengamos algo enfermizo en lo profundo de nuestro ser, aquellas personas en las que Cristo mora tienen también algo más profundo. Algo integral. Algo tan infinitamente sano que, si invadiera el resto de nuestro ser, seríamos sanadas.

No sé. Quizás para ti no sea una gran revelación, pero yo estoy tan agradecida de que nunca, desde que recibí a Cristo como Salvador, me haya convertido en un desastre total. ¿Parcial? Dios, ten misericordia, sí. Así de humillante, pero ¿completo? Nunca, y, si él mora en ti, tampoco tú (Romanos 8:9). Jesús no es enfermizo. No es codependiente con nosotros. Su fortaleza se perfecciona en nuestra debilidad. Este pensamiento nunca pierde vigencia para mí: Él no tiene un lado oscuro. En él *no hay oscuridad en absoluto*.

Querida, ese es nuestro desafío. Dejar que nuestro lado sano, pleno y completamente seguro supere cada vez más a nuestra vasija de barro, hasta que controle cada una de nuestras emociones, reacciones y relaciones. Cuando dejamos que la verdad de Dios eclipse cada falso positivo, y abrimos nuestros ojos de par en par al tesoro que *tenemos*, ahí en su glorioso reflejo también vemos el tesoro que *somos*. "Y la luz de Jehová nuestro Dios será sobre nosotros" (Salmo 90:17, RV60).

CAPÍTULO 4

Buena compañía

Si estás llegando a la misma conclusión que yo, y te das cuenta de que tienes un problema con la inseguridad, ¡anímate! Estamos en excelente compañía. Empecé a hojear las Escrituras en busca de indicios de inseguridad y tuve un verdadero festín. Con tu permiso, me gustaría seleccionar a los ganadores en las categorías masculina y femenina para el premio a los más inseguros de la Palabra. Comenzaré repartiendo premios desde el Antiguo Testamento. Hay demasiados ganadores como para resistirme.

Empezaría con Eva como nuestra primera subcampeona, porque tengo la seguridad de que nuestros problemas femeninos comenzaron con ella, pero como el único rastro de inseguridad real que encuentro es su afinidad por las hojas de higuera, la dejaré en paz. La inseguridad de una mujer a menudo se muestra en su guardarropa, pero ¿quién podría culpar a Eva por tomar lo primero que encontró a mano? No había nada en su ropero. No hay muchas mujeres tan seguras como para pasearse por ahí sin ninguna clase de hoja. Tengo una toalla con mi inicial que uso para envolverme cuando seco mi abundante cabellera. Keith le dice la bolsa roja de papas porque no tiene ninguna forma concreta, pero realmente es como una enorme hoja, y yo estoy agradecida de tenerla. Suficiente ya de Eva. ¿O de mí? Avancemos hacia mejores candidatas, como Saray y Agar.

El conflicto entre ellas demuestra que las decisiones monumentalmente insensatas pueden catapultarte hacia inseguridades que podrías haber evitado por el resto de tu vida. Te aseguro que en los próximos capítulos podrás ver más sobre este tema. Después de años de tratar de concebir un hijo con Abram, Saray apareció con la brillante idea de entregarle a su joven criada, Agar, con la esperanza de procrear un heredero. ¿Puedes deletrear la palabra I-D-I-O-T-A? Sí, ya lo sé: era una cultura diferente, pero, más allá de cuáles sean las costumbres del lugar, hay algo dentro de cada mujer que dice que está mal compartir su hombre con otra. Por otro lado, la desesperación abre la puerta de la inseguridad con la cortesía de una bola de demolición. Génesis 16:4-6 nos dice qué pasó a continuación:

> *Abram tuvo relaciones con Agar, y ella concibió un hijo. Al darse cuenta Agar de que estaba embarazada, comenzó a mirar con desprecio a su dueña. Entonces Saray le dijo a Abram:*
> *—¡Tú tienes la culpa de mi afrenta! Yo puse a mi esclava en tus brazos, y ahora que se ve embarazada me mira con desprecio. ¡Que el Señor juzgue entre tú y yo!*
> *—Tu esclava está en tus manos —contestó Abram—; haz con ella lo que bien te parezca.*

Y de tal manera comenzó Saray a maltratar a Agar, que ésta huyó al desierto.

Nada hace que una mujer luche más contra la inseguridad que sentir que no puede darle a su hombre lo que él quiere. Es decir, nada excepto entregarle otra mujer. Quiero que nos desviemos un poco del tema por un instante. ¿Sabes que hace poco alguien trató de convencerme de los beneficios del intercambio de parejas? Los rumores de parejas swingers han circulado durante años por los barrios residenciales de nuestro suburbio, que se supone es "para familias." No tengo idea si son ciertos, y Dios sabe que no quiero saberlo. Sin embargo, este es el argumento que escuché: "Puedes seguir casada con tu pareja, pero [momento de duda mientras busca la palabra correcta] *dormir* con otros en una situación de común acuerdo." Aumento de la presión arterial. Intento seguir controlando el volumen de mi voz. *¿Te volviste completamente loca?* Discúlpame, amiga, pero eso no es lo que la mayoría considera seguir casados.

Eso simplemente no puede funcionar. Ninguna pareja del mundo puede mantener una intimidad emocional recíproca sosteniendo, al mismo tiempo, relaciones íntimas con otra pareja. Nuestro cuerpo, alma y espíritu están entrelazados demasiado intrincadamente. Finalmente, los corazones siguen al cuerpo y los cuerpos a los corazones. Gracias a Dios, la mayoría de las parejas no está tan loca como para pensar que el intercambio de parejas ayudará, aunque muchos matrimonios *sí* son destrozados por la infidelidad. Estoy absolutamente convencida de que las parejas pueden ser restauradas por Dios después de la traición y de la infidelidad, si tanto el hombre como la mujer están dispuestos a hacer el arduo y largo trabajo; pero no hasta que las relaciones *de cualquier índole* con terceros hayan terminado por completo. (Y aun entonces, es un milagro, pero, gracias a Dios, él sí hace milagros. He visto el testimonio de ello en más matrimonios de los que puedo recordar.)

Estos ejemplos parecen estar a años luz de Saray y Agar, pero en realidad, la única diferencia es el objetivo. La carnicería es demasiado parecida. Cada vez que un tercero entra en la intimidad de un matrimonio, alguno, finalmente, será desechado. Y, aunque no ocurrió con Saray, la experiencia casi la despelleja viva. Vuelve a echar un vistazo a las Escrituras por un momento, y observa que Agar despreciaba a Saray y que Saray la maltrataba. Naturalmente, despreciamos a las personas en cuya compañía nos obligan a estar si nos sentimos amenazadas por ellas la mayor parte del tiempo.

Amenaza. El simple término define a uno de los responsables más poderosos de la inseguridad. Por lo general, si quisiéramos hacer la conexión, podríamos seguir el rastro de sentimientos de inseguridad hasta una amenaza percibida, especialmente cuando se presenta de una manera precipitada.

¿A qué le tenemos miedo?

¿A quién le tenemos miedo?

¿Qué tememos perder?

¿Por qué tenemos miedo de ser desplazadas?

Los estudios han comprobado hace mucho tiempo que gran parte de lo que tememos es alimentado por nuestra imaginación, y, de hecho, la mayoría de las cosas que tememos jamás sucede. No obstante, mientras buscamos sanar de nuestra inseguridad, no nos hace ningún bien trabajar a partir de la premisa de que no tenemos nada por lo cual estar inseguras. Algunas veces nuestros miedos *sí* tienen fundamento. A veces, la amenaza es real. ¿Qué pasa entonces? No hace mucho, una mujer me escribió una carta en la que describía cómo su mejor amiga sistemáticamente seducía a su esposo. Eso, querida, es una amenaza. Mi sugerencia es la siguiente: aun cuando los temores sean fundados y las amenazas sean reales y estemos a punto de ser aniquiladas por un maremoto de inseguridad bien merecida, hay un poder, una sabiduría y una claridad divinos por descubrir. Puede parecerte extraño que en un momento semejante una persona responda con fortaleza en lugar de histeria, pero lo que estamos haciendo aquí es precisamente tratar de encontrar a esa persona.

Si no puedes hallar una solución cuando te enfrentas a una amenaza reiterada, los malos sentimientos rápidamente pueden convertirse en un mal comportamiento, y alguien resultará maltratado. Por ejemplo, piensa en Saray o en Agar. Ninguna de ellas logró lo que quería. La amante nunca tendría la estima de la esposa, y la esposa nunca sería la verdadera madre del heredero sustituto. Por consiguiente, Agar despreciaba a Saray, y Saray maltrataba a Agar. No hay emoción más desagradable que los celos, y puedes anotar esta frase y subrayarla: los celos son siempre el resultado de la percepción de una amenaza. Y la amenaza siempre hace una llamada al 911 de la inseguridad.

Ah, pero puedo superar a Saray y a Agar. En todo el canon de las Escrituras, ninguna competencia entre mujeres puede compararse con la documentada en Génesis 29 y 30, donde un hombre con más de una mujer se supeditó sin darse cuenta a más de una doble cuota de confusión. Jacob tenía dos esposas. Peor aún, eran hermanas, y Jacob no amaba a Lea. Él amaba a Raquel, pero su hermana, Lea, era una máquina de parir bebés en una cultura que valoraba mucho la procreación. Cada uno de los hijos de Lea y de los de sus criadas llevaba la marca de las inseguridades de ella recibiendo nombres que reflejaban su estado emocional en el momento del parto. Estos son algunos de ellos:

- Rubén: "El Señor se ha dado cuenta de mi sufrimiento, y ahora mi esposo me amará."
- Simeón: "El Señor oyó que yo no era amada y me ha dado otro hijo."
- Leví: "Ahora esta vez se unirá mi marido conmigo" (RV60). (Ella había desistido del amor, y ahora se conformaba con la unión. Patético. Evitemos eso, hermana.)

Y esos solamente fueron los primeros hijos. En la antigüedad se acostumbraba a dar nombre a los niños el séptimo día después de su nacimiento. Imagínate cómo se podrían haber llamado nuestros hijos si hubiéramos elegido algo que reflejara nuestro estado mental posparto.

¿Un nombre que significara "Supongo que nunca más volveré a dormir"?

O, "Tráiganme a ese hombre para darle su merecido."

O, "Nunca en mi vida he sufrido tanto dolor."

O, "¿Dónde está mi madre cuando la necesito?"

O, "Ella no es tan hermosa como su hermano mayor."

O, tal vez, sencillamente algo corto y dulce como "Hemorroides."

Sería horrible, tal como lo debe haber sido para estas dos hermanas. Lea necesitaba asesoramiento psicológico y Raquel necesitaba ir con ella.

Cuando Raquel vio que no podía darle hijos a Jacob, tuvo celos
de su hermana. Le rogaba a Jacob:
—¡Dame hijos o moriré!
Entonces Jacob se puso furioso con Raquel.
—¿Acaso yo soy Dios? —le dijo—. ¡Él es el que no te ha
permitido tener hijos!

GÉNESIS 30:1-2

No hay nada que te haga sentir más insegura que pensar que Dios no te ama tanto como a otro. Ese fue apenas el comienzo de la locura de Raquel. Antes de que todo fuera dicho y hecho, ella arrastró a su criada al conflicto, y todos los nombres de sus hijos fueron proferidos también según su estado emocional. Por eso es que hago copartícipes a Lea y a Raquel del "Premio a la mujer más insegura de la Palabra." Se lo ganaron, y dejemos que lo compartan. Después de todo, compartieron a Jacob.

Estoy preparada para apuntar el reflector sobre algunos hombres, no sea que pensemos que la inseguridad es únicamente un problema de la mujer. Así que ocupémonos de Moisés. Después de encontrarse con el omnipresente y ardiente Dios del cielo y de la tierra, el "Gran Yo Soy," de ser usado por él para convertir un bastón en una serpiente y una mano enferma en carne sana, y luego de que Dios le encargara proclamar la liberación, Moisés respondió de esta manera: "Oh Señor, yo no tengo facilidad de palabra; nunca tuve y tampoco la tengo, ni siquiera ahora que tú me has hablado." (¿Traducción? Nada ha cambiado desde que tú te revelaste. Lo mismo de siempre.) "Se me traba la lengua y se me enredan las palabras."

Entonces el Señor dijo: "Yo estaré contigo cuando hables y te enseñaré lo que debes decir."

Sin embargo, Moisés dijo: "¡Te lo ruego, Señor! Envía a cualquier otro."

¡Ajá! Eso delata inseguridad. Quién sabe cuántas personas nunca llevan a cabo su destino simplemente por causa de sus inseguridades. Dios finalmente cedió al pedido de Moisés de que otra persona hablara por él, pero he aquí que Aarón fue la primera persona en ofrecer un becerro de oro hecho con las joyas de los caminantes ("No hice más que echarlas al fuego, ¡y salió este becerro!"), para que los israelitas tuvieran algo para adorar mientras Moisés se demoraba. El tipo de inseguridad que nos hace reacios a creer y a obedecer a Dios no sólo nos lleva al pecado sino que además termina arrastrando a algunas otras personas junto con nosotros.

Ahora, para mi selección del "Premio al hombre más inseguro de la Palabra," nadie puede disputarle el título de Rey de la Inseguridad al primer monarca de Israel. Puedes darte cuenta de sus ventajas cuando las Escrituras presentan a Saúl como "el hombre más apuesto en Israel; era tan alto que los demás apenas le llegaban a los hombros " (1 Samuel 9:2). Él es la prueba n.° 1 para disipar la teoría de que las personas bien parecidas son interiormente seguras. Cuando el pueblo de Israel intentó coronar al gran muchacho, no pudieron encontrarlo por ningún lado. Me encanta esta parte:

> *Cuando lo buscaron, ¡había desaparecido! Entonces le*
> *preguntaron al SEÑOR:*
> *—¿Dónde está?*
> *Y el SEÑOR contestó:*
> *—Está escondido entre el equipaje.*

I SAMUEL 10:21-22

La destreza de la inseguridad es esconder a su víctima entre el equipaje. Lo sé por experiencia personal. Créeme cuando te digo que Dios ha tenido más de una oportunidad para decir de mí: "Sí, está escondida entre el equipaje." Hace algunos meses vi un programa de *Oprah* acerca de personas que habían marcado récords. Una mujer había marcado el récord del menor tiempo para meterse en una maleta y correr el cierre. Nueve segundos. Me hubiera gustado saber esto: ¿qué la llevó a decirse la primera vez: *Creo que me encerraré en una maleta*? Si yo fuera una apostadora, habría puesto mi dinero en la familia, pero volvamos a Saúl.

> *Así que lo encontraron y lo sacaron. Era tan alto que los demás apenas le llegaban al hombro.*
>
> I SAMUEL 10:23

Las Escrituras ya habían aclamado la estatura de Saúl, así que ¿para qué volver a mencionarla? Creo que Dios quería asegurarse de que supiéramos que él tenía entre manos a un gigante inepto. Si quieres ver a una persona insegura hacerse la tonta, ponla en un puesto de liderazgo, bien cerca de una persona prometedora y talentosa, y luego retrocede y observa. ¡Esa sí que es una amenaza! Veamos lo que empujó a Saúl a sobrepasar el límite:

> *Todo lo que Saúl le pedía a David que hiciera, él lo hacía con éxito. Como resultado, Saúl lo hizo comandante sobre los hombres de guerra, un nombramiento que fue bien recibido tanto por el pueblo como por los oficiales de Saúl.*
> *Cuando el ejército de Israel regresaba triunfante después que David mató al filisteo, mujeres de todas las ciudades de Israel*

salieron para recibir al rey Saúl. Cantaron y danzaron de
alegría con panderetas y címbalos. Éste era su canto:
"Saúl mató a sus miles, ¡y David, a sus diez miles!"
Esto hizo que Saúl se enojara mucho. "¿Qué es esto?" dijo. "Le
dan crédito a David por diez miles y a mí sólo por miles.
¡Sólo falta que lo hagan su rey!" Desde ese momento Saúl
miró con recelo a David.

1 SAMUEL 18:5-9

La inseguridad vive en un miedo constante a la pérdida. Las personas inseguras siempre tienen miedo de que les quiten algo o a alguien. Saúl temía perder el poder y la admiración, y rápidamente dedujo que David sería quien trataría de hacerlo. No entendió suficientemente bien que sólo Dios estaba a cargo de su destino y que era el único que podía destronarlo. Saúl siguió echando leña al fuego de sus celos hasta que llegó a estar tan obsesionado con David que perdió la razón.

Una de las cosas que pudo haber llevado a Saúl a semejante locura es que sus sentimientos eran muy ambivalentes. ¿Te diste cuenta, en el texto anterior, de que fue Saúl quien ascendió a David? Me gustaría sugerir la probabilidad de que él estimaba a David y que al mismo tiempo lo despreciaba. Esa es una reacción bastante común hacia las personas que admiramos, pero que también nos hacen sentir amenazadas e inseguras. No tenemos celos de quienes no vemos que tengan algo admirable. De hecho, lo que nos hace sentir más inseguras es el miedo de que ellas tengan algo que nosotras no tenemos.

Todas nos hemos sentido inseguras por el éxito de otra persona. Sin embargo, no es por eso que le estoy dando a Saúl el premio al

"Hombre más inseguro de la Palabra." Se lo ganó porque permitió que sus emociones se descontrolaran al extremo de que su inseguridad se transformó en completa inestabilidad. Suele ocurrir. Es interesante ver que Saúl tuvo momentos de sobriedad emocional cuando se dio cuenta de qué tan lejos había llegado y hasta lloró arrepentido por sus actos contra David. No obstante, se negó a pedirle a Dios que lo liberara de sus emociones enfermizas, y, antes de que se asentara el polvo del arrepentimiento, Saúl quería ver muerto al que él sentía como una amenaza. Ese es el tipo de cosas que pueden arrojarte a la cárcel.

Sólo quiero susurrarte algo en la seguridad de este entorno, mientras nadie más escucha: cuando llegas al punto en que deseas que le pase algo malo a la persona que te hace sentir insegura, necesitas ayuda con urgencia. A veces, necesitamos una voz de afuera que nos diga: "Estás perdiendo el control. Permite que alguien te ayude a dominar ese asunto."

Esta no fue más que una breve muestra de las inseguridades que se ven en las páginas del Antiguo Testamento. El Nuevo Testamento no nos daría menos ejemplos, pero, ya que hemos llegado a lo que quería decir, sólo tocaré algunos de los más destacados. ¿Qué hay de la inoportuna ocasión que eligieron los discípulos durante la Última Cena para ponerse a discutir sobre cuál de ellos era el más importante? La necesidad de ser considerado siempre el más importante tiene su raíz en el miedo corrosivo a no serlo. La autoproclamación implacable siempre huele a inseguridad.

O ¿qué te parece la mujer junto al pozo en el cuarto capítulo del Evangelio de Juan? Si haberse casado con cinco fracasados y estar viviendo con un sexto no es una ondeante bandera roja en la que puede leerse la palabra I-N-S-E-G-U-R-I-D-A-D, nada lo es.

Y luego tenemos a Pablo. Me encanta el apóstol Pablo. Para

ser sincera, es una de mis personas favoritas de toda la Biblia, pero quizás una de las causas por las que me atrae tanto es que fue inmensamente usado por Dios *a pesar de sí mismo*. Ni se te ocurra pensar que él no luchó contra su propia carne al igual que el resto de nosotras. Toma por ejemplo la manera en que sintió la necesidad de reafirmar sus credenciales ante las personas a quienes servía en Corinto, usando este pequeño giro:

> *Pero de ninguna manera me considero inferior a esos "super-apóstoles" que enseñan tales cosas. Podré ser un orador inexperto, pero no me falta conocimiento.*
>
> 2 CORINTIOS 11:5-6

No me digas que eso no es inseguridad. Si no estás convencida, mira lo que les soltó por escrito tan sólo un capítulo después:

> *Ustedes hicieron que me comportara como un necio al jactarme como lo hice. Deberían estar escribiendo elogios acerca de mí, porque no soy de ninguna manera inferior a esos "superapóstoles," aun cuando no soy nada en absoluto.*
>
> 2 CORINTIOS 12:11

¿Crees que quizás protesta demasiado? Lo más probable es que haya luchado toda su vida con el sentimiento desagradable de que no era tan bueno como otros que no habían llegado a ser tan malos como él. Lo comprendo absolutamente. Al mismo tiempo, Pablo luchaba contra un ego descomunal. Era un complicado montículo de arcilla, al igual que el resto de nosotros, y en un vertiginoso zig-zag psicológico se desaprobaba y se jactaba de sí mismo. La belleza de Pablo no provenía de ser un superhombre, sino de que no estaba dispuesto a dejar que sus debilidades, sentimientos y temores invalidaran su fe. Como nosotras, el enemigo más feroz que tuvo que enfrentar para cumplir con su destino fue él mismo.

Para Pablo, la esencia de la vida crucificada era morir diariamente a la parte de sí que pudiera negar, destruir o distraerlo de la gran obra de Dios en él. La gran obra de Dios *por medio de* él. Luego de indecibles guerras contra su hombre interior, Pablo vio cómo su ego herido fue humillado por el Espíritu de Cristo, y a partir de allí surgió una persona que nunca hubiera imaginado ser. Un extraño, podrías decir, para el hombre que había reflejado durante tanto tiempo. "Sin embargo, lo que ahora soy, todo se debe a que Dios derramó su favor especial sobre mí" (1 Corintios 15:10). Y su misión fue cumplida.

El hecho de que la inspiración del Espíritu Santo en las páginas de las Escrituras no se vea ahogada por las inseguridades de aquellos que Dios eligió para escribir quizás sea el testimonio más grandioso de su incomparable potencia. Después de los casos de Adán, Eva, Abraham, Saray, Agar, Lea, Raquel, Saúl, la mujer junto al pozo, los superapóstoles y Pablo, seguramente podemos suspirar aliviadas porque no estamos solas en nuestra lucha. Las debilidades de la carne y la sangre humana nunca serán tan fuertes como para debilitar el poder de Dios. Él tiene lo que necesitamos. Está en nosotras permitir, o no, que lo peor de nosotras predomine sobre lo mejor.

Que el SEÑOR responda a tu clamor en tiempos de
  dificultad;
que el nombre del Dios de Jacob te proteja de todo mal.
SALMO 20:1

CAPÍTULO 5

Arrancar las raíces

Eso ERA ANTES. Ahora estamos aquí. ¿De dónde proviene nuestra inseguridad? Y ¿qué hace que algunas personas luchen contra ella mucho más que otras? Vamos a sentarnos en la mugre un ratito y excavar bien hondo hasta encontrar algunas raíces. Si, como yo, gran parte de tu vida has tratado con la inseguridad, seguramente te has preguntado dónde la obtuviste, o si saliste con ella del vientre materno, como una gigantesca mancha invisible de nacimiento.

A lo largo del camino, probablemente también te hayan maravillado algunas personas que no parecen preocuparse en absoluto por la inseguridad. Desde luego, tú y yo no tendemos a hacer amistad con ellas. Después de todo, nos harían sentir todavía más inseguras, pero podemos admitir que nos sentimos desconcertadas por ellas. ¿Qué hace que algunas personas sean decididamente menos susceptibles que otras? Y ¿cómo es posible que tantas otras, con cientos de cosas a nuestro favor, nos pongamos tristemente nerviosas por esta única cosa persistente?

Sigamos adelante y deshagámonos de una culpabilidad importante: lo único que hace falta para desarrollar la inseguridad es haber nacido como humanos y haber crecido en el planeta Tierra. Vivimos en la era de la información. Estamos expuestos a docenas de noticias de último momento que hacen temblar el suelo bajo nuestros pies. Casi todas las mañanas, mientras estoy apoyada sobre el lavabo que está bajo el espejo del baño, poniéndome rímel, Keith se sienta al borde de la bañera y me lee extractos de la *Houston Chronicle*. Es mucho más interesante que leerlo yo misma, porque Keith aporta sus propios editoriales coloridos, por los que suelo reprenderlo para que tenga cuidado con lo que dice; pero sigo escuchando. A veces lee en silencio y de pronto se le escapa cierto tipo de jerga que me indica que está totalmente disgustado. Eso siempre despierta mi curiosidad.

—¿Qué es, cariño?

—No te lo diré.

No soy una persona ingenua en cuanto a la mayoría de las cosas. Intencionalmente sigo estando al tanto de los acontecimientos del mundo, de manera que sé que si se niega a leerme algo, debe tratarse de una muestra de la absoluta depravación de la humanidad. Hace pocos días, arrojó el periódico al piso y dijo: "No lo leeré más. Me tiene harto. Lo único que hay son malas noticias." Pero no hablaba en serio. Los dos somos adictos a las noticias. Al día siguiente, estaba sentado en el borde de la bañera con el nuevo ejemplar, pero tenía razón en una cosa: pareciera que las malas noticias no tienen fin. Gran parte del mundo está abatido por las deudas enormes, por la inestabilidad económica, por las amenazas del terrorismo, las guerras, los héroes caídos, la perversidad descontrolada y la violencia por puro placer.

Cuando se deja de hablar de una catástrofe natural, estalla otra con un número de víctimas tan elevado que nos quedamos paralizados. Súmale a ello una lista desalentadora de conocidos o de seres amados a los que les han diagnosticado una enfermedad grave, y ya tendrás suficiente miedo como para cavar un pozo de inseguridad de dos metros. Si husmeas en Internet investigando sobre tus síntomas, encontrarás suficientes razones para diagnosticarte a ti misma no más de tres meses de vida, y para entonces tu zanja de dos metros empezará a parecerte temiblemente útil.

Si no tuviéramos ni un solo motivo extraordinario para sentirnos inseguras, el solo hecho de crecer lo hará. Como padres hacemos lo mejor por estimular a nuestros hijos a lo largo de los años preescolares, y entonces los mandamos a la escuela primaria, sólo para lograr que vuelvan a casa con algo como: "Los chicos de la escuela dicen que parezco una tortuga." ¿Una *qué*? "¡No volveré!" Las lágrimas brotan a mares y empezamos a tratar de descubrir qué tipo de profesiones sólo exigirían el nivel de jardín de infantes.

La vida es dura. También es hermosa, pero si no logramos un respiro de su crueldad, nunca tendremos una visión sana como para saborear su tierna belleza.

Al crecer, todos estamos rodeados de personas que tienen porciones tan generosas de inseguridad que con gusto las comparten. De hecho, una de las mejores maneras de desarrollar un caso crónico de inseguridad es tener a alguien que proyecte la suya en ti. No estoy culpando a nadie. Yo lo hice. Mi hija mayor cumplió los dieciséis años antes que la mayoría de sus amigas, y como no podían esperar a liberarse de la tiranía del auto compartido con sus padres, fue todo un acontecimiento cuando obtuvo su licencia para conducir.

Para el tremendo deleite de mi hija, los padres de Keith le hicieron el mejor regalo de cumpleaños: un Mustang convertible granate envuelto en un moño enorme.

A lo mejor puedas imaginarte lo emocionada que estaba yo ante la perspectiva de que nuestra flamante conductora tuviera un auto con un techo de tela. Creo que recuerdo haber murmurado las palabras *trampa mortal* incluso antes de que me sirvieran la torta y la crema. Después de unos pocos días de conducir hacia la escuela, Amanda me dijo casi en broma, como una nota al margen, que tenía que practicar su estacionamiento. Seguía estacionando torcido en su espacio y un par de amigas se burlaban de ella. Déjamelo a mí, la peor conductora del mundo libre, que me pusiera mis anteojos de sol y fuera hasta el estacionamiento del colegio los siguientes dos días para volver a estacionarle el auto para que sus amigas dejaran de burlarse de ella. Qué idiota. Proyecté mis inseguridades por sobre las de ella, como un techo rígido sobre un convertible. No se lo dije durante años, y casi se vuelve loca cuando lo supo. ¿Quieres escuchar algo patético? Si se repitiera la situación, probablemente haría lo mismo. ¿Por qué? Porque crecer puede ser brutal. Y si no lo es para ti, sí lo es para tu madre.

Sin embargo, para algunas es más brutal que para otras. Toma, por ejemplo, cualquier par de personas que hayan vivido vidas parecidas y que hayan sufrido los mismos tipos de traumas. Si bien es probable que encuentren muchas maneras de poder relacionarse entre ellas, si tienen suficiente tiempo y oportunidades, probablemente también descubran lo distintas que son. Cada una de nosotras es completa y complejamente original, sea que esto resulte conveniente o no. Así nos hizo el Creador. Nuestro ADN se entreteje en cada experiencia y emoción como una aguja y un largo hilo azul. El escritor de Proverbios lo expresó así: "Cada corazón conoce sus propias amarguras" (Proverbios 14:10). Cuanto más intenso es el dolor, más parece que nadie puede comprendernos completamente. Por más que me esfuerce, no puedo entender del todo cómo un hecho en particular afectó tu vida, aunque ambas compartiéramos la misma experiencia. Tu personalidad y tu historia moldean tu reacción, de la misma forma que mi contexto personal único afecta la mía. No llegaríamos muy lejos en los zapatos de la otra antes de que se nos aflojaran los cordones.

Hay una multitud de dificultades que son comunes a la humanidad, pero, cuando llegamos al fondo del asunto, y aunque todas las cosas sean iguales, casi nada es igual. Para mí, este es uno de los motivos profundos por los que Dios, omnisciente y omnipresente, ha sido el elemento vital en mi sanidad. Durante los momentos particularmente solitarios o frustrantes, tal vez hayas sentido, como yo, que nadie más te entiende; pero él comprende mejor que nosotras. Muchas veces él me ha mostrado de dónde venía yo, y no a la inversa.

Dicho eso, realmente hay una gran cantidad de cosas comunes que contribuyen a la inseguridad crónica. Hasta el fruto malo pertenece a una vid y, donde hay una vid, hay una raíz. Mientras desenterramos algunas de estas raíces, no pierdas de vista el hecho de que el efecto de cada una puede diferir de manera dramática entre una persona y otra. No pretendo tener la pericia para presentar una lista completa y exhaustiva, pero sí creo que los orígenes que consideraremos pueden brindarnos un par de revelaciones útiles.

Pocas de estas raíces te sorprenderán, pero creo que el simple hecho de mencionarlas provocará la sensación de inseguridad que te ayudará a identificar tu cuestión personal. No la resistas. Reconocerla es el primer paso para permitir que Dios llegue hasta el fondo y la sane. Saca algunas cosas a la superficie y deja que Dios confirme tus desafíos. En algún momento llegamos a creer que esas cosas no son tan importantes, pero en verdad sí lo son.

Inestabilidad en el hogar

Es obvio. Tal vez tus padres peleaban como perro y gato, y quizás uno de ellos amenazaba continuamente con irse. O a lo mejor se llevaban razonablemente bien, pero tu hogar se veía sacudido por los despidos y las aflicciones económicas. La desintegración de una familia puede afectarla por un par de generaciones. Si eres una madre que ha padecido un divorcio, por favor no te arrastres bajo la roca de la condena. Solamente ten en cuenta las posibles consecuencias y busca contraatacarlas con el poder del Dios redentor y de una comunidad de apoyo.

Un padre alcohólico o con una enfermedad mental también causa un entorno de caos e incertidumbre. Como muchas de ustedes, mi familia de origen fue afectada por una enfermedad mental. Gracias a Dios, la nuestra no era una presencia constante, pero estallaba tan a menudo que los recuerdos súbitos de ciertos momentos de locura todavía me producen escalofríos. Vuelvo a sentir el mismo miedo que me producían como cuando tenía catorce años.

La enfermedad física de un padre también puede originar miedo e inseguridad significativa en un niño, aunque ese padre hiciera todo lo posible por proporcionarle el mejor cuidado. Si te tocara ser esa madre enferma, ruego que no te rindas a la desesperación por estas palabras. También oro para que Dios te conceda ver sus maravillas. Quienes estamos en Cristo nunca estamos desesperados, sin recursos ni ayuda divina, aunque nuestros cuerpos sean débiles. Si nos enfrentamos a la temible posibilidad de una enfermedad grave, debemos tener el valor de gritar pidiendo ayuda, pedir el apoyo necesario para nosotras y nuestros hijos, y aprender a iniciar un diálogo sincero y abierto. Al sacar a luz las peores y más injustas circunstancias, establecemos el contexto para un milagro. Mientras tanto, nunca olvides que Dios todavía se reserva el derecho de mostrar su gracia al que sufre.

Muchos de los llamados a la inseguridad dentro del hogar son involuntarios, y en gran medida inevitables, sin importar cuánto se esfuerce un padre cariñoso. Pero no te equivoques. Algunos padres *no* son cariñosos. Sus hijos, tan dignos de afecto, pueden pasar toda su vida sin siquiera descubrir por qué sus padres no pudieron demostrarlo. En casos así, démosles a los padres el beneficio de la duda. *Sí* es posible amar genuinamente sin comportarse como personas cariñosas. En alguna parte existe una lamentable desconexión. Sin embargo, otras veces, el padre no sólo carece de cariño: él o ella (para citar a mi abuela) son más malos que una serpiente.

Con frecuencia, en la raíz de la inseguridad crónica está el miedo primario a que nadie nos cuide. Cada cosa que fomente ese miedo es como un fertilizante en la tierra; y no hay nada que haga un hogar menos estable que el maltrato. Cualquier tipo de abuso, ya sea emocional, mental, físico, verbal o sexual, no sólo tiene efectos inmediatos, sino que además va directo al centro de nuestro sistema de creencias y reproduce nuestras peores pesadillas: *Estoy sola. Nadie va a cuidar de mí.* Eso no sólo nos enseña que no existe ninguna persona que nos cuide, sino también afirma que las personas que se supone que deberían cuidarnos nos lastimarán.

Aunque haya personas cariñosas en tu vida, si ellas no pueden o no quieren detener el maltrato (aunque no sean conscientes de ello), tu temor se confirma. No podemos subestimar las repercusiones de esa clase de percepción y, cuanto más temprano se instale en la vida, más estridente será.

El sentimiento residual permanente de estar desprotegida puede arrasar los límites personales hasta que nuestras emociones quedan amoratadas. Terminamos involucrándonos en una relación caótica tras otra, tratando de encontrar a alguien que nos cuide. *Alguien que no nos desilusione.* Esto nunca funciona. Por un lado, esa clase de motivación nos lleva al tipo equivocado de persona. Por el otro, es poner demasiada presión en cualquier relación humana. Te hablo como alguien que sabe de esto. No es de sorprender que el género del abusador esté también fuertemente relacionado con la dirección en la que crece la inseguridad. La mente y las emociones humanas son demasiado complejas para ser definidas por muchas reglas absolutas, pero si en un primer momento la fuente principal de nuestra inseguridad fue una mujer, estaremos propensas a luchar más con la inseguridad en torno a las mujeres, o con ellas. Si fue un hombre, como en mi caso, tenderemos más a luchar con la inseguridad en torno a los hombres, o con ellos. El género de la persona que originalmente nos hizo sentir indefensas a menudo seguirá haciéndonos sentir indefensas o *excesivamente* a la defensiva, hasta que seamos restauradas.

Debido a que he sufrido como víctima, también me doy cuenta de lo dolorosos que pueden ser los recuerdos como los de este libro. Nadie quiere recordar los tiempos en que fuimos abusadas o usadas, pero mientras hacemos este recorrido juntas, míralo de la siguiente manera: las que compartimos esta experiencia podemos descansar con la certeza de que nuestras inseguridades no surgieron de la nada.

Recientemente leí algunos versos de una canción que le pone los pelos de punta a cualquiera que haya sido abusada o maltratada por la persona que se suponía que debía protegerla. Los versos fueron escritos por una mujer con una vida y un sistema de creencias muy distintos a los míos, pero, en algún punto, nuestras conclusiones fueron las mismas.

No digo mucho, sólo hablo un montón,
No sé qué es el amor,
Pero te diré lo que no es.[4]

La verdad es que, en el momento en que te das cuenta de que lo que estás viviendo no es amor, ya está comenzando a producirse cierta sanidad importante. Sin embargo, esta sanidad no habrá alcanzado las grietas más profundas del alma hasta que llegues al lugar donde puedas escuchar el eco de tu voz exclamando: "Ahora sí, *eso* es amor." La capacidad de reconocer la diferencia es, en sí misma, un rayo de salud en un alma destrozada.

Antes de que empecemos a escarbar para buscar la siguiente raíz de inseguridad, quiero que sepas algo. Yo creo, de todo corazón, que cada persona adulta sigue teniendo la necesidad de ser amada como un niño. No estoy diciendo que todos los adultos necesiten ser *tratados* como niños. Eso se lo dejamos a los narcisistas. Digo que tenemos la necesidad de ser *amados* como niños. Es por ese motivo que, muchas veces, la pérdida de ambos padres es una profunda transición en la vida, no importa la edad que tengas cuando eso ocurra. Espera un poco y verás. Tengo esa sensación de orfandad cada vez que me arrodillo ante la tumba de mis padres. Pero la buena noticia es que, efectivamente, puedes buscar ese tipo de amor de parte de Dios, y él siempre te amará y cuidará tu vida como el padre perfecto lo hace con su hijo.

> *Yo seré su Dios durante toda su vida; hasta que tengan canas por la edad. Yo los hice y cuidaré de ustedes; yo los sostendré y los salvaré.*
>
> ISAÍAS 46:4

Si te pasaste la vida buscando a alguien que te cuidara, pero siempre terminaste cuidando tú al otro, tu búsqueda ha terminado. Dios tiene lo que necesitas, y nunca lo cansarás.

Una pérdida importante

Las pérdidas que contribuyen a la inseguridad crónica vienen en una variedad de formas. Podría tratarse de la pérdida de cualquier cosa que verdaderamente valores, o de algo que te proporcione estabilidad y autovaloración. Puede ser la pérdida de una casa, de un grupo de compañeros, de una relación, una gran amiga, una niñera de mucho tiempo, o la pérdida permanente de un ser amado debido a su muerte. En esta sección, primeramente pondremos nuestra atención en las pérdidas que ocurrieron temprano en la vida, por el impacto que tuvieron en nuestro sistema de creencias; no obstante, a cualquier edad una pérdida puede ser traumática y causar terrible inseguridad aun en la persona que apenas ha luchado contra ella en el pasado.

Hace pocos días, mi esposo, sus padres, nuestra hija mayor y yo asistimos al servicio católico de entierro de la anciana tía de Keith. Mientras él y su madre circulaban entre la multitud de parientes, mi querido suegro, Amanda y yo nos quedamos charlando a un costado. De pronto, él dijo: "Duke está enterrado justo aquí abajo." Señaló con su bastón el verde césped artificial que la casa funeraria había extendido alrededor del lugar del entierro. "Probablemente, cerca de donde estamos parados." Casi salté como si me hubiera caído un rayo. Estoy segura de que, con lo sensible que es Amanda, probablemente a ella le haya pasado lo mismo.

Duke fue el adorado primogénito de mis suegros. Cuando era un angelito alegre de tres años, él y mi esposo, Keith, quien en ese momento tenía dos años, se escabulleron dentro del garaje sin que nadie se diera cuenta. En pocos minutos volcaron un envase de combustible, derramaron gasolina debajo del calentador de agua y desataron un incendio. Duke apenas logró sobrevivir unos pocos y atroces días. Keith sobrevivió, pero con cicatrices emocionales que han necesitado injertos tan dolorosos como si su cuerpo hubiera quedado cubierto con quemaduras de tercer grado. Después de que la investigación para este libro me mostró la poderosa conexión que hay entre la pérdida y la inseguridad, me doy cuenta de que él es una maravilla, a pesar de sus cicatrices. He llorado la pérdida del hermano mayor de Keith muchas veces, a pesar de haber llegado al entorno de los Moore dieciocho años después. Sin embargo, nunca me ha enternecido tanto como en los últimos tiempos. Mi nieto, Jackson, tiene ahora exactamente la misma edad que tenía Duke cuando murió, y la idea de perderlo es totalmente insoportable. No puedo pensar en eso ni por un instante.

—Abuelo, ¿está Nalda sepultada aquí también? —le preguntó

Amanda. Era obvio que él tenía ganas de hablar, así que la pregunta fue apropiada, viniendo de su nieta mayor.

—No, querida. Ella está sepultada allá.

¿Estás preparada para lo que sigue? Nalda era la hermana menor de Keith, quien murió de un aneurisma a los veintitrés años. Demasiado. *Tremendamente demasiado.* Y, como la tumba de su hijo estaba compasivamente cubierta ese día, los tres caminamos hacia los indicadores que había en el área adyacente para presentar nuestros respetos a su amada hija. En seguida Keith nos vio del otro lado del cementerio y se nos unió.

Momentos después, mientras aún estábamos parados junto a la sepultura de Nalda, eché un vistazo al toldo y traté, sin éxito, de encontrar a mi suegra entre algunos parientes que todavía estaban allí. Entonces la vi. Se había metido al auto. Nosotros podíamos quedarnos entre las tumbas de sus hijos durante el tiempo que quisiéramos, pero ella esperaría en el auto. Y no la culpo. Esas dos muertes habían afectado profundamente a cada miembro de esa gran familia, pero ¿habían reaccionado todos de la misma forma? En absoluto. "Cada corazón conoce su propia amargura" (Proverbios 14:10).

Una pérdida importante durante la niñez es un escenario inevitable para la inseguridad. Si perdiste a alguno de tus padres por causa del cáncer cuando eras una niña, amiga mía, la búsqueda del origen de tu inseguridad crónica ha terminado. No es de soprender que la tengas. No podrás recuperar a tu ser amado en esta vida, pero sí podrás recuperar tu seguridad. Esa pérdida no tiene que ser permanente.

La inseguridad puede ser el resultado de un vínculo destrozado de cualquier índole, incluso aunque no les parezca importante a los demás. Si en tu corazón se traduce como algo enorme, es enorme para Dios. Antes de que sigamos, cuando estés tratando de analizar las pérdidas y cómo se relacionan con tu inseguridad, recuerda pensar siempre en términos amplios. Hasta la pérdida del prestigio o del respeto por algún tipo de vergüenza pública pueden impactarte enormemente. Preguntarte si todos te odian produce estragos en tu alma.

La pérdida de la inocencia es también un barril de pólvora de inseguridad. Aunque mi esposo no fue manoseado indebidamente cuando era un niño, como lo fui yo, algunos de los empleados de su padre tuvieron el atrevimiento de mostrarle pornografía cuando era joven. Ambos ejemplos, aunque puedan parecer muy diferentes, constituyen una pérdida de la inocencia. Dicho de manera sencilla: si no pudiste ser una niña cuando estabas en la edad de serlo, sufriste la pérdida de la inocencia. Como insinúa el apóstol Pablo: se supone que los niños deben hablar como niños, pensar como niños y razonar como niños (1 Corintios 13:11). Cuando se ven obligados a crecer demasiado rápido, pierden algo que nadie podrá devolverles.

Rechazo

Después de años de trabajar con mujeres y escuchar sus historias, he observado que hay pocas fuerzas que puedan catapultarnos tan rápidamente hacia una época de inseguridad que el rechazo. Ya hemos dado algunos pasos sobre este tema, y volveremos a hacerlo antes de concluir el libro; pero sería un error pasarlo por alto, ya que es una gruesa y retorcida raíz de inseguridad. Nada vocifera una mentira más convincente sobre nuestro valor personal como el rechazo, y puede resonar desde cualquier lugar con un tono ensordecedor.

Siempre que existe una relación, hay posibilidades de rechazo. Recuerda que fuimos creadas por Dios precisamente para relacionarnos, así que el aislamiento no es la respuesta. Sí lo es la restauración. Sin embargo, primero es necesario que observemos detenidamente nuestras inseguridades para descubrir si están vinculadas a la percepción del rechazo que nos hizo tambalear.

Utilicé la palabra *percepción* porque sin duda es posible percibir que hemos sido rechazadas cuando no lo fuimos. Si nuestro corazón es bastante sensible o enfermizo, podemos llegar a interpretar un límite razonable como un rechazo total. En otras palabras, es posible que hayamos querido *toda* la atención de una persona que solamente estaba dispuesta a darnos una parte considerable. Por ejemplo, podemos querer ser tratadas como la hija favorita de papá entre dos hijos, o de un padrastro que tiene cuatro. O ser la única amiga de *nuestra* única amiga. O querer estar en la cima de la atención de nuestro compañero y, cuando no obtenemos lo que tanto deseamos en la relación que hemos exaltado, nos sentimos rechazadas. Podemos confundir que cuando nos corresponden en un 80 por ciento, nos están rechazando en un 100 por ciento.

Es posible que, al haber sido despedidas del trabajo, en lugar de verlo como un revés, nos sintamos totalmente rechazadas. A esa persona que queremos que esté atenta a nosotros puede surgirle de pronto alguna preocupación, como una crisis familiar o un problema de salud. El cambio puede sentirse como rechazo cuando en realidad no lo es.

Sin embargo, no nos confundamos. El rechazo verdadero sí ocurre y, cuando sucede, puede sacudir los cimientos de nuestro mundo. Lamentablemente, es posible sufrir el rechazo devastador de parte de un padre, de una amiga, de un socio, de un hijastro o de un hijo, de un novio, o de un esposo, aunque nunca se lo admita ni se trate el tema. Sin importar cuál sea el origen, el grito se traduce en el lenguaje del alma como un mensaje violento: *¡No te quiero!* Y aquí viene la parte más tramposa: nada provoca con tanta rapidez la coincidencia de nuestra parte como sentirnos rechazadas. Esta adhesión igualmente engañosa a la mentira original duplica la fuerza del lazo y, con ese traidor apretón de manos, nos descubrimos asintiendo. *Tienes toda la razón . . .*

No merezco que me quieran.
No merezco que me amen.
No merezco que siquiera gusten de mí.
No merezco que me busquen.
No merezco que alguien pelee por mí.
No vale la pena que se queden conmigo.
No merezco que alguien me contrate.
Ni siquiera valgo como para que me tengan en cuenta.

Por lo tanto, y hasta que llegue la sanidad, trazamos el curso de nuestra historia en base a una ardiente sensación de insignificancia. Es así de poderosa. No es necesario que el rechazo se produzca durante la niñez para arrojar a alguien a una profunda inseguridad. Hasta las mujeres adultas con un exitoso historial profesional y personal pueden sufrir un rechazo y quedar al límite. De hecho, si no tenemos cuidado, podríamos quedar colgadas ahí mismo, en ese frágil acantilado, por el resto de nuestra vida, y aparecer ante cada persona que tenga estrecho contacto con nosotras como que estamos a punto de desmoronarnos. Ten cuidado de no darle demasiado crédito al viejo refrán que dice que el tiempo lo cura todo. Créeme: Dios es quien cura. El tiempo solamente lo expone. El transcurso de los días, las semanas y los años puede amplificar una vieja voz así como también debilitarla. Después de un tiempo, el rechazo acomodará la historia para que se repita una y otra vez, hasta que la persona rechazada forme relaciones basadas en la probabilidad de ser rechazada.

No conozco otra manera de decirlo. Si pega fuerte, el rechazo puede llegar a causar un poco de demencia temporal. Si meditas en tu propia historia, me imagino que llegarás a la misma conclusión que yo: las cosas más locas e inusitadas que he hecho en la vida sucedieron debido a un rechazo importante. Es inseguridad con una fiebre grave. Ayer mi hija Melissa me contó de una amiga suya, quien está destruida porque la abandonó un muchacho por el cual, antes del rompimiento, ella no mostraba mucho interés. El asunto es que estaba usando al chico para tener con quién salir hasta que llegara alguien que le gustara más. Melissa dijo: "¿Sabes, mamá? La cuestión es el rechazo. No hay nada como eso para que te obsesiones con alguien que ni siquiera te interesaba." ¿Qué tan cierto es eso?

Te diré algo más que he notado acerca de las mujeres y el rechazo. Tendemos a usarlo como una señal. No siempre te das cuenta de inmediato de que alguien viene de un hogar inestable o ha soportado una pérdida importante, pero una mirada perspicaz puede distinguir a la mujer que ha sido rechazada en no más de treinta minutos. No importa cuánto tratemos de disimularlo, uno puede verlo colgado ahí, en luces rojas. Tratamos de actuar como seguras de nosotras mismas, pero la luz sigue destellando: "Vacía." "Sola." "Desesperadamente disponible."

El rechazo tiene el lamentable efecto de lograr que las personas sanas que esperamos atraer salgan corriendo como un conejo asustado en la dirección contraria. Anoche, nuestra familia y algunos amigos fuimos a un restaurante italiano en una zona lujosa de Houston para celebrar una ocasión especial. Mi nieto, Jackson, estaba sentado a mi lado y con una cañita se bebió rápidamente un vaso grande de refresco; así que a la mitad de la comida hice lo que haría cualquier buena abuela. Le pregunté si quería ir al baño. Por supuesto, él espera cualquier ocasión para levantarse de la mesa, así que sus piecitos dieron contra el piso antes de que pudiera terminar la pregunta. Mientras íbamos caminando hacia el baño, pasamos junto al bar, donde había dos mujeres sentadas sobre unos taburetes, vestidas con minifaldas y blusas diminutas. No me refiero a algo sexy; más bien era algo patético. No eran sólo los escotes, sino que parecían unos toros empujando para salir de un corral. Hablo del tipo de exposición que no deja ni un indicio de misterio. Como si estuvieran diciendo: "¿Por qué tomarte la molestia de llegar a conocerme?" Como si gritaran: "¡Estoy desesperada! ¡Haré lo que sea! ¡Aceptaré a quien sea!"

Lo único que te puedo decir es que aprecio todo tipo de mujeres, quizás porque yo he sido muchas de ellas. Me es demasiado conocida la trampa peligrosamente mortal de pensar que únicamente somos valiosas si somos sensuales, y que, si nadie nos ama, que por lo menos nos desee. Sentí que se me desgarraba el corazón por esas dos mujeres e incluso es posible que me hayan atrapado observándolas por un par de segundos, pero no por los motivos que ellas probablemente suponían. En los viejos tiempos, yo podría haber sido una de ellas. He estado así de desesperada. Pensé que habría dado casi cualquier cosa para que me contaran sus historias y poder contarles la mía. Sin embargo, no daban señales de dejar que me subiera al otro taburete junto a ellas. Estaban tratando de llamar la atención de los hombres que había al otro lado de la barra, quienes a su vez ponían igual empeño en lograr la atención de la hermosa anfitriona de veinte años que estaba en la recepción. No hay forma de saber qué hayan vivido esas mujeres, pero puedes contar con que, en algún momento de sus historias, fueron abandonadas o traicionadas. Las dos estaban vestidas de rechazo y suplicaban por más. Me partió el corazón.

Incitante no es el único atavío que usa el rechazo. Tiene un guardarropa mucho más grande. En la misma proporción, lo verás vestido de depresión y derrota, o de frialdad, amargura y cinismo. Algo es seguro: cuando lo llevamos, sí que lo llevamos puesto.

Y no nos hagamos la idea de que las mujeres son el único género que se tambalea por el rechazo. Nadie lo maneja bien. No vamos a arrancar raíces de inseguridad que no se encuentren creciendo como enredaderas asfixiantes también en los hombres. El punto es, hablando en términos generales, que la manera en que se comporte cada uno a partir de allí puede diferir sustancialmente. Toma, por ejemplo, el rechazo sentimental. Mientras que el hombre quizás se lance a una serie de relaciones superficiales en las que nunca se entregue de corazón, la mujer quizás entregue su corazón antes de tener una relación. Desde luego que también se puede dar la situación opuesta, pero aquí estamos hablando sólo de las tendencias propias del género.

Antes de finalizar nuestro viaje, volveremos a abordar el tema del rechazo algunas veces más, y aprenderemos a liberarnos de pensamientos inseguros, como la mentalidad del rechazo. Por ahora, ten la seguridad de que es una raíz importante. Si has sufrido por ser rechazada, necesitas asegurarte de que estás dejando que Dios se ocupe de ello. Cada una de las raíces que hemos mencionado hasta ahora es dolorosa, pero esta es venenosa. No te ayudará tratar de cubrirte con una pantalla. Esa luz roja se las arregla para traspasar cualquier cosa que usemos para taparla. Dios sabe exactamente qué ocurrió y cuánto daño te causó. Él sabe el daño que causó en tu mente. Deja que él te dé paz. Permítele que te diga que mereces ser *querida, amada, deseada, buscada, disputada* y, sí, tesoro, *conservada*. Hagas lo que hagas, no rechaces al único que es completamente incapaz de rechazarte.

Te he escogido y no te desecharé. No tengas miedo, porque yo estoy contigo; no te desalientes, porque yo soy tu Dios.
ISAÍAS 41:9-10

Un cambio drástico

Algunas personas tienen hogares bastante estables y no han sufrido una pérdida mayor. No conozco muchas personas así, pero seguramente existen en alguna parte. Probablemente no me relacione con muchas de ellas porque tiendo a atraer desastres en recuperación como yo. Por supuesto, prefiero el término *redimidos* a *desastres en recuperación*, pero respondería a cualquiera de los dos, con tal de que me dejes hablarte sobre mi Redentor y Recuperador. Quizás seas una de esas rarezas que ha disfrutado de una buena dosis de estabilidad y de una cantidad mínima de pérdidas, pero ninguna de nosotras puede evitar el cambio. De hecho, no puedes haber pasado por la sala de partos sin haber experimentado un cambio repentino y dramático. La primera bocanada de aire terrenal que experimentamos ocurre en medio de una conmoción total. Sólo Cristo es "el mismo ayer y hoy y por los siglos" (Hebreos 13:8). Por nuestro lado, estamos en un constante estado de cambio espeluznante que nos revuelve el estómago. Como reza el viejo dicho: nada es más constante que el cambio.

La mayoría de las mujeres encuentra una gran medida de seguridad en la monotonía. A veces persistimos en una situación destructiva porque pensamos que lo que conocemos es mejor que lo que todavía no conocemos. Nos quedamos en un trabajo que odiamos porque tendríamos que cambiar las compañías de seguro. Seguimos yendo a una iglesia que hace mucho tiempo Dios nos instó a dejar porque es la que conocemos. Continuamos siendo la mejor amiga de alguien que no nos gusta desde hace diez años porque es muy complicado hacer una nueva amistad y, de todas maneras, es probable que la nueva amiga pudiera querer hacernos cambiar. Y odiamos el cambio. Si somos lo suficientemente controladoras, podríamos arreglárnoslas para mantener inalterables un puñado de cosas, pero, para estar seguras, no nos conformamos con sujetarlas bien; las estrangulamos hasta dejarlas medio muertas.

Algunas experimentamos cambios más grandes. Cambios dramáticos. Cambios que lo cambian todo. Un accidente, un despido, problemas financieros. Que tu hijo de nueve años te diga que tu ex marido volverá a casarse. Que el obstetra descubra en tu ecografía tres bebés en tu vientre. Ya ves, el cambio dramático no siempre es malo, pero siempre es grande. Nuestra seguridad es fácilmente amenazada por cualquier cosa desconocida e inevitable.

Muchas de nosotras hemos aprendido, por la vía más dura, que una llamada telefónica de un pariente o de nuestro empleador puede ser el fin de la vida tal como la conocíamos. Aun cuando sabemos que Dios está en medio de la situación y que todo final lleva a un nuevo comienzo, en ese preciso momento de descubrimiento nos inclinamos a pensar que todo lo maravilloso ha terminado. ¿Te parece que de pronto estamos hablando nuevamente de pérdidas, en lugar de cambios? A medida que sigamos buscando otras raíces de inseguridad, vamos a descubrir que la mayoría de ellas están entrelazadas bajo tierra. Un buen ejemplo: nuestro corazón suele traducir un cambio repentino y dramático como inestabilidad o como una forma de pérdida. En algunas ocasiones, nos golpea de ambas maneras.

Cuando tenía quince años, mi papá mudó a la familia desde un pequeño pueblo en Arkansas, donde habíamos vivido durante trece años, a Houston, Texas, la ciudad más grande del Sur. Pasé de una secundaria de 900 chicos a una saturada con 4.700 alumnos. Ese dramático cambio de vida no sólo trajo una sensación de mayor inestabilidad a un hogar ya de por sí inestable, sino también la pérdida de los compañeros de toda la vida (muchos de los cuales, dicho sea de paso, era mejor que perdiera). Aunque el cambio terminó favoreciéndome, el proceso de superar esa pérdida fue bastante dificultoso.

Decidí hacer del cambio dramático una categoría en sí misma porque, aunque en gran parte es un hecho de la experiencia humana, tendemos a desestimar el impacto potencial que tiene en nuestra alma. Sin embargo, una historia de cambios inoportunos puede ser terreno fértil para la inseguridad porque te invita a convertirte en una adicta al temor. Aprendes a vivir con la constante expectativa de que algo malo está a punto de pasar, y, como la vida es la vida, finalmente algo malo *sí* sucede, profundizando tu dedicación a predecir la fatalidad. Te conviertes en tu propio falso profeta y, si no te pones un freno, no descansarás hasta que hayas demostrado que tenías razón. Es una miserable trampa de inseguridad que te impones a ti misma. Puedes engañarte privándote del gozo en la estupenda temporada que estás viviendo porque esperas que cambie en cualquier momento, y siempre para peor. Cuando nos volvemos psicológicamente adictas a la crisis, ella se convierte en el factor motivante de nuestra vida y, si no tenemos una crisis en curso, veremos la manera de inventarnos una.

La verdad es que Dios usa el cambio para cambiarnos a *nosotras*. No lo utiliza para destruirnos ni para distraernos, sino para obligarnos a pasar a un próximo nivel de carácter, de experiencia, de compasión y de destino. Odio desplegar semejante firmeza de lo obvio, pero ¿cómo cambiaremos alguna vez si todo lo que nos rodea se mantiene igual? O ¿qué podría hacernos avanzar hacia el próximo lugar que Dios tiene para nosotras, si no ocurriera algo que cambiara lo que sentimos en el lugar en el que estamos? Dios está verdaderamente dedicado a finalizar la obra maestra que comenzó en nosotras (Filipenses 1:6), y ese proceso requiere una cosa importante: cambio.

No se dejen engañar, mis amados hermanos. Todo lo que es bueno y perfecto desciende a nosotros de parte de Dios nuestro Padre, quien creó todas las luces de los cielos. Él nunca cambia ni varía como una sombra en movimiento. Él, por su propia voluntad, nos hizo nacer de nuevo por medio de la palabra de verdad que nos dio y, de toda la creación, nosotros llegamos a ser su valiosa posesión.

SANTIAGO 1:16-18

Limitaciones personales

Los problemas de aprendizaje pueden sembrar mucha inseguridad. Asimismo puede hacerlo un impedimento físico, una condición anormal o cualquier cosa que nos haga sentir particularmente diferentes o inferiores. A veces las limitaciones son producto de la percepción. Lo que para una persona puede ser casi intolerable para otra resulta trivial. El acné es un buen ejemplo. Una chica que lidia con un cutis problemático durante una época difícil podría sentirse humillada e inhibida por él, mientras que sus padres no pueden comprender por qué es tan terrible para ella. Después de todo, razonan, muy pronto pasará. Por otro lado, quizás los padres hagan todo lo posible para ayudarla con la situación, pero los sentimientos de inferioridad persisten. ¿Qué hacer entonces?

Cuando se trata de limitaciones, lo más importante es la actitud; la manera de verte a ti misma determinará drásticamente cómo te vean los demás. No hay nada más impresionante que la persona que se siente segura con la forma singular en que Dios la hizo. Un muy buen amigo me enseñó a ver las limitaciones como providenciales estímulos al cambio. Años atrás, recibí una llamada que terminó cambiando completamente el curso de mi vida. Lee Sizemore trabajaba para la editorial cristiana de currículos con mayor trayectoria en el mundo. Me explicó que había tenido una visión sobre cursos bíblicos en video, y quería saber si me gustaría ser una de las maestras. Si bien enseñaría frente a un pequeño público en un estudio, el objetivo serían las mujeres que mirarían el video en la sala de su casa, en sus iglesias y en las aulas de clase.

La idea no me pareció atractiva; no podía imaginarme enseñándole a un grupo de mujeres a las que no pudiera ver. Lo que más disfruto en cualquier entorno de clases es la interacción. También estaba muy satisfecha haciendo lo que hacía. Lee me dijo que le gustaría venir a Houston con un pequeño grupo para reunirse conmigo y, si la idea no lograba aceptación, entenderían que Dios los estaba llevando en otra dirección. No te puedes imaginar mi sorpresa cuando un hombre con las manos y los pies ligeramente desfigurados se presentó ante mí en su silla de ruedas. No se había puesto de pie en años, y no volvería a hacerlo hasta que estuviera ante su sabio Creador en los cielos. En ese momento no me di cuenta de que el formato al que me había resistido al principio finalmente se convertiría en el motor que impulsaría todas las demás cosas que Dios me llamaría a hacer. Esas series de videos nos llevaron por todo el mundo, y no pienses ni por un instante que Lee permitió que nos fuéramos sin él. Empujamos su silla de ruedas para subir al monte de los Olivos, para bajar por las calles de la antigua Jerusalén, y para cruzar la escalerilla de un barco rumbo a Grecia, a Turquía y a las islas del Mediterráneo.

Antes de que todo fuera cumplido, este hombre "discapacitado" produjo alrededor de cien series de video, con numerosos autores, y fue usado por Dios para cambiarle completamente la cara a los estudios bíblicos en los Estados Unidos. Y todo desde una silla de ruedas. Estoy absolutamente convencida de que la mente y la visión de Lee llegaron tan lejos como lo hicieron porque su cuerpo estaba atrapado en esa silla. Su discapacidad fue, en realidad, su libertad. Sus limitaciones en un área redirigieron su liberación hacia otra área, como una olla a presión que finalmente había encontrado una válvula de salida. Su silla de ruedas lo llevó a un lugar al que nunca habrían podido llevarlo las piernas más fuertes.

Lee es uno de los innumerables ejemplos que tenemos de

personas que demostraron seguridad a pesar de sus limitaciones. La gran escritora Anne Rice tenía un problema de aprendizaje que hacía que la lectura le resultara sumamente difícil, aun durante su temprana adultez. Irónicamente, de esa misma dificultad con las palabras nacieron numerosas novelas que fueron éxitos editoriales.

No estoy tratando de sacudir tus emociones. Simplemente estoy diciéndote lo que creo que es la verdad del evangelio: Dios puede traer a tu vida por causa de esas limitaciones una libertad y una visión que nunca habrías descubierto sin ellas. De ti depende que tus limitaciones te hagan una persona insegura o una persona invencible.

La manera de ser

Posiblemente conozcas personas que han vivido la clase de situaciones que acabo de describir —inestabilidad, pérdida, cambios no deseados, o limitaciones—, pero que son tan genuinamente seguras como cualquier otra persona que hayas conocido. Por otro lado, es posible que conozcas a alguien que ha recibido lo mejor que la vida tiene para dar, pero que es tan insegura que apenas puedes soportar estar cerca de ella. ¿En qué se diferencian? A veces, se reduce a nuestros componentes personales más básicos: la manera de ser y el temperamento. Aunque inseguridad y sensibilidad no son términos sinónimos, las personas especialmente compasivas están mucho más predispuestas a la inseguridad.[5] En otras palabras, cuanto más compasivas seamos, es probable que más vulnerables seremos a la inseguridad. Algunas personas se toman las cosas mucho más a pecho que otras. No se trata de una cuestión de debilidad, sino de sensibilidad personal.

No sé cómo te afecte a ti, pero identificar la manera de ser como un posible colaborador me trajo importante alivio y comprensión. Si bien mi hogar inestable y el abuso que sufrí en mi infancia aportaron municiones más que suficientes para mi inseguridad, he llegado a la conclusión de que, con mi hipersensible manera de ser, es probable que yo hubiera luchado con ella, hasta cierto punto, de todas maneras. Yo siento todo con intensidad. Mis alegrías son enormes, y también lo son mis tristezas. Si me enojo, me enojo de verdad; y si estoy abatida, me pregunto cómo haré para seguir adelante. Después me levanto, me sirvo un poco de café y entonces paso a la siguiente emoción y me olvido de lo deprimida que estaba hace una hora. ¿Alguna vez te ha pasado lo mismo? Casi todo el tiempo, las terminaciones nerviosas de mis emociones están a la vista como cables pelados. No puedo ver ni un sapo aplastado sobre el pavimento sin sentir pena por él. Boicoteo las películas en las que mueren animales y aún podría necesitar una sesión de consejería después de ver *Mi perro Skip*.

Quizás te alivie saber que mi sensibilidad abarca algo más que a los animales. Cuando veo a dos personas despidiéndose emotivamente en el aeropuerto, tengo que resistirme para no ir a abrazarlas en conjunto. Durante la siguiente media hora llego a pensar tanto en ellos como para escribir toda su historia en mi cabeza. Me dan tanta tristeza los ancianos que viven solos que tengo que esforzarme por no ir a la perrera y conseguir un perro perdido para regalarles. Imagina su expresión al abrir la puerta delantera de la casa. Así es. Eso es lo que me ha contenido de hacerlo. Tengo miedo de ser mordida, y no me refiero al perro. Dios me dio este corazón tierno y, aunque quiero abandonar mi inseguridad crónica, realmente quiero quedarme con mi corazón. Me gusta sentir. Si no siento algo, es como si estuviera muerta.

Es posible que tú no seas tan sensible como yo, pero tal vez hayas sufrido pérdidas o te hayas abierto paso a través de las limitaciones que ayudan a entender dónde se originó tu inseguridad. Recuerda que no necesariamente debes cumplir todas las características para entrar en la categoría. Por otra parte, si debajo de tu árbol familiar está cada una de las raíces que hemos analizado hasta ahora, amiga, ya eres un milagro viviente.

He dejado dos raíces de inseguridad para el próximo capítulo porque, como ya verás, vienen desde otro lugar del suelo, diferente al que analizamos aquí. A excepción de la manera de ser, las raíces de este capítulo —inestabilidad en el hogar, las pérdidas importantes, los cambios dramáticos y las limitaciones personales— son, de muchas maneras, heridas en el alma causadas por la adversidad. Es la inseguridad que resulta de la forma en que las hemos soportado, en lugar de haberlas sanado.

La vida es realmente difícil. Nadie puede escapar de eso. Nadie sale ileso de ella, pero no estamos simplemente debatiéndonos en un agujero negro universal. Hay un propósito. Hay orden, porque hay un Dios. Hace varios meses, mi hija menor, Melissa, insistió en ir conmigo a la consulta de seguimiento de una mamografía sospechosa. Nunca me diagnosticaron cáncer de mama, pero como mi madre falleció de eso, debo ser más cauta. Estábamos sentadas en la sala de espera, cruzando las piernas de un lado al otro, bebiendo nuestros cafés y tratando de charlar un poco. Las dos somos de leer mucho, pero en lugar de una revista de entretenimiento para pasar el rato, el único material de lectura que había en el consultorio era una pila de folletos acerca de todos los cánceres imaginables.

Melissa tomó un folleto tras otro y les echó un vistazo, sacudiendo la cabeza. Me miró con esa clásica expresión suya y me dijo:

"¡Qué cruel es la vida!" Yo asentí. Las dos nos quedamos en silencio por un instante, y entonces dijo una de las cosas más profundas que he escuchado en mi vida:

"Él sabe lo aterradora que puede ser la vida."

Sí, amada, él lo sabe. Él no toma a la ligera que algunas hayamos crecido en un auténtico manicomio. No toma a la ligera que algunas hayamos sido maltratadas psicológicamente, o golpeadas físicamente, o abusadas sexualmente, o sencillamente abandonadas. No toma a la ligera que algunas todavía estemos tratando de reponernos de esa llamada que recibimos a medianoche. No toma a la ligera que algunas hayamos nacido con unas piernas que no sirven para caminar. O con ojos que no ven. O con oídos que no oyen. Dios no toma a la ligera que algunas hayamos soportado el tratamiento contra el cáncer de nuestros hijos. No toma a la ligera que algunas, que el Señor se apiade, hayamos enterrado a nuestros hijos.

Él sabe lo aterradora que puede ser la vida.

Hijo de David, ¡ten piedad de nosotras! A veces es casi demasiado lo que hay que soportar aquí, Señor. ¡Con razón somos inseguras!

Y el trueno retumba en los cielos y la tierra se oscurece en medio de la tarde, y un hombre, golpeado hasta convertirse en carne sangrante, grita desde una cruz, entre dos ladrones: "¡Todo está cumplido!" Debido a que él lo hizo, sabemos que un día Dios enjugará toda lágrima de los ojos de aquellos que confiaron en él, y no habrá más muerte, ni lamento, ni llanto, ni dolor, pues las viejas cosas habrán pasado y todas nuestras penurias habrán *terminado.*

CAPÍTULO 6

Un cóctel de ego y cultura

ANTES DE SEGUIR adelante, escarbemos un par de lugares más en busca de las raíces de la inseguridad crónica. Las raíces que vimos en el capítulo anterior —inestabilidad en el hogar, una pérdida importante, un cambio dramático, limitaciones personales y la manera de ser— son históricas. Cualquiera de ellas podría haber desafiado a los habitantes del planeta Tierra cinco mil años atrás con la misma facilidad con la que nos desafían hoy en día. Forman parte de la vida en cualquier época, en cualquier momento, pero en este capítulo estamos a punto de marcar otro hito profundo. Después de toda la charla de nuestros abuelos sobre cuánto más difícil era la vida para ellos y lo poco que aguantamos nosotras en comparación, finalmente hemos encontrado un área genuina en la que los superamos.

Nuestra cultura

Porque Dios lo quiso, estoy escribiendo este capítulo en una pequeña y centenaria granja alemana, ubicada en una extensión de la que Keith y yo somos propietarios, en medio de la nada. Desde que nos casamos, treinta años atrás, Keith había hablado sin cesar de tener un rancho. De hecho, insistía en que era el sueño de casi todo muchacho criado en el Estado de la Estrella Solitaria, y que el sueño no cumplido mandaría insatisfecho a la tumba a un tejano, aunque fuese enterrado con las botas puestas. Cuando recién nos casamos, no teníamos ni un centavo partido por la mitad, y además, casi antes de que aprendiera mi nueva firma de casada, nuestra primera hija ya venía en camino.

El sueño de Keith tardó mucho en llegar, pero, hace dos años, luego de algunas buenas peleas y de arrodillarnos algunas veces, firmamos la escritura de una tierra abandonada que desesperadamente suplicaba amor. Un amigo nuestro la había comprado en una ejecución hipotecaria para volver a venderla. Créeme lo que voy a decirte: la tierra no fue lo único que cambió. Aprender a amar esta tierra agreste no fue un aprendizaje fácil para mí. Para una mujer criada entre las colinas, los lagos y los bosques de pinos de Arkansas, fue una conquista. Para el ojo que no está adiestrado, hay muy poca belleza en nuestra tierra de mezquites, cactos, piedras y serpientes; pero es nuestra y, honestamente, la amamos. Lo que le falta en estética, lo compensa con amaneceres y atardeceres tan hermosos que te harían gritar. Eso es lo que he aprendido a amar de estas planicies.

Mientras íbamos en nuestro primer recorrido por esta tierra, aquel amigo dijo: "Allí hay una vieja casa de labranza destartalada que podrían derribar, y luego construir algo en ese lugar. Está en una buena ubicación con vista al viejo granero rojo y al horizonte oeste." Pocos minutos después, Keith y yo caminábamos con cautela sobre unos crujientes pisos de madera que tenían unos agujeros tan grandes que uno podía arrastrarse entre ellos y debajo de la casa, si tenía la intención de encontrarse con una serpiente. La casa había estado descuidada por tanto tiempo que no podrías haber encontrado un lugar donde colgar un aviso que no se desplomara. A Keith y a mí nos encantó. Todos pensaron que nos habíamos vuelto locos, pero para dos aficionados a la historia, había algo tan encantador en la casa que no podíamos soportar la idea de tirarla abajo. Hace cien años habían vivido entre esas paredes personas reales con historias verdaderas. Ellas merecían respeto.

Keith inició un gigantesco proyecto de seis meses con un objetivo: restaurar esa pequeña casa de labranza alemana lo más cercano posible a la original, sin que eso nos llevara a la quiebra. Hoy en día, casi todo lo que hay en esta casa data de cien años atrás: cada puerta interna y externa, cada una de las ventanas, así como todo el piso que pudimos salvar, muchos de los cuadros y gran parte de los muebles, todo lo cual perteneció a alguien hace cien años. Para el estilo de la casa, lo único nuevo es la pesada cocina Magic Chef blanca y negra. Tuvimos que conformarnos con un modelo de 1924 y, aunque parezca mentira, todavía funcionan todas sus hornillas. Así es. Es que ya no las hacen como antes.

Cada vez que estoy aquí me pregunto cómo habría sido la vida de la familia de ese otro hombre que cumplió su sueño años atrás. Hace mucho que su cuerpo se convirtió en cenizas, pero nosotros seguimos pasando por el mismo marco de la puerta que él atravesaba. ¿Cómo era su esposa? ¿Qué tipo de cosas ocupaban sus pensamientos? ¿Qué tan parecidas somos? ¿Cuándo hojeó por primera vez su catálogo de Sears & Roebuck? Si iban todos los domingos a la iglesia, ¿de qué hablaba ella con sus amigas? ¿Cuáles eran sus inseguridades? ¿Tuvo alguna vez suficiente tiempo para pensar en ellas? Apenas puedo imaginarme su mundo, pero, en sus sueños más remotos, ¿podría haberse imaginado ella el mío?

La vida de las mujeres estadounidenses ha cambiado dramáticamente desde que incrustaron los primeros clavos en la madera de esta vieja casa. De hecho, fueron tan grandes los cambios que sus últimos dueños perdieron las prioridades, y probablemente la cabeza, a causa de la cocaína. Qué ironía, ¿verdad? Yo pensaba que era una adicción urbana. Ningún siglo anterior ha marcado tantos cambios dramáticos como el siglo XX. Nos metimos en él sentados sobre un caballo y una calesa, y salimos de él en un cohete. Partimos el siglo bien abierto cuando nuestros pies pisaron la luna. Transcurridos ya varios años del siglo XXI, miro a través de estas ventanas a un mundo posmoderno y, como cualquier otra persona, cargo con sus dolores cada vez mayores.

La vida ha cambiado y, de innumerables formas, ha cambiado para mejor. No obstante, aquí está el hito que te había prometido: nuestras antepasadas no tuvieron que soportar la locura de los medios de comunicación que tenemos que aguantar las mujeres de hoy. No tenían que pagar sus comestibles al lado de un estante de revistas con hermosas mujeres semidesnudas y retocadas. No tenían que enjuagar las sobras de comida de los platos mientras sus maridos miraban a las modelos de Victoria's Secret desfilando en sus televisores de alta definición. No encontraban pornografía ni salas de chat metidas en los escondites de sus computadoras, ni las buscaban ellas mismas. A su bandeja de entrada no llegaban correos electrónicos de sexo explícito de tipos desconocidos. Jamás podrían haberse imaginado el viaje relámpago que podría hacer una mujer desde su par de cromosomas X a las películas triple X. No estaban inmersas en una sociedad en la que la mujer solamente es valiosa si es sensual. Dicho de manera simple: no estaban rodeadas por esta cultura desgarradora.

No soy tan tonta como para indicar una lista de las cosas que son mucho más difíciles para nosotras comparándonos con las mujeres que bendijeron esta tierra antes que nosotras. Tenemos derechos, comodidades, ocupaciones y asistencia médica que ellas nunca soñaron tener. Lo que quiero señalar es un aspecto en el que sus vidas fueron dramáticamente más fáciles que la nuestra. Y es uno muy grande: *la explotación de los medios*. Ahora estamos tan acostumbradas a ella que nos estamos volviendo inconscientes del gran costo que representa para nosotras. Es la nueva normalidad. Despertémonos de esta prolongada neurosis postraumática para reflexionar en el ataque de imágenes que en los últimos setenta y cinco años nos ha pasado por encima como un tsunami.

Ten en cuenta lo siguiente por un momento: aunque la televisión estuvo comercialmente disponible a partir de 1930, muy pocos hogares norteamericanos podían presumir de tener una, inclusive durante la siguiente década. No fue sino hasta mediados de los cincuenta que el fenómeno explotó y engendró toda clase de retoños imaginables. Cualquier cosa con pantalla puede llamar "papá" a la televisión.

Mi generación es la primera de toda la historia que creció en una sociedad dirigida por los medios. Las cosas con las que tratamos no tienen precedentes; no podemos mirar a las generaciones que nos precedieron para saber cómo las manejaron. Nos estamos ahogando en aguas desconocidas, y es hora de aprender a nadar.

La mayoría de nuestras tatarabuelas tenía acceso a unos pocos cientos de mujeres con las cuales compararse. En la actualidad, nosotras podríamos competir contra decenas de miles si quisiéramos hacerlo; y, aparentemente, la mayoría quiere. Tenemos los viajes, la televisión, Internet, las revistas, los libros, las carteleras, las películas, las vidrieras, los avisos publicitarios (hasta en el respaldo del taxi delante de nosotras y en los omnibuses que circulan a nuestro lado), los celulares con cámara de fotos y de video, los mensajes de texto, los mensajes de sexo y el Twittering para recordarnos qué hay allá afuera. Más vale que nos pongamos en marcha si queremos competir, y si no queremos hacerlo, ¿por qué no dejar que nos estampen en la frente la palabra *perdedora*?

En un revelador artículo de la revista *Psychology Today*, los estudios muestran que "las mujeres que están rodeadas por otras mujeres atractivas, ya sea en persona, en películas o en fotos, se consideran menos satisfechas con su propio atractivo, y menos deseables como parejas para el matrimonio."[6] Como la marca de la verdadera seguridad es la destreza para rodearse de cualquiera, sin importar su atractivo o su inteligencia, y a la vez mantener la confianza personal y la satisfacción, ese estudio nos dice mucho de nuestra necesidad de cambio. Sin embargo, y por ahora, el punto primordial es que ya no nos sentimos inferiores a otras diez mujeres, como pudieron haberse sentido nuestras bisabuelas. Nos sentimos inferiores a miles y, como consecuencia, nos tornamos cada vez menos satisfechas con nosotras mismas, hasta llegar a vivir la mayor parte de nuestra vida en una pendiente resbaladiza de autodesprecio. Con sinceridad nos convencemos y creemos que las princesas de los medios son la norma, sea que estén en las páginas o en la pantalla, y que nosotras somos las únicas patéticas en todo el universo que no podemos mantener el ritmo. En las paredes de nuestro cerebro tenemos colgadas estas imágenes de mujeres casi perfectas, como un enorme collage, que hacen que las experiencias comunes como el acné, los kilos de más, el busto chato o una gran nariz sean doblemente promotoras de la inseguridad de lo que alguna vez lo fueron.

Eso no es todo. La alta cotización por lo juvenil se ha disparado hasta el punto de que una mujer en sus veintitantos años ahora teme envejecer. (Si eres joven, no quiero que te aterrorices de lo que estás a punto de escuchar y que dejes este libro de lado. Las respuestas y las nuevas actitudes ya están en camino, y tú estarás mucho mejor preparada de lo que lo estuvo mi generación para manejar el envejecimiento.) Permíteme ser enérgica y clara: nuestra cultura es igual de despiadada con los hombres. Los que han logrado manejarse con integridad en una sociedad donde el sexo lo es todo y los viejos son nada son guerreros dignos de una medalla. Ninguna de nosotras puede imaginarse qué se siente al tener la genética de un hombre y tener que lidiar con semejante asalto sistemático a los sentidos. La misma trampa que desmoraliza a las mujeres como cebo descarta a los hombres como animales. Nadie se aleja de la trampa sin renguear.

Sin embargo, hay lugares donde nuestros desafíos toman giros distintos. A medida que consideremos algunas de esas maneras, necesitaré un poquito de espacio para hablar de las tendencias de cada género. Mientras lo hacemos, ten en mente que no todos los hombres ni todas las mujeres siguen los vaivenes culturales; algunos permanecen increíblemente impasibles ante ellos. Dicho esto, en términos generales, nuestra cultura no exige a los hombres los mismos parámetros de juventud que a las mujeres. No estoy diciéndote algo que no sepas. Sólo estoy tratando de mostrarte cómo la doble moral intensifica las inseguridades de nuestro género. Un buen ejemplo: hace unos días estaba mirando en la televisión uno de esos documentales de asesinatos misteriosos. Había una mujer muerta, y el principal sospechoso era su marido. La pareja en cuestión había estado casada durante treinta años y habían criado a varios hijos estupendos. Según las apariencias, parecían felices. El marido se convirtió en el principal sospechoso de asesinato luego de que las autoridades descubrieron su prolongada aventura amorosa con una mujer más joven. A partir de esa hipótesis se acumularon las evidencias y, al final, fue condenado por asesinato.

Aquí está la parte que me llamó la atención: la propia hermana de la víctima, creyendo que su cuñado era inocente, justificó la aventura diciendo algo como: "Y bueno, su esposa había envejecido . . ." ¡Una *mujer* dijo eso! Había internalizado la doble moral hasta que le sonó perfectamente lógica. ¿Mi opinión? *¡Si ella tiene razón y ese fue el fundamento del marido, que alguien lleve a ese tipo enfrente de un espejo y le haga ver quién más está envejeciendo!* Te pregunto a ti: ¿por qué había envejecido *ella* y *él* no? Él tenía casi todo el cabello canoso (ahora recuerdo que la esposa se lo había teñido) y su rostro estaba marcado por las arrugas del tiempo. Ah, lo sé. Se supone que los hombres son más visuales, y las mujeres, más relacionales y emocionales. ¿Es así de simple? Por más que intente recordar, no conozco ni una sola mujer con una visión decente que haya estado casada un tiempo y que no pueda ver que su hombre también está envejeciendo. O engordando. O que se viste diferente. Las mujeres no somos ciegas. Como género —y aquí estoy diciendo generalidades evidentes—, podemos ser un poco más amables, pero eso probablemente se deba a que somos emocionales.

A veces resulta exasperante, y no sólo para las mujeres que les han dicho adiós a sus veinte años. Recuerdo bien que siendo una mujer muy joven estaba al corriente de mi cultura, y me preguntaba con cuánta rapidez sería desechable y obsoleta. No creo que haya muchas mujeres —de cualquier edad— en la cultura occidental que ignoren el rápido paso del tiempo. No se nos da ese lujo. El punto en la línea del tiempo cultural que separa a las jóvenes de las viejas avanza cada vez más cerca hacia el margen izquierdo. Si las mujeres hemos de creerle a la prensa de nuestra cultura, nuestra ventana de vigencia es tan pequeña que tenemos que entrecerrar los ojos para verla. Además, culturalmente hablando, para cuando desarrollamos cierta apariencia de visión y plenitud, nos llegó el momento y se nos pasó. Necesitamos comenzar a buscar una nueva ventana.

Nuestra cultura nos otorga cinco minutos —está bien, tal vez sean cinco años— para sentirnos bien con nosotras mismas. Lo menos que podemos hacer es rechazar la oferta y, en lugar de eso, buscar una ética razonable según la cual vivir. El que nos creó a su propia imagen y luego se enorgulleció de su obra nos ofrece ese tipo de ética, pero tenemos que estar dispuestas a darle otro sentido a nuestras preocupaciones.

El movimiento obsesionado con la juventud perdería la mitad de su fuerza si dejáramos de fomentarlo. Escucha, no solamente los hombres le dieron forma a esta cultura. Las mujeres también colaboraron para delinear esta mentalidad. Hemos abatido inclusive a nuestras propias compañeras para minimizar la competencia. Dios nos ha confiado a cada uno, tanto a hombres como a mujeres, una breve cantidad de tiempo en este mundo, y cada época fue creada para ser vivida de manera abundante, efectiva, poderosa e inestimable. Es nuestro derecho como su preciada creación, pero estamos viviendo como personas que dan arañazos para alcanzar una cumbre de cinco minutos y después resbalar cuesta abajo, preguntándonos si realmente sentimos algo.

Cuando tenía alrededor de cuarenta años, padecí mi primera oleada memorable de celos hacia las mujeres más jóvenes. Aunque he perdido muchas otras batallas contra la inseguridad, Dios y yo obtuvimos una rápida victoria sobre esta y, por alguna razón, se mantuvo. La primera vez que apareció el fantasma de los celos en mí (odio ese sentimiento), se me ocurrió que ninguna mujer de por ahí sería joven un segundo más que yo. En términos generales, todas recibimos la misma cantidad de tiempo. Yo había tenido mi turno. Ellas tendrían el suyo. Y todas nosotras, si Dios quiere, tendremos la oportunidad de envejecer. No he experimentado muchas curas inmediatas, pero en ese mismo instante sentí que Dios hizo a un lado mis celos, me llenó de empatía e imprimió en mi corazón la necesidad de hacer mi parte para hacerle la cosa más fácil a las que vengan detrás de mí. Quiero ser parte de una coalición de mujeres que tengan el mismo sentir. Mujeres que no estén amargadas. Mujeres que no estén enojadas. Que no tengan resentimientos. Mujeres cariñosas y llenas de gracia que hayan encontrado un poco de alivio y libertad. No tengo dudas de que ese fue el comienzo de este libro.

¡Ah, que una generación pudiera enseñarle a la próxima cómo sobrevivir en esta cultura con la seguridad intacta! Sin embargo, más vale que tengamos agallas, porque te garantizo una cosa: la explotación de los medios no va a disminuir. Podemos chillar todo el día por la doble moral y las injusticias, pero probablemente no lograremos diferencia alguna. Esto debe suceder en nuestro pensamiento, en nuestra manera de procesar, en nuestro sentir, en nuestra manera de relacionarnos.

Depende de nosotras cambiar nuestra reacción ante la influencia de los medios y dejar de engañarnos emocionalmente con cada cosa que vemos. El doctor Rick Rigsby dice: "La verdad es la primera víctima en una sociedad enloquecida por los medios de comunicación."[7] Cuánta razón tiene. Absorbe este pensamiento por un momento: Un medio es "un canal o un sistema de comunicación, información o entretenimiento."[8] Es un intermediario. Un mediador. Puedes ver la obvia conexión al colocar las palabras *medio* y *mediar* una al lado de la otra. Todo lo que califica como medio está entre "nosotros" y alguna forma de "ellos," ya sean políticos, naciones, animadores, equipos o alguna entidad similar. Cualquier cosa que no sea el común "nosotros" se considera como "ellos." Mientras que mediadores como los periódicos y los noticieros fueron iniciados originalmente para ser imparciales, los mediadores del entretenimiento y la publicidad venden descaradamente sus propias agendas manipulando las emociones subsiguientes. Si no nos producen una reacción que pueda ser medida, han fracasado.

Y ya lo creo que estamos reaccionando. Hemos gastado todo lo que tenemos y, peor aún, hemos dejado que un sistema imaginario mediara en nuestros mismísimos valores personales. Mira, yo soy una adicta a los medios, tal como la mayoría de ustedes. No tengo la intención de descartar mi televisor, ni el periódico ni el acceso a Internet; tampoco tengo pensado vendarme los ojos en la caja del supermercado, ni negarme a comprar otra entrada al cine. Sin embargo, será mejor que aprenda a ser sabia, moderada y a tener criterio. Si no aprendemos a diferenciar el entretenimiento de la identidad y las imágenes publicitarias de la verdadera femineidad, nuestras almas femeninas pasarán directamente a la trituradora. Debemos dejar de afirmarnos y reafirmarnos a nosotras mismas cuán inferiores somos. Es extremadamente enfermizo y, en realidad, es la cosa más alejada del concepto que tiene Dios sobre la humildad. Deberíamos tomar nota de lo inconstantes que son los medios con sus propias estrellas, y de lo efímero de su simpática atención.

¿Alguna vez viste esas revistas que muestran fotografías de celebridades a las que sorprendieron desprevenidas vestidas con esos trajes de baño que les quedan tan mal, estampadas en la portada, con celulitis y todo? Los rostros siempre están cubiertos, y el título por lo general dice algo como: "¿Reconoces a estas estrellas?" Luego te dicen que leas la página tal y cual para averiguar sus identidades. Yo nunca lo hago. Me horrorizan demasiado. No puedo evitar imaginar mis propios muslos en la portada, y hago el esfuerzo para no gritar a todo pulmón: "¡Soy yo! ¡Soy yo! ¡Acá estoy, a la vista de todo el mundo!" Desde luego, eso puede explicar por qué soy yo, y no otra persona, la que escribe este libro. Una leve psicosis.

A lo largo de nuestro recorrido aprenderemos a usar algunas herramientas prácticas que nos ayudarán a vivir una vida real como personas seguras y, sí, aun en esta cultura traicionera. Es un momento genial para interponer un par de herramientas. Primero, es necesario admitir si estamos sobrecargándonos de publicidad de los medios, y desistir de ella cuando sintamos que acciona en nosotras uno de los interruptores de la inseguridad. Aprendamos a dejarla de lado o a alejarnos cuando ya resulta excesiva o hace una mentira demasiado creíble.

Además, debemos exponernos intencionalmente a los materiales que edifican el alma humana, en lugar de corroerla. Si luchas con la inseguridad, es probable que estudiar minuciosa y obsesivamente la revista *People* o entretenerte con las compras por Internet no te ayude. Cuando no sepas si tu medio preferido es un problema, trata de dejarlo de lado por un rato y, una vez que superes el síndrome de abstinencia inicial, mira si te sientes mejor con la persona que Dios creó para que fueras tú. Si es así, replantéate hasta qué punto vas a permitir ese medio. Nuestra cultura moldea a los adictos como los hombres de las cavernas moldeaban la arcilla; de manera que ser moderados puede ser aún más desafiante que la abstinencia total. No obstante, es una práctica que requiere ser recuperada por nuestra sociedad.

En segundo lugar, necesitamos empezar a buscar las maneras en que hacemos inevitable el fracaso. Por ejemplo, si sabemos de antemano que una película tendrá muchas escenas de desnudos, y es probable que nos haga sentir como un cero sentadas ahí al lado de nuestro hombre, entonces podemos sugerir ver alguna otra cosa. No tenemos por qué buscar un problema. De más está decir que en la vida hay asuntos importantes que simplemente necesitamos aprender a manejar. Por otra parte, hay otros asuntos que es preferible evitar.

Quizás necesites descubrir una manera de asistir a las fiestas del trabajo de tu esposo sin caer en las viejas inseguridades. Es bueno aprender a socializar sin ver a los demás como una amenaza, pero si hay una persona en particular que te afecta una y otra vez y te hace sentir insignificante o tonta, es probable que tengas que bajar de categoría a esa persona. O, si te das cuenta de que cada vez que tu esposo y tú pasan tiempo con una pareja en particular terminan discutiendo, es necesario que busques otras parejas para hacer amistades.

¿Cuál es el objetivo? Aprender qué cosas puedes manejar y

cuáles no. A medida que llegues a ser más segura, descubrirás con gran satisfacción cuánto más puedes manejar y, a la vez, llegarás a reconocer qué cosas de ninguna manera debieras tratar de manejar. Saber la diferencia implica considerable sabiduría.

De acuerdo, ¿puedes soportar desenterrar otra raíz más de la inseguridad crónica? Déjame que te recuerde que no tenemos el tiempo ni el espacio, ni yo tengo la experiencia para brindarte la lista completa y definitiva de todas las raíces de la inseguridad. Espero que hayamos cubierto suficiente terreno con estas primeras siete como para reconocer cuando se presente alguna similar. Aquí está la última:

Orgullo

Sí, el orgullo. Con letras mayúsculas: O-R-G-U-L-L-O. Es una palabra fea, ¿verdad? Al menos hemos logrado postergarla hasta ahora. Cualquier otra raíz de la inseguridad cae en la categoría de influencias que en gran medida están fuera de nuestro control. La inestabilidad en el hogar, una pérdida importante, el rechazo, un cambio dramático y la cultura que nos rodea constituyen circunstancias impuestas, más que provocadas por nosotras. La manera de ser y muchas legítimas limitaciones personales forman parte del paquete de nuestro ADN y, por lo tanto, tampoco son de nuestra propia elección. Sin embargo, la que mencionamos ahora es una de las que tenemos que hacernos cargo.

El orgullo es tan viejo como la humanidad. Cometeríamos un grave error si hiciéramos un gran esfuerzo para desenterrar todas las otras raíces de la inseguridad crónica y dejáramos esta raíz del orgullo firme en la tierra. Jamás seríamos libres.

Esta raíz no tiene que ver con la cultura. Tiene que ver con el ego, y todos tenemos uno. Seamos sinceras: a veces las personas y las situaciones nos hacen sentir inseguras porque mellan nuestro orgullo. Así de simple. Dejando todos los golpes de la vida de lado, y aun habiendo arrancado toda otra raíz, luchamos contra la inseguridad porque luchamos contra el orgullo. Piensa un poco en las conexiones obvias entre los dos:

> No somos las únicas mujeres en la vida de nuestros hombres y eso hiere nuestro orgullo.
>
> No somos las personas más talentosas del mundo y eso hiere nuestro orgullo.
>
> No somos siempre la primera opción y eso hiere nuestro orgullo.
>
> No somos la favorita de alguna persona y eso hiere nuestro orgullo.
>
> No podemos hacerlo todo por nosotras mismas y eso hiere nuestro orgullo.
>
> No somos la máxima prioridad de alguien y eso hiere nuestro orgullo.
>
> No nos sentimos especiales y eso hiere nuestro orgullo.
>
> No conseguimos un ascenso y eso hiere nuestro orgullo.
>
> No ganamos una pelea y eso hiere nuestro orgullo.
>
> No nos pagan lo que valemos y eso hiere nuestro orgullo.
>
> No nos pagan en absoluto y eso *realmente* hiere nuestro orgullo.

No minimizo el genuino dolor de este tipo de situaciones. El hecho de que el corazón esté lleno de orgullo no impide que sufra. Solamente impide que sea sanado.

He llegado a la conclusión de que en la vida no tenemos mayor carga que la de nuestros propios egos inflados. Ninguna fuerza externa tiene el poder de traicionarnos y engañarnos como lo hace nuestro ego. El orgullo nos impide perdonar y tomar riesgos. El orgullo nos priva de la intimidad, porque la intimidad requiere transparencia. El orgullo es un tirano como ningún otro, y si no puede llevarnos a la destrucción, será a la distracción. Piensa en la locura que este pequeño rasgo puede causar:

Si no podemos ser la más atractiva, al menos podemos ser la mejor en algo.

Y si no podemos ser la mejor en algo, al menos podemos ser la que más trabaja.

Y si no podemos ser la que más trabaja, al menos podemos ser la más cordial.

Y si no podemos ser la más cordial, al menos podemos ser la que más se destaca.

Y si no podemos ser la que más se destaca, al menos podemos ser la más religiosa.

Y si no podemos ser la más religiosa, al menos podemos ser la más agotada.

Y no se termina nunca, porque los grandes egos insisten en que seamos "la." No tan sólo "una." Estamos desesperadas por ser importantes. Nos pasamos la vida gritando: "¡Que alguien se dé cuenta de que estoy aquí!" ¿Tienes ganas de escuchar algo interesante? Exactamente así es como nos hizo Dios.

Esa mismísima necesidad está incorporada en nuestro disco duro humano para que busquemos a nuestro Creador, que es quien puede darnos una importancia mayor a la que jamás podríamos imaginar. Él no sólo se da cuenta de nuestra existencia, sino que nunca nos quita los ojos de encima. De vez en cuando tenemos un momento de claridad y nos sentimos *conocidas* por algo —por *Alguien*— de inestimable grandeza. Estas son las palabras de un salmista que experimentó un momento similar:

> *Oh SEÑOR, has examinado mi corazón y sabes todo acerca de mí. Sabes cuándo me siento y cuándo me levanto; conoces mis pensamientos aun cuando me encuentro lejos. Me ves cuando viajo y cuando descanso en casa. Sabes todo lo que hago. Sabes lo que voy a decir incluso antes de que lo diga, SEÑOR. Vas delante y detrás de mí. Pones tu mano de bendición sobre mi cabeza. Semejante conocimiento es demasiado maravilloso para mí, ¡es tan elevado que no puedo entenderlo! . . . Tú creaste las delicadas partes internas de mi cuerpo y me entretejiste en el vientre de mi madre. ¡Gracias por hacerme tan maravillosamente complejo! Tu fino trabajo es maravilloso, lo sé muy bien. Tú me observabas mientras iba cobrando forma en secreto, mientras se entretejían mis partes en la oscuridad de la matriz. Me viste antes de que naciera. Cada día de mi vida estaba registrado en tu libro. Cada momento fue diseñado antes de que un solo día pasara. Qué preciosos son tus pensamientos acerca de mí, oh Dios. ¡No se pueden enumerar!*
> SALMO 139:1-6, 13-17

En el resplandor de su grandeza, nos hace grandes. Nuestra búsqueda ha terminado y nuestros egos han sido silenciados. Ya no necesitamos que nos maneje el orgullo porque hemos encontrado algo infinitamente más satisfactorio: propósito. *Él es la razón por la que estamos aquí.* Y finalmente nuestras almas descansan . . . hasta que volvemos a olvidarnos. Entonces, en lugar de buscarnos a nosotras mismas en Dios, una vez más buscamos a Dios en el hombre y, en el mismo momento que creemos encontrar a alguien que puede levantarnos a la altura suficiente y sostenernos el tiempo suficiente para calmar nuestro miedo al olvido, somos abandonadas. El orgullo es un conductor e, invariablemente, nos conduce en la dirección opuesta a la que prometió.

Elegí hablar de estas dos raíces finales de inseguridad juntas porque la influencia externa de la cultura y la influencia interna del orgullo pueden entrelazarse muy fácilmente en un gran nudo. Aunque sea muy tentador, armarnos de orgullo no es la respuesta al vicioso ataque de la cultura contra las mujeres. Podemos recuperar la confianza sin caer en la arrogancia. El orgullo está siempre a la defensiva contra cualquier persona o cosa que intente restarle parte de su valor autosustentado. La confianza, por otra parte, está dirigida por la certeza de la identidad que Dios nos da y la convicción de que nada puede quitarnos esa identidad. Eso es lo que tú y yo procuramos, no un brote del ego inflado.

La humildad es un componente crucial de la verdadera seguridad. Es eso lo que calma a la bestia salvaje del orgullo. Lo que es más importante, la humildad es el centro de la gran paradoja: encontramos nuestra vida cuando la perdemos por algo mucho más grande. Tal vez el escritor de Eclesiastés tuviera esto en mente cuando escribió que Dios "sembró la eternidad en el corazón humano" (Eclesiastés 3:11).

Eternidad. En el corazón de los mortales. Nada menos que eso.

Creadas a imagen de Dios, sabemos instintivamente que dentro de nosotras hay algo enorme. El orgullo es resultado de confundir lo eterno con lo temporal. Terminamos mirando hacia adentro buscando lo de arriba, en lugar de mirar hacia arriba para encontrar lo de adentro. Nos obsesionamos con cada logro y con cada pérdida hasta que, en nuestra desmesurada autoprotección, terminamos lamiéndonos las heridas al punto que ya no logran sanar.

Orgullo. La raíz de la inseguridad por excelencia. Nunca lograremos sentirnos mejor con nosotras mismas obsesionándonos con nosotras mismas. De igual manera, nunca nos sentiremos mejor con nosotras mismas cultivando sentimientos negativos hacia los demás. La superioridad no puede dar a luz a la seguridad. Tampoco, dicho sea de paso, puede hacerlo la incesante búsqueda de la perfección. Anteriormente sugerí que el perfeccionismo es inseguridad como forma de expresión artística. Nunca se ve tan hermoso ni actúa de una manera tan mortal. El perfeccionismo tal vez sea la tentación más grande de nuestra cultura. En su fascinante libro *Perfecting Ourselves to Death* (Perfeccionándonos hasta la muerte), el psiquiatra y teólogo Richard Winter brinda este concepto intrigante:

Aunque los perfeccionistas parecen muy inseguros e indecisos sobre sus decisiones y acciones, temiendo los errores y el rechazo, y con un pobre concepto de sí mismos, al mismo tiempo tienen parámetros personales excesivamente elevados con un énfasis exagerado en la precisión, el orden y la organización, lo cual insinúa que aspiran a ser mejores que los demás.

La mayoría de las explicaciones psicológicas considera el deseo de ser superiores y el de controlar como compensación a los sentimientos de debilidad, inferioridad y pobre autoestima. Pero también podría ser que lo opuesto fuera verdad: nos sentimos mal con nosotros mismos porque no somos capaces de desempeñarnos tan bien, o de parecer tan buenos, como realmente creemos que somos. Creemos que somos mejores que los demás, pero seguimos descubriéndonos fallas bochornosas. El pensamiento blanco y negro de los perfeccionistas los lleva a una montaña rusa entre sentirse horriblemente ineptos y mal consigo mismos para luego, cuando las cosas van bien, sentirse orgullosos de ser tan buenos. La pobre autoestima y el orgullo conviven en el mismo corazón.[9]

Luego, el doctor Winter continúa citando al psicólogo Terry Cooper, en su rica imagen de la convivencia de esa extraña pareja:

Si busco durante un tiempo suficiente, encontraré inseguridad debajo de mi grandiosidad, y expectativas arrogantes debajo del desprecio que tengo de mí mismo.[10]

Somos personas muy complicadas. Unos perfectos desastres. Orgullosamente inseguras, pero déjame decirte algo que no es complejo: reconocer nuestro problema de orgullo y confesárselo a Dios. Entonces lo quitará del camino para que podamos tratar con las raíces de la inseguridad que no plantamos. Hasta que no identifiquemos el orgullo que hay en nuestra inseguridad, en todo el sentido del dicho, el árbol nos tapará el bosque. Todas las personas tienen un problema de orgullo. Reconocerlo es un alivio. Cada vez que lo hago, siento el glorioso alivio ofrecido por Dios que fluye del arrepentimiento, y me pregunto por qué tardé tanto. No me siento avergonzada, sino liberada.

Gracias a Dios, el orgullo no es difícil de descubrir. No es emocionalmente complicado, como los efectos de la inestabilidad en el hogar, de una pérdida importante o de un cambio dramático. Es el ego, y lo sabemos. En ese mismo momento, podemos susurrar las palabras: "No es más que el orgullo. Dios, perdóname. Y a mí misma: Supéralo." Si estoy a solas, no lo susurro. Lo digo en voz alta con todo mi sentimiento. El orgullo es una de esas raíces que Dios puede arrancar en un segundo. Lo único que tenemos que hacer es aflojar nuestros hermosos deditos. Nuestra cultura ha cometido la enorme injusticia de entrenarnos para que evitemos aceptar la responsabilidad que nos toca por nuestros propios problemas. Al tratar de liberarnos del concepto del pecado personal, los valores trastocados de nuestra cultura nos han arrebatado el derecho al arrepentimiento y a la sublime restauración. Han secuestrado nuestra sanidad. Sin embargo, un corazón limpio y un camino despejado todavía nos esperan a sólo una confesión sincera de distancia.

CAPÍTULO 7

No te dejes engañar

INSEGURIDAD. LA INSEGURIDAD te pone en ridículo. Es posible que lo que viene a continuación sea una de las secciones más profundas de este libro. En las páginas siguientes encontrarás historias de mujeres muy parecidas a ti y a mí, quienes estuvieron dispuestas a responder a una simple pregunta que hice en mi blog: "¿Alguna vez la inseguridad te puso en ridículo?"

Cuando formulé la pregunta, al principio no estaba segura de qué tipo de respuesta recibiría, pero me llegaron suficientes respuestas como para llenar cada página de este libro, y hacernos sentir patéticas y tenernos lástima durante los próximos seis meses. Afortunadamente, nada puede estar más lejos de mi objetivo que el querer hacer eso. Antes de empezar, seré clara en cuanto a mi objetivo: quiero que veamos el precio que estamos pagando por no hacernos cargo de nuestra inseguridad. Si no le ponemos límites, si no nos sanamos de ella, la inseguridad nos convierte en idiotas, una y otra vez. A veces en las pequeñas cosas, a veces en las grandes; pero, al final del día, hasta una pequeña tonta se siente como una gran tonta. El leer historias como las que siguen puede ayudarnos a ver en los demás las cosas que, desesperadamente, necesitamos enfrentar en nosotras mismas. Como no hay espacio para todas las historias, elegí algunas porque eran altamente representativas, o porque eran particularmente conmovedoras. Antes de sumergirnos en estos testimonios, necesito hacer un trato contigo.

Probablemente sentirás la tentación de soslayar partes de este capítulo porque, para empezar, es mucho más largo que los otros. Además, por momentos, leerlo es muy doloroso. Estas historias no sólo hacen que nos compadezcamos de las personas que las comparten; también activan nuestros propios recuerdos dolorosos. De una u otra manera, la inseguridad nos ha puesto a todas en ridículo. Naturalmente, preferiríamos olvidar cómo fue; pero si en verdad vamos a dejar que Dios nos libere, querida, debemos mirarnos al espejo y reconocer lo desfiguradas que estamos respecto del plan original que él concibió. Hasta que lo hagamos, seguiremos conformándonos con lo que tenemos.

Quizás tu historia sea completamente distinta a la mayoría de las que hay en este capítulo. Algunos relatos pueden ser tan parecidos a tu experiencia que te preguntarás si acaso los escribiste dormida. Te pido que te arriesgues a ser vulnerable y leas cada palabra que sigue. Cuando terminemos este viaje, es posible que muchas de ustedes hayan decidido cooperar con la sanidad divina precisamente porque no desearían que algunas de estas imágenes terminaran en su álbum de fotografías. Ahora, en cuanto al trato: si lo soportas, prometo incluir algunos ejemplos divertidos para que tengas un toque de humor, y prometo que este capítulo será el último que dedico al aspecto desagradable de la inseguridad. Después de esto, llegaremos a la hermosura de la sanidad.

Muy bien, ahí va. Categorizaré libremente estas historias según los temas que revelan y, con tu permiso, también dejaré que las mujeres hablen con sus propias palabras. Editar su lenguaje sería editar sus emociones. Dejemos que tengan su propia voz.

LA INSEGURIDAD PUEDE HACERTE ACTUAR COMO UNA IDIOTA CON TUS AMIGAS:

Una amiga y yo tuvimos hace poco un problema en nuestra relación. Esta persona, además, es miembro de mi familia, así que *tenemos* que hacer que nuestra amistad funcione, pase lo que pase. Sin embargo, a veces la pasamos mal, porque somos muy diferentes. Además ella también puede ser muy intimidante. Bueno, en este último altercado me di cuenta de mi error, así que le escribí una disculpa (vía correo electrónico; vivimos lejos la una de la otra). No tuve respuesta . . . pensé que ella debía odiarme . . . ¡estoy muy insegura sobre nuestra amistad! Así que le escribí otro correo . . . ¡pero sigo sin tener respuesta! Releí mis correos electrónicos, y me di cuenta de que escribí algunas cosas realmente estúpidas porque estaba muy insegura. Escribí nuevamente un correo más corto, diciéndole que se olvidara de mí y de todo lo que había dicho. ¡Estoy tan cansada de estar tan nerviosa! ¡Me siento como una tonta, y he pasado por una confusión emocional enorme por culpa de todo esto! Y aun así no se resolvió. Quiero saber si alguna vez volverá a hablarme.

¿No hemos estado en ese lugar algunas de nosotras? Tenemos la costumbre de roer la relación como lo hace un perro con un hueso. Por culpa de nuestra inseguridad nos preocupamos hasta morir por algún detalle, no logramos respuestas y luego nos comunicamos en exceso y terminamos diciendo: "Olvídate de que te dije todo eso," pero raras veces se olvidan.

Aquí hay otro ejemplo que atañe a la amistad entre mujeres:

Hace unos doce años, tuve una amistad que me consumía. Ella era todo lo que yo creía que me faltaba, de manera que me pegué a ella. Trabajábamos en el mismo lugar y nos veíamos todos los días. Ella estaba en un puesto de liderazgo ejecutivo y le preocupaba mucho que nuestra relación no fuera profesional, o algo por el estilo, así que todo tenía que ser secreto. (También era extremadamente controladora.) Mentí más de lo que quiero recordar para "proteger" esta amistad . . . a mis compañeros de trabajo, a mi familia, etcétera. Fue horrible, pero no podía dejarla porque estaba como atrapada. Además de eso, lo que me ponía en ridículo es que muchas personas sabían lo que estaba ocurriendo, pero no decían nada. Me pescaron en algunas mentiras. Fue un desastre. Nos mudamos a otro estado, pero la insensatez me siguió, a medida que descubrí más personas que lo habían sabido todo el tiempo. Qué vergüenza. Todavía me estremezco cada vez que pienso en el tema.

Hermana, tú y yo tenemos que aprender a ser lo suficientemente seguras como para cuestionar cualquier relación que requiera el secretismo. Las personas seguras viven a la luz. Aquí hay otra historia de amistades femeninas:

Yo tenía dos buenas amigas en el trabajo, pero ellas en realidad no eran amigas entre sí. En el fondo, lo prefería, porque pensaba que, si llegaban a conocerse, congeniarían bien y yo no les haría falta. No lo vas a creer, pero finalmente se conocieron y simpatizaron por completo. Almorzaban juntas y se iban de compras después del trabajo. En lugar de recordar los muchos almuerzos y salidas de compras que había tenido con cada una por separado, dejé que eso me disgustara muchísimo. A mi esposo le decía llorando por las noches que ya no les agradaba más. Debería haberme alegrado de que se hicieran amigas, pero lo único que podía hacer era sentir lástima de mí misma. No tenía la confianza suficiente para darme cuenta de que ellas todavía disfrutaban mi amistad. Era como si hubiera vuelto a tener doce años.

Los celos de nuestras amigas, y el miedo a que se lleven mejor entre ellas que con nosotras, siempre es producto de la inseguridad, y muy a menudo es lo que desgasta a una relación decente. Permíteme que comparta una historia más, porque esta se traslada del contexto emocional al sexual, algo que toma por sorpresa a muchas mujeres:

Debido a que no encontraba mi valor en Cristo y tenía mucho odio hacia los hombres por cosas que sucedieron en mi niñez, intenté encontrarlo en las relaciones con mis amigas. Esto derivó en tres "amistades" sexuales codependientes con otras chicas inseguras y lastimadas. Yo lo racionalicé de todas las maneras posibles porque necesitaba sentirme elegida para creer que tenía algún valor. No puedo creer que haya podido engañarme tanto. Hasta el día de hoy, quisiera borrar esa parte de mi vida para no tener un testimonio que ahuyentó a [muchas personas de] la iglesia y lastimó a tres personas que realmente me importaban de una manera que todavía hoy las afecta. ¡Alabo al Señor porque su misericordia se renueva cada mañana!

LA INSEGURIDAD PUEDE HACER QUE UNA MADRE SEA DEMASIADO CONTROLADORA O QUE GENERALMENTE PIERDA EL CONTROL:

Sigo haciendo el ridículo frente a mi hija. Tengo mucho miedo de que cada pequeña cosa que hace de alguna manera sea una especie de "preámbulo" a todo lo que hice, y por eso actúo como una loca controladora.

Otra:

¡Caramba! Como mamá de una chica de dieciséis años . . . sí, sigo siendo insegura. Veo que otras chicas le dicen que es gorda, pero no es verdad. Ella les cree a ellas y no a mí. Tiene tantas ganas de que un chico guste de ella que la veo tratando de ser algo que no es, sólo para que la tengan en cuenta. No me canso de decirle que para sentirse aceptada no necesita el amor de un hombre sino el amor de Jesús. A veces, me siento sola en esta tarea. Quiero que se dé cuenta de que es suficiente ser quien ella es en este momento. No quiero que se rebaje como yo y que se acueste con un tipo solamente para sentirse amada y aceptada.

Y otra:

Mis inseguridades se multiplicaron por diez cuando me convertí en madre. Tuve una educación tan rigurosa que no dudaba que terminaría siendo como mis padres. Dejé que Satanás se metiera a hurtadillas diariamente en mis pensamientos, y creí en todos los "tú no puedes hacer esto" y los "regresa a trabajar porque ellos estarán mejor sin ti." Caí en una depresión que nunca antes había experimentado en mi vida. Empecé a convertirme en lo que el maligno me dictaba. Después de años de pasar por esto conseguí ayuda, y ahora soy la mejor madre que podría ser, con el Señor a mi lado. Todavía tengo recuerdos repentinos de esos engaños, pero definitivamente dejé de creer en ellos. ¡Gracias, Señor, por sacarme del pozo! ¡Yo soy quien tú dices que soy!

Si crees que la inseguridad hace que la crianza común de los hijos sea difícil, también puede hacer que los desafíos de criar a hijastros sea extenuante:

Me casé con un hombre veinte años mayor que yo y, junto con el matrimonio, me convertí en la madrastra de sus tres hijos. Seis años atrás, cuando estábamos recién casados, fuimos a una cena de su empresa. La cena incluía aproximadamente a cuarenta miembros de su equipo, más sus cónyuges. En aquella época yo era increíblemente (y no puedo enfatizar lo suficiente la palabra *increíblemente)* insegura. Era un verdadero desastre psiquiátrico. Bueno, mi esposo y yo empezamos a discutir *en* la mesa, durante la cena. Él dijo algo sobre haber tenido tres hijos con su ex esposa y eso me trastornó. En primer lugar, odiaba que mencionaran su nombre. Tenía un miedo irracional a que él aún tuviera sentimientos por ella. En segundo lugar, estaba celosa de que sus hijos no fueran *mis* hijos. Durante mucho tiempo pensé que, debido a que ellos no eran mis hijos biológicos, él los amaba a ellos más que a mí. Ten en cuenta que él tiene veinte años más que yo, y que sus hijos tienen casi mi edad.

Todos los que estaban en la mesa seguían tratando de incluirme en la conversación, y yo actuaba como una idiota. Fui brusca, desagradable y verdaderamente *maleducada* porque estaba tan enojada con mi esposo. Pobrecito, estaba tan avergonzado. Yo me había descontrolado tanto que cuando se levantó para ir al baño (porque ya había tenido suficiente de mis quejas), lo *seguí*. Era un baño unisex (estábamos en una sala privada) que tenía un solo compartimento y la puerta cerraba con llave. Arremetí contra el baño después de él y lo regañé a más no poder (¿por qué motivo? Sólo Dios sabe). Terminé berreando y actuando como una psicópata. Por favor, qué feos recuerdos. Cuando salimos del baño, las dos personas más chismosas entre sus compañeros de trabajo estaban afuera, esperando para entrar al baño. En resumen: quedé como una loca de atar y mi esposo también sufrió por culpa de mi insensatez.

Otra:

Soy una madrastra. Cuando recién nos casamos, la ex pareja de mi esposo vivía a miles de kilómetros, y él criaba a su hijo solo. La primera vez que vi al niño, tenía cuatro años, y para cuando nos casamos, tenía seis. La madre biológica de mi hijastro solamente lo veía un par de veces al año. El día que me casé, el hijo de mi esposo me preguntó: "¿Ahora puedo decirte mami?" Así lo hizo, y yo fui —durante casi cinco años— la única figura materna en su vida. Entonces recibí una noticia que me dio ganas de llorar, vomitar, gritar y un millón de cosas más, todas a la vez. *Ella* se mudaba de regreso y quería comenzar las visitas a su hijo. Me sentí muy mal de que ella viniera, y culpable por sentirme tan mal. Debería haberlo tomado como algo bueno, pero me sentí totalmente insegura de mi papel en la vida de ese pequeño. Así que pasé varios años no sólo sintiéndome miserable por la situación, sino que a veces también era miserable con mi hijastro, siempre lo era con su madre y, con bastante frecuencia, era miserable con mi esposo cada vez que surgían cuestiones que tuvieran que ver con las visitas. Mi corazón se llenó de odio. Yo trataba de tenerlo todo bajo control, para no perder los estribos y para lograr que las cosas fueran como yo quería. ¿Sabes lo *cansador* que es eso? Tratamos una y otra vez de tener nuestros propios hijos. ¡Yo pensaba que así volvería a ser mamá! ¡La única y legítima mamá! ¡Entonces podría sentirme segura! Pero no podía quedar embarazada. En mi interior, estaba destrozada. Cuando ya no pude seguir manejándolo, no me quedó otra que entregárselo a Dios.

Debería haber hecho eso al principio, ¿verdad? La sanidad no se produjo de la noche a la mañana, y creo que es un proceso que todavía continúa . . . pero ahora conozco mi lugar en la vida de ese muchachito (que ya mide más de un metro ochenta).

LA INSEGURIDAD PUEDE CONVERTIR A UNA PERSONA TALENTOSA EN COMPETITIVA:

Dios me ha bendecido con la habilidad de tocar un instrumento, y lo he tocado en la iglesia durante los últimos doce años. Por alguna razón, casi siempre me siento insegura cuando otro músico llega a tocar el mismo instrumento a nuestra orquesta. Es como si me viniera la mentalidad de "abeja reina," y me convierto en una persona posesiva, distante y mezquina. Gracias a Dios, él es fiel y paciente conmigo; me muestra con delicadeza mis fallas y me ayuda a reconocer mi lugar en *él* solamente. Él es el *único camino* que me permite lograrlo.

LA INSEGURIDAD TIENE UN GRAN PESO EN CUESTIONES DEL PESO:

Me siento muy tonta de estar escribiendo esto; llevarlo al papel (bueno, al monitor de la computadora) no hace más que demostrarme lo vergonzante que es. Cielos. Tengo entre siete y diez kilos de más y un (ejem) pompis bastante grande. Hubo varias ocasiones en las que me designaron para cantar en la iglesia, o dirigir el servicio, o hacer un anuncio desde el frente, y terminé presentando alguna excusa (mentira) sobre por qué no podía hacerlo. La idea de caminar hasta el frente y subir las escaleras mientras todos pueden verme de espaldas me llena de inseguridad. Me da tanta vergüenza el hecho de que dejo que *eso* me impida ministrar.

Otra:

¡No se pueden imaginar la alegría que tengo de ser la madre de dos *varones!* Crecer como mujer y sabiendo lo difícil que es eso me hace pensar que no sé si podría soportar ver a una hija pasar por lo mismo. (Y claro, estoy segura de que los varones se las tienen que ver con cosas muy parecidas; sólo que sé cómo se siente una mujer.) Mis padres se separaron cuando yo tenía siete años. Mi papá iba camino a su cuarto matrimonio. Yo siempre *supe* que él me amaba, pero nunca *sentí* que lo hiciera. Mamá solía decirme que él nos había abandonado y que no nos amaba, y [ella] se enojaba mucho conmigo porque yo quería verlo. Pasó de ser una señora con un peso promedio, a [una con] 100 kilos y, a lo largo de los años de mi adolescencia, no dejó escapar una oportunidad para decirme: "Has engordado. Vas a terminar pareciéndote a mí." Yo odiaba mi aspecto. Medía un metro sesenta y ocho centímetros, pesaba entre 58 y 61 kilos, y tenía un cuerpo muy curvilíneo. Envidiaba a mis amigas, que eran flacas como un palo y con la talla mínima. ¿Puedes creerlo? En retrospectiva, [creo que] ¡probablemente ellas me envidiaban a mí! Cuando veo fotografías mías en aquella época, me quedo asombrada. Era hermosa, absolutamente hermosa.

Además, nada de lo que yo hacía la satisfacía [a mi madre]. Yo era una estudiante sobresaliente, nunca me metía en problemas; pero, a su entender, yo no podía hacer nada. Siempre fui insegura con los chicos. En retrospectiva, creo que yo tendía a sabotear las relaciones por el miedo a ser rechazada.

Y otra:

Mi aspecto físico cambió después de una operación que me hicieron para extraerme un tumor. Ya tenía sobrepeso, pero luego de la cirugía fue peor. Además, me había divorciado hacía algunos años y quería volver a casarme algún día. Después de la operación, mi inseguridad se descontroló. Pensaba continuamente: *¿Ahora quién va a quererme?* Eso sonaba en mi cabeza como una grabación. Cuando me recuperé, regresé a trabajar y un hombre actuó como si estuviera interesado en mí, y eso fue suficiente: viví en inmoralidad sexual durante meses, escurriéndome y tratando de ocultárselo a mi familia y a mis amigos. Fui completamente tonta. Veía mi pecado mucho peor que la apariencia física que me había quedado después de la operación. Me odiaba a mí misma [y] lo que había hecho; realmente no podía creer en lo que me había metido. Hice algo que había dicho que nunca haría. El no ocuparnos de nuestra inseguridad nos lleva al desastre.

LA INSEGURIDAD PUEDE CONVERTIR A UNA INESTIMABLE HIJA DE DIOS EN UNA LAMEBOTAS:

Tengo siete hermanos (todos varones; yo soy la del medio). Una vez, cuando tenía alrededor de diez años, fuimos a esquiar con varios primos y nos alojamos en un hotel. Los más grandes salieron una noche y los más chicos nos quedamos solos. (¿En qué estaban pensando? ¡Ni te puedo decir las bromas que hicieron mis hermanos y el lío en el que nos metimos todos por ello!) Entré corriendo a una sala en la cual estaban todos reunidos y ellos habían dicho algo que yo no pude escuchar; así que les pedí que lo repitieran. Bueno, no querían hacerlo a pesar de que les rogué varias veces. No quería que me dejaran de lado; quería ser "parte del grupo." Mi hermano mayor dijo que me lo diría, si yo le lamía la suela de la bota. Así que, sin dudarlo, ¡lo hice! Se rieron a carcajadas de mí (todavía lo hacen) y no me contaron lo que habían dicho. (¿Qué tenía yo en la cabeza?) Eso no ayudó en nada mi inseguridad, ¡y todavía tengo ese sabor desagradable en la boca!

¡Ya lo creo que sí! Y espero que nosotras también. Imagino que por inseguridad la mayoría de nosotras ha lamido la suela de varias botas. He usado este ejemplo bastante benévolo para introducirnos en uno que es tan maligno que puede volverse mortal en un abrir y cerrar de ojos.

Fui sexualmente abusada en una cita, a la edad de dieciséis años. Yo trabajaba como cajera en ese momento, y cuando el amigo del violador (supongamos que el violador se llamaba Vinnie) entró en la tienda tres semanas después, solté: "Dile a Vinnie que me llame." No puedo evitar llorar. No sólo no llamé a la policía cuando eso pasó, sino que estaba solicitándolo de nuevo. Por la gracia de Dios, el teléfono nunca sonó, y finalmente conseguí ayuda para mi inseguridad.

Para no enfrentar el hecho de que hemos sido violadas, a veces redefinimos una situación y nos presentamos a nosotras mismas como personas independientes que actuamos por voluntad. Pensamos que es mejor demostrar ser insensibles que débiles. Tenemos una opinión tan pobre de nosotras que terminamos por no llamar malo a lo malo, ni crimen al crimen. La inseguridad y todas las emociones enfermizas que ella implica pueden causar que nos aferremos a personas que abusan de nosotras. Y si no reaccionamos, podrían matarnos. Déjame ser franca: ser seguras significa que reconocemos a un imbécil cuando lo vemos, y que reconocemos un abuso cuando lo padecemos. No es una cuestión de género. Los hombres también deben reconocer a una persona venenosa cuando se encuentran con una, y huir para salvar la vida antes de que les clave los colmillos.

LA INSEGURIDAD PUEDE VELAR NUESTRA VISIÓN Y HACERNOS CIEGAS A LO BENDITAS QUE SOMOS:

Fui adoptada y tuve los mejores padres del mundo, pero durante toda la primaria y la secundaria me sentí insegura. Mis padres siempre me dijeron cuánto me querían y me amaban, pero yo dejaba que la inseguridad me hiciera sentir que no era lo suficientemente buena. Quiero decir, ¿cómo es posible que una madre no hubiera querido tener ni amar a su hija? Yo debía tener algo malo. Así que cargué con eso durante cuarenta y ocho años. Dejé que me dominara y que me hiciera sentir que yo no podía ni merecía ser una ganadora. Aun después de convertirme en cristiana, el tema seguía resurgiendo. Entonces, un día mientras estaba caminando y hablando con Dios, él me mostró claramente que me amaba y que yo estaba en el lugar en que él quería que yo estuviera. ¡Que él había elegido a mis padres incluso antes de que yo fuera concebida! ¡Ah, ese momento fue impresionante! Se me quitó un enorme peso de los hombros. Ahora puedo ver en retrospectiva la cantidad de áreas en las que Satanás se aprovechó a causa de esa inseguridad. Me vuelve loca haber desperdiciado tanto por la inseguridad.

EL HORRIBLE FANTASMA DE LA INSEGURIDAD INCLUSO PUEDE APARECER EN LAS VENTANILLAS DE SERVICIO AL AUTO:

Yo era tan insegura que evitaba pasar por las ventanillas. No me gustaba cómo sonaba mi voz por el micrófono, y tenía miedo de que la persona que estaba del otro lado pensara que mi voz era rara. ¡Qué tontería! Digo, ¿a quién no le suena mal la voz cuando está en la ventanilla de una cabina de servicio al auto? Y si así fuera, *¿a quién le importa?* Ahora me río de ello, porque es muy tonto.

Imagina qué trágico sería si fueras una adicta a Starbucks como yo. ¡Qué letargo tan innecesario! ¡Supéralo y haz el pedido de una vez! Y mientras lo haces, yo quiero un capuccino grande descremado con una medida adicional de café.

LA INSEGURIDAD PUEDE RECLUIRNOS:

En mi trabajo, si hay muchas personas en el pasillo frente a mi oficina, no salgo. Soy tan insegura que siento que estarán juzgándome o hablarán de mí cuando pase caminando. Se torna insoportable, y termino enojándome conmigo misma por mis inseguridades.

LA INSEGURIDAD PUEDE EMPUJARNOS A HACER COSAS QUE NO QUISIÉRAMOS HACER:

La inseguridad me llevó a hacer cosas que sabía que estaban completamente mal. Varios amigos "sofisticados" nos invitaron a Manhattan para cenar en un sitio que se había hecho famoso gracias a *Sexo en la ciudad*. Como yo nunca había visto el programa, no sabía de qué se trataba. Llegamos a este lugar oscuro, como un calabozo, y me di cuenta de que no debía entrar. La inseguridad me impulsó a entrar, y vi que había personas que se veían normales, disfrutando de sus lomos, mientras los camareros y las camareras estaban semidesnudos y usaban al cuello un collar para perros. Me sentí sorprendida de que todas las personas de mi grupo actuaran como si esto fuera normal. Me quedé en la cena hasta que vinieron a la mesa y nos ofrecieron un menú de masajes en los pies mientras comíamos. Entonces me levanté de la mesa, fui al baño y me puse de rodillas. *Dios, sácame de esta mugre y perdóname por ser tan débil como para haber terminado en este lugar.* Luego volví a la mesa y dije que me iba a casa. Y a casa me fui. Nunca más volví a ver a mis sofisticados amigos.

En esta historia es muy valioso tomar nota de que la inseguridad también nos hace aceptar como normales cosas que no lo son. Esa es una de las muchas razones por las que necesitamos cultivar relaciones que sean transparentes. De vez en cuando, una necesita que alguien le diga: "Un momento, eso es simplemente extraño."

La inseguridad puede hacernos pasar las peores pesadillas relacionales de nuestra vida. ¡Ah, los enredos amorosos que nacen de la inseguridad! Aquí hay tan sólo algunas de las muchas historias:

Me casé joven y nunca sentí que mi esposo me dedicara la atención que yo quería; supongo que quería ser el objeto de todos sus pensamientos. Atribuí lo que yo percibía como su falta de atención a mi falta de atractivo. Durante un período muy estresante en nuestra familia, y luego de veinte años de matrimonio, me propuse tener una aventura amorosa; creo que para demostrarme a mí misma que era atractiva. Me lo propuse y lo logré. Mi amorío con un hombre cristiano casado duró varios años y casi destruyó mi matrimonio. Esta fue la "fosa de desesperación, del lodo y del fango" de la que el Señor me sacó (Salmo 40:2). Después de que mi esposo descubrió este romance (y, puedo agregar, de la peor manera posible), logré toda su atención. Mi traición consumía todos sus pensamientos. Mientras escribo esto, mi mente se llena de imágenes de mi comportamiento tonto, repugnante, vergonzoso y pecaminoso, y me dan ganas de arrojar. ¡Gracias, Jesús, por rescatarme! Y también puedo decir, con un aleluya de alabanza, que Dios restauró nuestro matrimonio; no al punto donde estaba antes, sino que lo hizo un matrimonio nuevo con toda su gloria al centro.

Y otra:

La inseguridad tuvo un efecto devastador en mi vida. Los años de graves abusos sexuales, emocionales y físicos durante toda mi niñez me llevaron a ser una mujer cerrada y distante que no podía reconocer en absoluto su valor, su belleza y su dignidad. Mi recóndito deseo de ser purificada de la vergüenza por haber sido violada y de poder demostrar que yo era deseable me empujó a mantener amistades inapropiadas con algunos hombres, lo cual finalmente me llevó a cometer adulterio. El romance fue con un hombre que era un abusador y adicto al sexo, y las cosas que hice con él fueron tan humillantes y degradantes que todavía lo paso mal cuando me acuerdo de ellas. Yo hice todo eso porque quería desesperadamente que alguien me amara, que cualquier persona me amara.

La inseguridad no sólo nos convence de tener relaciones desastrosas; también puede alejarnos de las mejores. He aquí uno de muchos ejemplos:

Debido a mi profunda inseguridad y vergüenza, rechacé casarme con mi mejor amigo y el hombre más bueno que haya conocido en mi vida. Quince años después, a menudo me sorprendo con recuerdos que dejan ver que todavía lo extraño profundamente, a él y a su amistad.

Yo recuerdo haber dejado a un chico realmente genial de la secundaria, quien, imagínate, me respetaba lo suficiente como para no aprovecharse de mí a la tercera cita. (Si hubieras visto cómo me vestía —lo que yo llamaba *sutilmente sensual*, para poder fingir inocencia— te darías cuenta de que la culpa no era de ellos solamente.) Yo estaba tan segura de que él rompería conmigo que me le adelanté. Lo lamenté durante años.

Cuando no podemos ponernos en contacto con nuestra pareja, la inseguridad puede llenarnos de miedo y hacernos actuar como un espécimen anormal:

> He conducido tres horas para ir a "controlar" a un tipo con el que estaba saliendo, porque no contestaba el teléfono. Es probable que lo haya llamado cien veces; y no, no estoy exagerando. Por supuesto que hubo señales al respecto. Yo sentía que tenía motivos para sospechar de él. En otra oportunidad, con ese mismo chico (después de que me mudé más cerca de él), cuando no contestaba el teléfono, estacioné junto al camino, me acerqué sigilosamente a la parte de atrás de su casa y permanecí allí, observando, durante más o menos una hora. Una vez llegué hasta entrar en su casa cuando él no estaba, y le revisé todas las cosas. Tenía la costumbre de pasar cerca de su casa para "controlar." Casi me descubre una vez y tuve que girar hacia la entrada sin pavimentar de una casa; ¡terminé atascada! Tuve que pedirle ayuda a unas personas que vivían cerca de allí para que sacaran mi auto. Eso sí que fue vergonzoso.

Querida, déjame hacer una pausa aquí por un momento, porque ella acaba de dar en el clavo en cuanto al objetivo de este libro: necesitamos dejar que Dios nos saque de la inseguridad porque, sin él, estamos atascadas. Esta historia dará precisamente en la cabeza de un clavo que nos resulta vergonzosamente familiar:

Somos muy inseguras con respecto a nuestros hombres. Jamás se lo diríamos a ellos, y entonces nos sentimos como unas verdaderas tontas ante Dios. No pasa todos los días, pero con la suficiente frecuencia como para que nos moleste. Si los hombres no atienden el teléfono o no nos llaman, ponen en marcha las ruedas del desastre, el tormento, la agonía aplastante, los dolores de estómago, el pánico, etc. Tanto como para detener todas las otras cosas que estamos haciendo y obsesionarnos con ubicarlos. Con sinceridad oramos para que estén bien, que nos llamen, nos manden un mensaje de texto, algo. ¡Nos sentimos como unas tontas horribles! ¿De dónde viene esta inseguridad? ¿Es el enemigo, o tenemos cosas ocultas de las que nos tenemos que ocupar? ¡Nos sentimos completamente rechazadas! ¡Después el enemigo empieza con sus mentiras! Mentiras terribles. *Él debe estar enojado conmigo; qué le dije; con quién está;* y, la máxima: *¿Qué cosa mejor puede estar haciendo en el mundo que le impide hablar conmigo?* Entonces, después de escuchar las mentiras, el espectáculo de cosas insólitas empieza a ocurrir de verdad: *Vuelvo a llamarlo a su móvil; le mando un correo electrónico y no responde; le mando un mensaje de texto y no responde; llamo a su teléfono laboral y no responde. ¡Ay! ¡Pánico, ansiedad!*

Es absolutamente necesario que aprendamos a reaccionar de otra manera cuando sentimos la tentación de dejarnos llevar por el pánico y comunicarnos en exceso con las personas. Excepto cuando se trata de una emergencia entendible, el hecho de dejar diez mensajes de voz y veinticinco mensajes de texto hace que hasta las personas que nos aman piensen que somos estrafalarias. Recuerda: nadie se hace querer por histeria. ¿Cuántas hemos tratado de averiguar cómo borrar un mensaje que acabamos de dejar en la máquina contestadora, o de recuperar un correo electrónico que ya había salido? Como sugiere el escritor de Proverbios, es mejor permanecer calladas y pasar por tontas que hablar precipitadamente y eliminar toda duda al respecto.

Una más:

Mi noviecito de la secundaria y yo habíamos discutido, y yo quería hablar con él para convencerlo de que no rompiera conmigo, pero no podía encontrarlo. Fui hasta su casa y supliqué e imploré y, lo confieso, hasta caí en ese "llanto desagradable" para que su papá me dijera dónde estaba, pero no lo hizo. Hasta terminé yendo a la casa de sus abuelos.

¿No odias los momentos en que la inseguridad te ha hecho caer en el llanto desagradable frente a una persona que piensa que te volviste loca? ¿Y si no lo pensaba antes, despues sí? Tuve una experiencia similar cuando estaba en la universidad y, cada vez que lo recuerdo, sacudo la cabeza disgustada conmigo misma.

LA INSEGURIDAD PUEDE CAUSAR QUE DEMOS UNA IMAGEN COMPLETAMENTE ERRÓNEA:

Soy la esposa de un pastor. Mi inseguridad definitivamente puede sacar lo peor de mí. No soy buena para conversar, y tiendo a mantenerme distante porque no creo que le agrade a la gente, o que quieran llegar a conocerme. Por lo tanto, a las otras mujeres de la iglesia les transmito la impresión equivocada. Me ven como si fuera una esnob. Ay, si tan sólo supieran que me muero de miedo de sentirme tan intimidada por ellas, porque no siento que tenga mucho para aportar a sus vidas, ni siquiera a la conversación. Estoy tratando de superar esto, y no es como si me consumiera noche y día. Ha sido así durante tanto tiempo, que ya es como mi tarjeta de presentación: *Hola, me llamo* _____, *y soy insegura.*

Yo también, pero lo estoy superando. ¿Tú también?

LA INSEGURIDAD PUEDE HACER QUE COMPENSEMOS EN EXCESO:

Crecí con una severa deformación en la dentadura. Mi boca era más pequeña que el conjunto de dientes que tenían que crecer en ella, y no podía cerrarla de ninguna forma. Constantemente se burlaban de mí. Me sentaba en mi cuarto durante horas mirándome al espejo con un sujetapapeles doblado sobre mis dientes, imaginando cómo se verían con aparatos correctores. Hacía todo lo posible por distraer la atención sobre mi boca. Mi cabello siempre tenía que estar perfecto y mis ojos maquillados. La ropa que usaba sobre mi pequeña contextura también tenía que hacer que mi cuerpo se viera atractivo. Cualquier cosa, con tal de que la gente notara alguna otra característica que no fueran esos dientes. Me la pasaba bromeando y me daba por vencida fácilmente. Lo único que quería era ser normal. No me ayudaba el hecho de vivir en California, donde vive la "gente hermosa." Hice las cosas más tontas para agradar a los demás. "¿Vas a usar aparatos?" me decían. "Te verías tan linda con los dientes arreglados." Nunca me olvidaré de qué manera tan distinta me trataron después de que, finalmente, me enderezaron los dientes. Casi chillo desaforadamente cuando el camarero de un restaurante me dijo que yo tenía la sonrisa más hermosa. Nunca antes había escuchado esas palabras en mi vida. Solía decirme: Si tan sólo pudiera arreglarme los dientes, ya no me preocuparía por ningún otro aspecto de mi apariencia física. Satanás se hace un picnic conmigo en ese tema cada vez que puede. Tengo que seguir recordándome a mí misma, y a las demás mujeres, que Dios opina que somos hermosas, a pesar de todo. Él está embelesado con nuestra belleza.

LA INSEGURIDAD PUEDE IMPEDIR QUE ACEPTEMOS HALAGOS Y, LO QUE ES PEOR, QUE ACEPTEMOS AMOR:

Me siento como una tonta cada vez que mi esposo me dice que me ama o que soy hermosa (lo cual sucede muy a menudo). Desesperadamente, quiero y necesito creerle, pero mi corazón no puede, a causa de los diez años que él luchó contra la pornografía y por la inseguridad que eso me causó. También me siento una tonta, porque soy cristiana y parece que no puedo "liberarme" y vivir en libertad. La inseguridad me ha lastimado hasta el punto de dudar si Dios me ama.

LA INSEGURIDAD ESTALLA CON EL RECHAZO Y PUEDE TERGIVERSAR NUESTRAS PERCEPCIONES:

Hace nueve años, mi esposo me dejó por otra mujer. Yo estaba enfurecida, llena de dolor, humillada y herida.

Le supliqué que regresara. Le dije que yo cambiaría, que haría mejor las cosas, que lo haría feliz. ¿Cómo? *Él* era quien tenía que cambiar más para hacer las cosas mejor, no yo, y él era responsable por su felicidad. Él volvió y yo lo intenté. Hice todo lo que pensaba que lo haría feliz. Hice cosas incorrectas para darle más sabor a nuestras relaciones maritales. Él me dejó de nuevo. Y yo supliqué un poco más. Él volvió, y aunque yo sabía que las cosas no funcionarían, tontamente pensaba que podía lograrlo. Tenía miedo de dejarlo salir a trabajar porque él trabajaba con *ella*. Un par de meses después, volvió a irse por última vez. Yo estaba tan destrozada. Humillada. Enojada. Me sentía muy amargada porque había fracasado. Lo había recibido y perdonado, y él me había dejado nuevamente. Traicioné mis principios y quién era en Cristo para complacer a un hombre que no podía ser feliz, pasara lo que pasara, porque él no tenía una relación personal con Dios. ¡Vaya! Ahora veo que era *él* el que tenía el problema fundamental, no yo. El divorcio fue malo, pero al principio yo no estaba suficientemente segura como para decirle a mi esposo que él había cruzado la línea. Una cosa es el perdón, pero permitir constantemente el abuso y el engaño es otra muy distinta.

Otra:

Mis inseguridades me han atormentado los últimos veinticinco años, pero la mayor parte de ese tiempo no reconocía que fueran las culpables de mis "aventuras" y mis "desastres." Mi marido me dejó por otra mujer a los quince años de casados, y yo no estaba preparada en absoluto para hacerle frente al dolor y al rechazo que su decisión me provocó. Yo siempre había sido el orgullo y la alegría de mi padre, y creía que mi esposo también me adoraba de esa manera. Nos habíamos casado muy jóvenes, así que, después del divorcio, decidí vivir como me diera la gana, y además demostrar el gran error que había cometido mi esposo al dejarme. Me convertí (en mi opinión) en la mujer más divertida, sexy e inteligente de cualquier reunión. Me las ingenié para atraer a la mayoría de las personas, y no repelerlas. Estoy segura de que a Dios le produje repulsión, y sé que al seguir mi ejemplo y mis sugerencias, muchos hombres (y mujeres) se me unieron en conductas inmorales y perjudiciales. Tuve aventuras amorosas con hombres casados, y las relaciones que tuve con hombres solteros fueron un fracaso, invariablemente, porque yo los celaba en cuanto al tiempo y a la atención que me dedicaban. Al darme cuenta de qué cosas era capaz una persona "agradable" como yo, y de lo que mi ex marido y muchos otros hombres me habían hecho, fui perdiendo la confianza en todos los hombres (y la mayoría de las mujeres) con quienes me encontraba.

Si me hubieras conocido, no habrías adivinado que yo tenía todas esas cuestiones. Parecía ser la persona más funcional del lugar. Mi inseguridad era una cosa que yo escondía incluso de mí misma. Ahora estoy casada con un hombre maravilloso, pero aún aparece el espantoso fantasma de esta inseguridad después de veinticinco años y de mucho arrepentimiento de mi parte. Interrogo demasiado a mi esposo y siento que los celos me aprietan fríamente el corazón con mucha frecuencia. Gracias a Dios, él y yo estamos conversando al respecto. (A él le molesta muchísimo que Satanás ejerza tanto dominio en mi mente y que yo tenga dudas tan injustificadas.) Mi inseguridad y mi ansiedad están disminuyendo, con la ayuda de Dios y empapándome en la Palabra. Sin embargo, todavía tengo mucho terreno por recuperar. Incluso en la actualidad, muy pocas personas reconocen mi problema.

LA INSEGURIDAD PUEDE BURLARSE DE TI, CONVIRTIÉNDOTE EN UNA MENTIROSA:

Crecí siendo muy insegura porque éramos pobres, mis padres estaban divorciados, vivíamos en una pocilga y yo usaba ropa regalada de otros niños. Como no "encajaba," mentía para simular que yo y mi vida éramos mejores. Mis mentiras pronto fueron descubiertas y me di cuenta de que tenía un hábito (mentir) difícil de romper. Seguí con todas esas mentiras hasta la edad adulta, y esas falsedades continuaron poniéndome en evidencia. Dios verdaderamente me salvó y ahora soy un milagro de él.

Otra:

Cuando era una niña, recuerdo haber querido tener la atención de los adultos, y cuando estaba en quinto grado, de alguna manera mi maestra (a quien yo adoraba) creyó que yo había sido la beneficiada con un nuevo corte de pelo, aunque no era así. No tengo muy claro por qué ella pensó eso, pero como yo usaba un sombrero cuando lo dijo, simplemente dejé que lo creyera. Fui el centro de la atención durante unos instantes, mientras todos querían ver el nuevo peinado. Sin pensar en las consecuencias, seguí con el juego, y entonces, cuando sucedió la gran revelación, recuerdo haberme sentido muy mal por haber mentido. Estuve dispuesta a mentir por unos pocos minutos de atención.

Y otra:

La inseguridad me ha hecho mentir más veces de las que puedo contar. No sé por qué, pero si alguien me pregunta si he leído un libro o si he visto una película, o incluso si me preguntan dónde queda determinada calle, a menudo digo que lo sé con exactitud. Obviamente, si me piden una opinión, me siento como una tonta porque, de la manera más estúpida y desagradable, he cavado mi propia fosa. No sé qué pasa conmigo que no puedo admitir que no sé algo o que no lo he experimentado en persona, pero después, eso a menudo me ha hecho sentir como una tonta.

La mentira tiene un vínculo colosal con la inseguridad. A propósito, la investigación muestra que una señal de inseguridad es el impulso a mentir cuando alguien nos pregunta si conocemos a una persona que no conocemos, si recordamos algo que no recordamos o si hemos escuchado algo que no escuchamos. Engañamos a las personas por miedo a que nos consideren ignorantes o fuera de lugar.

**LA INSEGURIDAD PUEDE HACERTE USAR COSAS RARAS
PARA IR A LA ESCUELA:**

Cuando estaba en el primer año de la escuela secundaria, mi papá me llevó a comprar un nuevo par de zapatos, y vimos unas Nike Aqua Socks (ya sabes, las zapatillas que se usan en la playa o en un bote para evitar resbalarte o para caminar sobre las conchillas). Eran de color azul marino y negro, pero yo no sabía que eran para el agua. Mi papá dijo que tenían onda y que yo marcaría una nueva tendencia. (Ahora me río tanto de mí misma que apenas puedo escribir.) Así que le creí y usé esas zapatillas para ir todos los días al colegio. En los años ochenta no usábamos medias cortas, sino unas grandes y abultadas que llegaban a la mitad de la pantorrilla y nos metíamos los jeans dentro de las medias, o plegábamos los dobladillos hacia arriba, por encima de las medias. Para empeorar las cosas, un chico del que estaba enamorada me criticó por usar esas zapatillas, pero yo estaba segura de que él sólo sentía celos por no tenerlas.

Si para estar en onda estás usando Aqua Socks para ir a la escuela, al trabajo, o incluso al cine, te has ganado el derecho de ser insegura, pero hay ayuda.

LA INSEGURIDAD TE PUEDE HACER SENTIR TONTA EN PÚBLICO:

La mayoría de las veces, mi inseguridad aparece en forma de una ira descontrolada. Durante los primeros años de casados, mi esposo luchó con su adicción al crack. Yo digo que él es como un glotón (se mantenía sobrio durante meses, y entonces reservaba un cuarto en un hotel y se daba unos "atracones" que duraban casi una semana). En uno de esos atracones, su hermana me llamó y quiso salir a buscarlo, cosa con la que estuve de acuerdo. Llegamos a un hotel y, mientras estábamos en la recepción averiguando si él estaba allí, su rostro apareció en el monitor de vigilancia del ascensor. Corrimos por el pasillo hacia el ascensor y llegamos a él justo en el momento en que se abría. Yo estaba tan enojada e insegura sobre nuestra relación que salté adentro del ascensor y empecé a golpearlo (mi cuñada luego describió la escena como la de *When Animals Attack!* [Cuando los animales atacan], en la que un venado ataca al cazador). Como sea, él salió corriendo del ascensor y huyó por la puerta posterior, conmigo persiguiéndolo. Corrió (y yo detrás de él) hacia el bosque cercano al hotel, atravesó las playas de servicio de un concesionario de automóviles (era un día de semana y estaban trabajando) y se metió en el bosque, donde se desplomó agotado. Lo único que tenía para defenderse era la rama de un árbol, que agarró para tratar de mantenerme alejada de él. Ahora nos causa gracia. Quiero decir, ¿te imaginas ver a un hombre corriendo por un concesionario de autos, mientras una mujer lo persigue todo el tiempo, pisándole los talones y gritando a voz en cuello? Tuvimos que llamar a una ambulancia para que lo sacara del bosque.

LA INSEGURIDAD PUEDE CONVERTIRNOS EN UNAS IMPOSTORAS:

Como soltera al acecho, y muy insegura respecto a los chicos, todo el tiempo me veo envuelta en estas situaciones "artificiales." Normalmente, cuando sé que me voy a encontrar con un tipo, o incluso si estoy cerca de un puñado de chicos solteros, automáticamente pienso que uno de ellos podría ser mi esposo. Gran error. El tema es que no debería verlos de esa manera porque, entonces, siento la necesidad de actuar como si fuera perfecta, o de la manera que creo que les resultaré atractiva, en lugar de ser yo misma. Es tremendo porque siempre, sin fallar, quedo completamente enredada en lo que digo y cómo lo digo, qué palabras estoy usando, cómo me muevo, etcétera, etcétera. Cada vez, termino dando con la cabeza contra la pared por no estar segura de quién soy realmente. En definitiva, tengo que actuar como soy para que puedan gustar de *mí*, no de una chica ficticia, pero esos chicos sacan a flote mis inseguridades más grandes. Necesito dejar de mirarlos como potenciales parejas, y empezar a verlos simplemente como amigos. Así es más fácil.

LA INSEGURIDAD PUEDE HACER QUE UNA CHICA SE COMPORTE COMO UN MUCHACHO:

Cuando estaba en la escuela primaria, en cierta oportunidad mi mamá me hizo ir a clase con un corte de cabello un poco más corto del que normalmente usaba. Al parecer, mis compañeros también lo pensaron así, porque todo el día escuché: "¡Pareces un muchacho!" Y es el único comentario que recuerdo. Después de algunas horas, me lo creí. Entonces, cuando llegó nuestra clase de educación física al final del día y el profesor les dijo a las chicas que fueran brincando hasta la pared de atrás y se sentaran, titubeé. Yo sabía que el profesor les ordenaría a los chicos que trotaran hacia allí. Sí, adivinaste. Troté. Y deberías haber visto la cara del profesor.

Estoy usando esta anécdota tonta para enfriar un poco una situación grave, con el fin de que podamos analizarla con menos dificultad. Incontables mujeres son tan inseguras de su femineidad que actúan como hombres. A veces, como consecuencia de que un hombre falló en protegerlas, se enfundan en un aspecto externo masculino para proteger su propia femineidad. No me refiero a las chicas que prefieren los jeans a los vestidos. No estoy hablando de las mujeres atletas. Hablo de las mujeres que se esconden detrás de un aspecto exterior masculino para que nadie pueda llegar a su vulnerable interior femenino. Oro con todo mi corazón para que, cuando lleguemos al final de este viaje, cada una de nosotras pueda alcanzar la seguridad para ser la mujer que Dios creó.

Hablando de comportarse como los muchachos, los chicos también pueden ponerse en ridículo por inseguridad. ¡Ah, si tuviera esa lista! En otra oportunidad, para otro libro. Sin embargo, hay una que tengo para agregar al surtido en este momento, para que nos sintamos mejor sabiendo que no somos el único género con problemas de inseguridad:

Bueno, esta tiene que ver con mi marido y todavía nos reímos del tema. Cuando estábamos en la universidad (aún no estábamos casados), mi esposo, Andrew, reservó un turno para cortarse el cabello. Cuando llegó a la peluquería, el peluquero que le cortaba el cabello no dejaba de llamarlo "Ian." Bueno, Andrew era demasiado tímido, vergonzoso e inseguro para corregirlo, pero realmente le gustaba cómo le cortaba el cabello. De manera que, a partir de ese momento, cada vez que reservaba un turno con ese peluquero en particular, hacía la reserva a nombre de "Ian" para no tener que corregir al hombre. Hasta tenía la precaución de pagar en efectivo para que el peluquero no viera su verdadero nombre en el cheque o en la tarjeta de crédito. ¡Qué ridículo! Es como si todo hubiese salido de un episodio de *Seinfeld*.

LA INSEGURIDAD PUEDE IMPEDIR QUE TE . . . EHH . . . BUENO, QUE TE EXPRESES:

Lo diré sin rodeos: no puedo hacer pis si hay alguien que pueda escucharme. ¿Quieres más detalles? En el trabajo, tenía la costumbre de ir tres o cuatro veces al baño, hasta encontrar uno en el que no hubiera nadie. Un día, cuando me dirigía hacia el baño, escuché que alguien tiraba de la cadena, así que me di la vuelta antes de llegar a la puerta. Un tipo que se acercaba me dijo: "¿Cambiaste de opinión?"

Muchas mujeres tienen el mismo complejo en un baño público. ¿No es interesante que la inseguridad pueda lograr que una persona sea incapaz de hacer algo perfectamente natural?

LA INSEGURIDAD PUEDE SER UN LADRÓN IMPLACABLE:

He tenido tantas situaciones estúpidas por culpa de la inseguridad. La inseguridad me llevó a tomar decisiones equivocadas en lo sexual, en las relaciones interpersonales, en cuanto a la comida y en cuanto a mi vestimenta, pero lo que más lamento es la cantidad de cosas que me perdí por la inseguridad. Me impidió cultivar amistades que yo necesitaba desesperadamente; me impidió alcanzar en mi carrera metas que yo sabía que Dios había puesto en mi corazón; y evitó que intentara hacer cosas nuevas que habrían sido buenas para mí.

Una mujer describió con estas palabras conmovedoras cómo nos roba la inseguridad:

La inseguridad hace que nos conformemos. Nos vuelve distraídas. La inseguridad nos roba nuestra confianza en la rica herencia que tenemos en Dios. La inseguridad hace que pongamos nuestros dones en un estante, para que terminen acumulando el polvillo demoníaco. La inseguridad perturba nuestro sueño. La inseguridad descarrila nuestra vida.

La próxima y última historia me llegó. No me tomaré la molestia de catalogarla. Habla por sí misma:

Mi padre dejó a mi mamá cuando estaba embarazada de mí. Solamente venía a visitarnos a mi hermana y a mí dos o tres veces al año. Cuando venía, yo tenía la fuerte necesidad de tomarlo de la mano . . . y de sostenérsela firmemente apretada durante horas. Nos llevaba a cenar, y recuerdo que yo le aferraba la mano y pensaba para mí misma: *¡Miren, miren todos! ¡Este es mi papá!* Me sentía muy insegura en mi relación con este extraño y padre mío. Ya tengo treinta y ocho años, y este recuerdo es todavía uno de los más intensos de mi infancia, pero, alabado sea Dios, ahora tengo un Abba Padre que no me resulta para nada un extraño. No sólo me toma de la mano sino que, a veces, me lleva en sus brazos. Él nunca se va y, sin dudas, no me siento insegura sobre mi relación con él. No obstante, sigo teniendo ese deseo infantil de decirle al mundo: "¡Miren, miren todos! ¡*Este* es *mi papá!*"

A lo mejor te sorprenda que Dios también se deleita en poder decir: "¡Miren, miren todos! ¡Esta es mi hija!" Así es. Aun después de toda la tontería. David, un auténtico volcán emocional que constantemente amenazaba con entrar en erupción y un hombre conforme al corazón de Dios quien, dicho sea de paso, también se puso en ridículo, inscribió estas palabras en un rollo de pergamino:

> El SEÑOR *es como un padre con sus hijos, tierno y compasivo con los que le temen. Pues él sabe lo débiles que somos.*
> SALMO 103:13-14

Dios mismo formó las emociones humanas. Él sabe con qué facilidad puede quebrantarse el corazón. La mente puede nublarse. Él sabe que la vida duele . . . porque las personas sufren . . . y hacen sufrir a otras. También conoce la capacidad de recuperación con la que nos hizo, y la capacidad innata que hay en nosotras para ser restauradas. Rehechas. Sabe que somos capaces de amar, aun cuando no nos sentimos amadas, porque él nos ama tanto como para sustituir a los que no nos aman. Él sabe que no somos tan frágiles como creemos ser, pero que actuaremos como pensamos que somos. Él sabe que tenemos la capacidad de ser increíblemente extraordinarias; no sólo a pesar de dónde hemos estado, sino *por* eso mismo.

Dios sabe que somos inseguras, pero no tenemos que serlo. Y no nos dejará tranquilas. Él tiene suficiente seguridad para ti y para mí, y para todas las que reconocemos a Cristo como nuestro Salvador, él ha puesto su Espíritu seguro dentro de nuestras simples vasijas de barro. Está en ti el ser segura, querida. ¿Estás escuchando lo que te digo? Está dentro de ti.

Jesús no se avergüenza de llamarlos sus hermanos.
HEBREOS 2:11

O hermanas.

Y, nuevamente, él dice: "Aquí me tienen, con los hijos que el Señor me ha dado" (Isaías 8:18, NVI).

¡Miren, miren todos!

CAPÍTULO 8

La dignidad, un bello premio

Es HORA DE recuperar nuestra dignidad. Aun si estuvieras entre las pocas que se las arreglaron para no verse reflejadas en el espejo del último capítulo, el hecho de que sigas leyendo este libro indica que la inseguridad ha tenido algún tipo de efecto sobre ti. Después de mucha investigación y de medio siglo de experiencia, he llegado a la conclusión de que uno de los mayores perjuicios de la inseguridad es la completa pérdida de la dignidad. Acompáñame un momento.

Cuando permitimos que una raíz de inseguridad resida dentro de nuestro ser y no dejamos que Dios se ocupe drásticamente de ella, pueden suceder dos cosas:

Nos rendimos continuamente ante ella.
Tratamos de reprimirla.

Si te ocurre lo primero, déjame que lo diga sin reservas para no desperdiciar un tiempo precioso: eres un desastre andando. Un desastre total. No te sientas condenada, si eso es lo que eres en este momento. Te aseguro que yo he pasado varias temporadas muy desagradables en ese lugar. Persevera en este viaje y, si estás dispuesta, hallarás un tremendo alivio.

Si te ocurre lo segundo, vives en un peligro constante de que tus inseguridades contenidas se disparen. Así es exactamente como viví yo la mayor parte de mi vida. Sigo adelante con éxito, sabiendo que esta parte enfermiza de mi ser todavía está presente, aunque latente; entonces algo sucede que la sacude y, en un instante, crece de golpe hasta transformarse en un largo tallo, como en la historia de Juan y la habichuela mágica. Ese "algo" que acontece es lo que conocemos como un detonante. Observemos algunos ejemplos, grandes y pequeños, teniendo en cuenta que lo que provoca una ráfaga de inseguridad en una persona quizás no afecte a otra en lo más mínimo.

Tu jefe te pide que pases a su oficina, y cierra la puerta cuando entras.

Recibes un comentario descortés de alguien con un leve complejo de superioridad.

De reojo sorprendes a tu hombre mirando a otra mujer. Puede ser una desconocida. Puede ser tu amiga.

Tu madre te mira con desaprobación por la manera en que crías a sus nietos.

Recibes un correo electrónico de alguien de quien hacía mucho tiempo querías tener noticias, y no te suena espontáneo. O te responden con tres renglones a un correo que a ti te tomó una hora escribir.

Alguien hace una presentación en clase, justo antes de la tuya, y es magnífica.

El chico con el que salías entra en tu iglesia acompañado de una chica hermosa.

Conoces a una persona que admiras, y dices algo estúpido.

Tu chico parece haber estado distraído y desinteresado en ti durante toda una semana. Tu instinto te dice que algo está pasando, pero no sabes de qué se trata.

Tu mejor amiga de los últimos cinco años te presenta una nueva amiga de su trabajo. Ellas se ríen de personas que tú no conoces y, durante la cena, charlan como si no estuvieras presente.

Tienes un nuevo corte de pelo. Y es horrible.

Tu esposo está de viaje de negocios y no puedes ponerte en contacto con él.

Te has desahogado de corazón con alguien, y él o ella no te entendió. Estás casi segura de que has hablado de más.

Por fin has reunido el valor para reconciliarte con una amiga, después de una dolorosa fisura en la relación. Enseguida te das cuenta de que ella no se siente de la misma manera. Es más, se comporta como si toda la situación jamás le hubiera molestado.

Los detonantes. A veces, no mordemos el anzuelo. Otras, sí. En algunas ocasiones, tenemos la capacidad de recuperarnos instantáneamente y de no permitir que la inseguridad nos ponga en ridículo. Sin embargo, muy a menudo, en esa repentina e indeseable ráfaga de emoción enfermiza, el buen juicio y la sensatez salen volando por la ventana y te dejan turbada. No sé cómo sea tu caso, pero hubo oportunidades en las que pasé vergüenza al decir algo o actuar de alguna manera que puso inmediatamente en evidencia mis miedos e incertidumbres. Créeme: por más tontas que nos veamos por fuera, peor nos sentimos por dentro. A pesar de que lo que yo haya dicho o hecho no fuera importante para la otra persona, inevitablemente me siento como una idiota. Incluso si no he dicho ni una palabra y mantuve la calma, tengo miedo de que mi expresión me delate. ¿Me pasa esto solamente a mí o alguien más se ha sentido así?

Esta reacción en cadena no tiene que ver solamente con sentirse como una tonta. Tiene una repercusión espiritual y emocional mucho mayor. La inseguridad está relacionada con la pérdida de la dignidad que Dios nos ha dado. Al enemigo de nuestra alma le encanta eso. Él sabe que la persona que no se valora a sí misma no cree merecer dignidad alguna. Sabe que solamente quien confía en Dios insistirá en recuperar su dignidad. Nuestro enemigo espera que quedemos atrapadas en el lamentable círculo de reaccionar con insensatez ante una súbita ráfaga de inseguridad, y que, al sentirnos más inseguras, actuemos aún más tontamente, para luego sentirnos infinitamente más inseguras. Él quiere que sigamos enterrándonos en un pozo cada vez más profundo, hasta que nos sintamos completamente atascadas en este miserable tirabuzón de odio contra nosotras mismas.

Escúchame con atención: *hoy mismo* podemos empezar a romper este ciclo. El proceso de sanar algo tan innato como la inseguridad crónica lleva un tiempo, mientras Dios nos ayuda a ver dónde y por qué hemos sido heridas. Sin embargo, hoy podemos comenzar a reconocer los detonantes y a reaccionar de una manera diferente ante ellos. He dicho *hoy*. El ciclo comienza a romperse cuando, aunque todavía nos *sintamos* inseguras, optemos deliberadamente por no actuar en función a ese sentimiento.

No se trata de mejorar tu juego. Tiene que ver con una manera completamente nueva de responder, en base a un sistema de creencias en desarrollo que está entrando a nuestra mente, pero que todavía está abriéndose paso a nuestro corazón. Sigue conmigo durante los próximos dos capítulos y te explicaré cómo funcionan estas nuevas reacciones. He estado practicándolas durante los últimos meses y estoy pasmada por el gran progreso que estoy experimentando.

Las que hemos luchado contra la inseguridad durante años tendemos a repetir algunas reacciones frente a un detonante. En otras palabras, todas tenemos nuestros patrones de comportamiento. ¿Te resulta conocido alguno de los siguientes?

Ponerse muy a la defensiva o demostrar una falsa arrogancia.

Darse un atracón.

Alejarse inmediatamente y retraerse.

Beber. O tomar algún medicamento para adormecer el sentimiento. (No estoy hablando aquí de los casos en los que la medicina es recetada apropiadamente por un buen médico. Me refiero a los mecanismos enfermizos y destructivos para lidiar con los ataques repentinos de inseguridad.)

Gritar y montar en cólera.

Someter a los seres amados a interrogatorios insoportables.

Enfriarse completamente y castigar al otro.

Llorar histéricamente y suplicar aceptación y amor.

Volcarse compulsivamente a la propia gratificación: pornografía, correr riesgos, infligirse daño físico.

La lista podría seguir interminablemente; pero, si bien existen muchas reacciones distintas, todas tienen algo en común: te hacen sentir peor. Más insegura. Más propensa a reaccionar mal la próxima vez. Cuando el patrón ha quedado bien establecido, no sólo te sientes insegura y tonta, sino que además te sientes una fracasada. Después de todo, sigues haciendo lo mismo, una y otra vez, y con los mismos resultados. *Tal vez*, razonas, *hasta es posible que esté loca.* Debes saber que muchísimas personas —incluyendo a la que escribe— se han sentido exactamente como tú te sientes, y algunas han experimentado el regocijo de superarlo.

En el transcurso del último año, más o menos, mientras Dios señalaba con gracia esta área de mi vida para que la sanara, hice algunos duros descubrimientos acerca del costo de mi inseguridad. Ahora estoy convencida de que prácticamente todos los comportamientos destructivos y las adicciones contra las que luché durante años estaban arraigados en mi (bien merecida) inseguridad. No solamente fui abusada; también crecí en un hogar en el que siempre me pregunté si mis padres se amaban. Desde muy pequeña fui un desastre emocional; era temerosa y triste. Desarrollé la inquietante impresión, acertada o no, de que nadie tenía la salud emocional necesaria para llevar la pesada carga psicológica de criar cinco hijos. Cuando llegué a la temprana adolescencia, esas impresiones dieron paso a las nuevas y peligrosas "libertades." Mientras los gatos se distraían, los ratones aprovechaban para hacer de las suyas. Me escapaba por la ventana de mi habitación con mi hermana mayor cuando todavía debería haber estado jugando con las muñecas.

A medida que Dios me llevaba por el viaje que se convirtió en el estudio bíblico *¡Sea libre!*, él me enseñó a buscar el común denominador entre las cosas que desencadenaban mis hábitos destructivos. Ya para entonces, me encontré con la inseguridad como la respuesta predominante. Cristo hizo un milagro en mi corazón y en mi mente por medio de su Palabra, y le puso un final contundente a algunas de las conductas y tendencias adictivas con las cuales yo había luchado casi toda mi vida. Sin embargo, no fue sino hasta estos últimos años que me di cuenta de que, de alguna manera, nunca habíamos llegado hasta la raíz más profunda de todas: mi persistente inseguridad. A veces, tienes que quitar todas las cosas que hay en la superficie y ponerlas a un costado para poder ver qué hay debajo. Ten en cuenta que me llevó un tiempo identificar mi problema, porque solamente asomaba la cabeza en determinadas áreas de mi vida. Yo era completamente segura en otras. Finalmente, esas áreas concretas me causaron suficiente miseria como para tomar esta decisión crucial, inspirada por Dios: *No tengo por qué seguir viviendo de esta manera.*

Es que yo tenía una ventaja. Ya sabía que Jesús podía liberar de cualquier cosa a una persona. La inseguridad no tenía por qué ser la excepción en mi caso, aunque me acompañara desde la infancia. Si bien ya no reaccionaba ante la inseguridad como el enemigo quería que lo hiciera, todavía no había empezado a reaccionar de la manera en que Dios quería que yo respondiera. Con frecuencia, la inseguridad seguía dejándome al descubierto, en ridículo, y como si, en cierta forma, hubiera perdido mi dignidad.

De acuerdo, Señor; entonces, ¿cómo empezamos? ¿Cómo vamos a atacar esta cosa?

Hacía tiempo que había aprendido cómo Dios usa la verdad

para liberar a la persona, y ya que yo estaba dispuesta a ser sincera en cuanto a mi condición, sabía que la verdad de Dios me llegaría a continuación, probablemente a través de la Palabra. La única pregunta era qué versículo usaría él.

Está vestida de fortaleza y dignidad.

No, él no lo dijo en voz alta. Este versículo vino a mí, inesperadamente, de los recovecos de mi memoria, parpadeando como un letrero de neón rojo de los que dicen "Libre." Lo interesante es que esta descripción está tomada del retrato de la "mujer valiente" en Proverbios. Probablemente hayas escuchado referencias a ella como "la mujer virtuosa" o "la mujer de carácter noble." De todo corazón quiero ser una mujer virtuosa y poseer un carácter noble; pero, en realidad, el término hebreo se usa mayormente para expresar valentía. De hecho, es la palabra que se traduce como "valiente" en la referencia de Dios a Gedeón, en Jueces 6:12.

¡El Señor está contigo, guerrero valiente!

¿Por qué debería ser traducido de otra manera en Proverbios 31, sólo porque se trata de una mujer? ¿Es porque no se requiere de tanta valentía para ser una mujer como para ser un hombre? No sé cuánto valor se necesitaba hace miles de años, pero sé qué tan valientes necesitan ser las mujeres hoy en día. Incluso en el contexto del valioso papel que tenía esta mujer en la familia, ¿no puede ser también el hogar un feroz campo de batalla? El *Word Biblical Commentary* (Comentario bíblico Word) traduce esta palabra usando su significado más común:

Una mujer valiente, ¿quién puede encontrarla? Vale más que los rubíes.[11]

Y, en medio del retrato de esta mujer valiente y eficaz, encontramos las palabras que recorrieron mi cabeza a pedido del Espíritu Santo: *Está vestida de fortaleza y dignidad.* Repetí una y otra vez las palabras; luego las dije en voz alta, haciendo esta vez una pausa en cada palabra.

ESTÁ. VESTIDA. DE. FORTALEZA. Y. DIGNIDAD.

Me quedé helada frente a la palabra *dignidad*. Unas semanas atrás, Dios ya me había llevado a la conclusión de que parte de la sanación para la inseguridad de cualquier mujer está relacionada inevitablemente con recuperar la dignidad otorgada por Dios. Sin embargo, no se me había ocurrido pensar que el proceso podía encontrarse en este versículo. Era un pasaje que nunca me había hablado de esa manera. Nunca me había detenido en él lo suficiente como para realmente considerar sus repercusiones. Si me lo permites, me gustaría desmenuzar el versículo, con la esperanza de que tú también veas por qué es importante en nuestro viaje.

Ella . . .

Nunca me ha molestado la fuerte tendencia de las Escrituras a optar por el género masculino. Por ejemplo, cuando la Biblia se refiere a todos los que creemos en Cristo como "hijos de Dios," me siento perfectamente cómoda con la generalización, que incluye tanto a mujeres como a varones. De todos modos, según mi punto de vista, las mujeres tenemos una presencia significativa cuando se menciona a los creyentes como "la novia de Cristo." Aun así, cuando un versículo insuperablemente rico, con un efecto refrescante y positivo, habla de "ella," lo disfruto como si fuera un tibio baño de espuma. Para mí fue tremendamente conmovedor que Dios destacara este pasaje para nuestro viaje femenino. Su Palabra nunca está fuera de nuestro alcance; pero, a veces, él parece esforzarse por ponerla directamente en la palma de nuestra mano.

. . . está vestida . . .

La ilustración verbal bosquejada por la referencia a la vestimenta expresa muchísimo. No sé cómo sea en tu caso, pero si yo tuviera que expresar el sentimiento más común que he tenido cuando mi inseguridad salió a la superficie, sería la sensación de estar al descubierto, desnuda. Me siento cómoda cuando la mirada perspicaz de Dios penetra los rincones vulnerables de mi alma porque he llegado a confiar tanto en él, y sé cuánto me ama y me acepta. En cambio, no me gusta que los ojos humanos tengan ese mismo tipo de acceso. Obviamente, en parte se debe a mi orgullo. Pronto nos ocuparemos de ese tema. Tengo algunas áreas rotas y defectuosas en lo más profundo que preferiría que sólo Dios mirara, por lo menos, hasta que sanen un poco. ¿Me entiendes? Alguna puede pensar que cualquier forma de ocultamiento es malsana, pero yo no estoy tan segura de eso. Nuestra primera reacción cuando tenemos una herida es taparla con la mano. Solamente cuando alguien de nuestra confianza viene con una venda estamos dispuestas a sacar la mano y dejar que esa persona vea la herida. Y aun entonces, el primer paso hacia la sanidad es limpiar y *cubrir* la herida.

He llegado a un punto en el que estoy dispuesta a ser transparente con mi inseguridad, pero me alivia mucho que los ojos

humanos tengan que verla a través del filtro —de la vestimenta—
de la fortaleza y la dignidad que Dios me ha dado. No estoy obligada a pararme delante de ti, ni de ninguna otra persona, en un
estado de completa desnudez emocional. La protección que me
dan las Escrituras me da el valor para poner al descubierto mi
ser interior más íntimo. Es la única cosa que hace tolerable el
revelarme, como lo exige este libro. Cuando tú y yo nos veamos
incitadas a exponer la parte más vulnerable y dañada de nuestro
ser por una ráfaga de inseguridad, debemos estar preparadas para
recitar de inmediato esta verdad a nuestra alma: "Tranquila. Estoy
completamente vestida." Y, curiosamente, con ese simple pensamiento, comienza la sanidad. No reaccionaremos con el mismo
nivel de inseguridad cuando recordemos lo bien protegidas que
estamos por Dios. Espero que a ti te parezca igual de lógico, porque dentro de mí resuena tan fuerte que podría llorar.

. . . de fortaleza . . .

Proverbios 31:25 nos dice que esta "mujer valiente" está revestida
con dos prendas específicas que se convierten en el par perfecto.
La primera es la fortaleza, y tiene un lugar muy importante en
nuestro recorrido. Dicho de manera sencilla, nada hace sentir más
débil a una mujer que la inseguridad. Acaso, cuando nos golpea
una ola de inseguridad, ¿no nos despreciamos a nosotras mismas
por no haber sido capaces de reaccionar mejor? Aunque no le
hayamos revelado nuestra inseguridad a la persona más cercana,
¿no somos terriblemente conscientes de que la inseguridad nos
atrapó, *otra vez*? ¿No tiene maneras inesperadas de hacernos sentir
débiles? Seguramente alguna se ha dicho lo mismo que yo: *Si lo*
sabré bien. Sé que esta situación no tiene el poder de definirme ni de

minimizarme. ¿Por qué permito que lo haga? Porque me hace sentir débil. Y un poco indefensa. Y no lo soy.

¿Qué pasaría si, en el momento en que sientes que te golpea la ola miserable, te recuerdas a ti misma con énfasis que eres una mujer valiente, revestida de dignidad por Dios, y que tienes el privilegio de usar la fortaleza divina como una prenda? No nos engañemos con este tema. Tú y yo somos mujeres; nadie sabe mejor que nosotras que lo que tenemos puesto afecta dramáticamente cómo nos sentimos. Cuando la Biblia nos dice que debemos "[deshacernos] de [nuestra] vieja naturaleza . . . y [ponernos] la nueva naturaleza" está invitándonos a pensar en términos de quitarnos una vestimenta y ponernos otra (Efesios 4:22, 24). Probablemente a todas nos resulte conocido el proceso de pararnos frente al guardarropa pensando qué ponernos, y de cambiarnos dos o tres veces antes de salir a trabajar o a la iglesia. Romanos 13:14 nos dice qué vestidura tenemos que elegir si queremos ser exitosas: "vístanse con la presencia del Señor Jesucristo." En él no hay debilidad. Hay un poder puro y auténtico que descansa directamente sobre nuestros hombros.

Oh, querida, tú eres mucho más fuerte de lo que crees. Si estás en Cristo, tienes poder divino. Su fortaleza se perfecciona en la más grave de tus debilidades. A veces, para una mujer es imprescindible revisar qué llevará puesto ese día al cruzar la puerta. Hermana, si Cristo es tu Salvador, estás completamente cubierta por un manto de fortaleza. Pero eso no es todo. Estás vestida de fortaleza . . .

. . . y dignidad

La Biblia no dice que la mujer valiente está revestida de fortaleza y *masculinidad*. No dice que está revestida de fortaleza e *inaccesibilidad*.

No dice que esté revestida de fortaleza y *soberbia*. Dice que está vestida de fortaleza y dignidad. Es el momento perfecto para señalar que la mujer valiente retratada en Proverbios 31 también es una esposa realmente estupenda. La palabra que se traduce como "esposa" en la mayoría de las versiones de Proverbios 31:10 (así como en la Nueva Traducción Viviente: "¿Quién podrá encontrar una esposa virtuosa y capaz?") es una palabra que también quiere decir "mujer." Podría referirse a una soltera, así como a una casada. En el contexto de Proverbios 31:10-31, la mujer estaba casada y, por consiguiente, funciona bien la traducción como "esposa," en lugar de "mujer." Te diré por qué le doy importancia a este asunto.

Si pensamos que el medio para la seguridad en cuanto a los hombres es nuestra superioridad, nos espera un rudo despertar. Si tenemos que enojarnos con los hombres para sentirnos mejor por ser mujeres, no seremos diferentes a las feministas que surgieron en los años sesenta. Algunas mujeres piensan que no pueden ser esposas conforme a la Biblia *y* mantener su dignidad a la vez. A esas mujeres les digo: no es necesario que nos odiemos a nosotras mismas para amar a un hombre, ni que odiemos a los hombres para amarnos a nosotras mismas.

Si es sensata y comprende cómo aplicar correctamente los conceptos bíblicos, la mujer casada que recupera su dignidad es un mejor premio para su esposo que la que mujer que no lo hace. El matrimonio nunca sale beneficiado si alguna de las partes carece de dignidad. En Proverbios 31:23, el hecho de que su esposo fuera "respetado en la comunidad," no era pese a que su esposa estuviera vestida de fortaleza y dignidad, sino, en parte, a causa de ello.

El orgullo es la falsificación de la dignidad. Nunca te olvides de eso. No se trata de perder la humildad para superar la inseguridad.

Eso nos lleva a una pregunta importante: ¿qué cosa *es* exactamente la dignidad? La misma palabra hebrea traducida como "dignidad" en el pasaje sobre la vestimenta de una mujer valiente se encuentra en las sublimes palabras escritas por el salmista a su Creador. Disfruta del contexto.

> *Cuando miro el cielo de noche y veo la obra de tus dedos —la luna y las estrellas que pusiste en su lugar—, me pregunto: ¿qué son los seres humanos para que pienses en ellos, los simples mortales para que de ellos te ocupes? Sin embargo, los hiciste un poco menor que Dios y los coronaste de gloria y honor.*
>
> SALMO 8:3-5

Aquí, la palabra se traduce "honor," en lugar de "dignidad," pero deriva del mismo término hebreo[12] y encierra el mismo significado. Podemos insertar nuestra palabra clave sin afectar en lo más mínimo el sentido del versículo:

> *Los hiciste un poco menor que Dios y los coronaste de gloria y [dignidad].*

Tenemos dignidad precisamente porque Dios mismo nos la dio, porque somos su preciada creación. Tú y yo, junto con cada otro ser humano del mundo, poseemos dignidad porque Dios mismo la tiene y nos creó a su imagen. (En otras partes, la palabra está traducida como "esplendor," en referencia a él.) Dios no sólo nos la confirió; según el Salmo 8:5, nos *coronó* de ella. Es sabio observar que todas las personas poseen una dignidad dada por

Dios, aun cuando todavía no tengan la vida eterna mediante Jesucristo.

Poseer dignidad es ser dignas de respeto. Dignas de alta estima. Grábate esto en la mente: tú eres digna de respeto. Y yo también. No importa cuán tontas haya tratado de hacernos sentir la inseguridad, tenemos derecho a la dignidad porque Dios mismo nos la dio. Si realmente creyéramos esta verdad, no tendríamos que ocultar nuestra inseguridad bajo el orgullo. Si supiéramos quiénes somos y lo que Dios nos ha otorgado, lo que los demás piensen de nosotras sería cada vez menos importante.

Una última cosa antes de concluir este capítulo. Observa que Dios no puso esta dignidad en nuestras manos, sino en nuestra cabeza. La envolvió como una corona y la colocó sobre nuestra mente, en el lugar donde más la necesitamos. Nuestra posesión de la dignidad no siempre es algo que sintamos. Tiene que ser algo que sepamos. Algo que reivindiquemos enfáticamente.

Hace unos días, vi un debate en la televisión pública en el que participaba el doctor Deepak Chopra. Pensé mucho en la ironía de algo que dijo: "Cualquier creencia es una forma de ocultar la inseguridad."

Muy por el contrario, señor. Toda inseguridad es una forma de enmascarar la incredulidad.

Ella está vestida de fortaleza y dignidad.

Créelo, hermana.

CAPÍTULO 9

Un tiempo y un lugar de sanidad

No me interesa en lo más mínimo que alguien solamente lea este libro. Mi firme objetivo y mi más alta esperanza es que cada lectora se vea liberada de las garras de la inseguridad, capítulo tras capítulo. Hemos hablado de lo mucho que necesitamos recuperar nuestra dignidad, pero si lo único que hacemos es hablar de ello, puede que estemos un poco más informadas, pero no menos inseguras. Agitar el pozo en el que estamos ahogándonos no hace otra cosa que intensificar la corriente y arrastrarnos más abajo. En este libro, haremos infinitamente mucho más que acumular información. Estamos a punto de hacer una petición sincera, una que podremos fechar, documentar y a la cual podremos volver en los años venideros.

En las próximas páginas, le haremos un pedido directo a Dios; le suplicaremos que nos ayude a reclamar nuestra dignidad y a preparar nuestra alma para la seguridad. Luego recibiremos, de una manera activa y deliberada, lo que él nos dé. Si este tipo de petición es nuevo para ti, no entres en pánico. A propósito omití las conjeturas y redacté los conceptos de manera que tuvieran sentido, más allá de cuál haya sido tu experiencia. De todas formas, ¿qué podrías llegar a perder, sino un poco de inseguridad e indignidad?

No esperaremos hasta el final del libro para hacerlo, porque necesitamos la dignidad que Dios nos ha dado si esperamos recibir alguna vez el poder para tomar las decisiones, ejercitar las reacciones y utilizar las herramientas que analizaremos en los capítulos restantes. Necesitamos que algo suceda *ahora* para tener éxito luego. Lo bello de que Dios esté en escena es que no estamos limitadas a aprender algunas lecciones útiles que puedan proporcionarnos alguna revelación ocasional. Tenemos la oportunidad de pedir un acto sobrenatural de Dios. Tenemos la oportunidad de extraer del infinito océano de la fuerza divina. Aun cuando sepas muy poco sobre lo que dice la Biblia, quiero que dirijas tu atención a estos dos versículos y comprendas su relación con nuestro viaje.

> *Y estamos seguros de que él nos oye cada vez que le pedimos algo que le agrada. Y, como sabemos que él nos oye cuando le hacemos nuestras peticiones, también sabemos que nos dará lo que le pedimos.*
>
> I JUAN 5:14-15

Escucha esta declaración a todo volumen: la voluntad de Dios es que tu dignidad y tu seguridad sean restauradas. No tienes por qué luchar con esto. No necesitas leer seis libros más. No tienes que cavilar sobre la materia hasta el próximo gran desastre. Está claro y evidente. Muchas veces la voluntad puntual de Dios sobre algún asunto parece justificadamente confusa. Es posible que no sepas, por ejemplo, si te está llevando a cambiar de trabajo, a casarte con determinado muchacho o a mudarte de domicilio, pero otras cuestiones tienen respuesta antes de que preguntemos. Después de veinticinco años de estudio, si puedo distinguir entre Génesis y Apocalipsis, puedo asegurarte que Dios quiere que caminemos a lo largo y ancho de nuestra vida con dignidad y seguridad. Ni Dios ni tú se benefician con tu persistente inseguridad.

Cuando se trata de dignidad y seguridad, tenemos la magnífica oportunidad de saber de antemano que estamos orando conforme a la voluntad de Dios para nuestra vida. Y tenemos que aprovecharla lo antes posible. Podemos contar con que la respuesta será tan segura como la petición. De hecho, si estás dispuesta a ejercer el tipo de audacia que enciende el corazón de Dios, puedes avanzar con todo y agradecerle de antemano, porque sabes que lo que le has pedido te será concedido. A veces, vemos o sentimos la evidencia inmediatamente. Otras, Dios permite que la asimilemos poco a poco.

Entonces, te pido que hagas lo siguiente: busca un lugar privado donde no te molesten ni te distraigan, por lo menos durante media hora. Si te puedes tomar un poco más de tiempo para procesar las emociones con la meditación, la sanidad será más valiosa. A lo mejor, algunas de ustedes incluso tengan los medios para alejarse por una noche y tener una especie de retiro espiritual con Dios. Eso sería fantástico, pero no dejes que los planes complicados te impidan lograr el objetivo. ¡Es mejor que te tomes ahora esa media hora y lo hagas! Cualquier período de tiempo que elijas, toma la firme decisión de dejar todo de lado durante ese tiempo. Ten la seguridad de que lo que estás haciendo a solas con Dios durante esos momentos también beneficiará a las otras relaciones y circunstancias de tu vida. Deja todas las otras prioridades de lado por un rato, para que un alma más sana vuelva a ocuparse de ellas.

Ponte cómoda en algún lugar donde puedas sentarte, arrodillarte o, incluso, postrarte sobre el piso delante de Dios. No te pongas nerviosa. No estamos buscando algo místico. Solamente queremos estar atentas. A lo largo de las Escrituras puedes encontrar ejemplos de personas que adoptaron posturas de oración que reflejaban su sinceridad. Quiero que te comprometas completamente. Ten la absoluta seguridad de que Dios te escuchará y que se reunirá contigo mediante el poder de su Espíritu.

Cuando hayas definido el momento, el lugar y la postura, da comienzo a la siguiente guía de oración. Léela lentamente, meditándola bien y *en voz alta*, como si subiera espontáneamente desde tu corazón. Esta guía no fue escrita apresuradamente ni al azar. Nunca antes sentí la dirección de Dios de poner algo como este viaje de oración en un libro o estudio. Estoy convencida de que fue idea suya para este mensaje en particular y, si lo fue, sé que quiere hacer buen uso de ella. Dios es incapaz de desperdiciar nuestro tiempo. Le he pedido que me dote de sabiduría y comprensión sobrenaturales para redactar una plegaria que reciba su más rotundo "¡Sí!" No tengo otra alternativa que confiar en que él haya respondido a mi ferviente pedido.

A medida que un concepto resuene, simplemente óralo a Dios con honestidad, desde lo profundo de tu corazón. Lo único que tienes que hacer para que esta oración sea tuya es *decirla con sinceridad.* Cuando yo exprese algo diferente a lo que tú sientes o a lo que has experimentado, apodérate de esa porción con tus propias palabras y anota en el margen lo que tú has dicho. Observarás que he dejado lugar en varios puntos de la oración para que termines las frases por ti misma. Documentar y personalizar esta experiencia será el elemento vital de tu recorrido. Podrás reflexionar en este proceso en los años venideros, releer las palabras y recordar dónde comenzó tu liberación. También podrás regresar a esta guía y volver a orar sus palabras cuando la inseguridad vuelva a acercarse sigilosamente a ti; cosa que, invariablemente, sucederá.

Dicho esto, querida, ora y, al hacerlo, deja que Dios tenga completo acceso a tu alma.

Querido Dios:

Vengo a ti en este momento porque necesito algunas cosas que sólo tú puedes darme. Necesito restauración, Señor. Necesito recuperar mi dignidad. Sólo tú sabes cuánto me ha costado la inseguridad, qué problemas —incluso tormentos— me ha causado. Tú estás íntimamente familiarizado con cada una de las veces en que la inseguridad me puso en ridículo. Tú sabes cuánto he luchado para seguir en el juego, pero también sabes que, al final, he sido derrotada. Estoy harta de fingir. Estoy harta de enojarme. Desesperadamente necesito y quiero ser liberada de mi inseguridad crónica. Estoy preparada para descubrir qué significa ser verdaderamente segura. Estoy dispuesta a hacer lo que haga falta para ser libre y para permitirte que, a través de mí, hagas lo que yo no puedo hacer por mí misma. Tú eres el Creador todopoderoso y omnisciente del cielo y de la tierra, y el gran Tejedor de todas las almas humanas. Sólo tú sabes cómo estamos hechas y quiénes hemos de ser. No estoy pidiéndote nada que no estés dispuesto a darme. Tú no me has defraudado. Yo me he defraudado a mí misma y he permitido que mi cultura me subestime.

Sabes cómo estoy formada. Conoces lo que me motiva. Sabes qué hace que me cierre. Sabes cómo me domina el miedo y lo cansada que estoy de rendirme ante él. Señor, en lo más recóndito de mí, tengo mucho miedo de que . . .

_____

_____

_____

Libérame, Señor. Tú no me has dado un espíritu de temor, sino de poder, de amor y una mente sana. Eso es lo que dice la Biblia. Hoy reclamo como míos cada uno de esos rasgos invalorables. Tu deseo para mí es que sea libre de toda motivación enfermiza. Muéstrame cualquier área de mi vida en la que se encuentren arraigadas y dame el valor necesario para no sucumbir a ellas. Tú conoces los rincones más profundos de mi corazón y de mi mente. No necesito esconderte nada, ni actuar como si fuera más fuerte o más organizada de lo que soy. Ayúdame a venir ante ti con total transparencia y concédeme la confianza sobrenatural de que contigo estoy segura y de que me amas. No tengo que mostrar sentimientos que no poseo, ni agachar la cabeza, derrotada y avergonzada. Por tu gracia, puedo venir a ti tal como soy. Así es como me describiría ante ti en este momento:

_____

_____

_____

Pero tú, Señor, me conoces mejor que yo misma. Sabes por qué pienso lo que pienso, y por qué me siento así. Tú conoces todos mis pensamientos, todas mis desilusiones. Sabes cada cosa fea o ridícula que he dicho o he hecho por inseguridad. Tú ves cada fisura que tengo en el alma, y ves más allá del punto de mi fracaso, hasta lo profundo de mi necesidad. Así como tú te revelas a mí, te pido también que con toda compasión me reveles a mí misma. Concédeme comprender los patrones de comportamiento que he desarrollado y dame respuestas que me sanen. Haz que no le tenga miedo a nada que pueda ver en mí, a la luz que tú das. Ayúdame a confiar que solamente derramas luz donde estás dispuesto a sanar.

Dios, tú conoces la complejidad de mi alma y sabes que, la mayor parte del tiempo, no puedo entenderme ni siquiera a mí misma. Sabes que oscilo como un péndulo vertiginoso entre el autodesprecio y la propia exaltación. A medida que comienzo esta plegaria de restauración, te pido, Señor, que me ayudes a hacerme responsable de la inseguridad que yo me generé. De la que soy culpable. De mi propio pecado. Soy muy consciente de que he provocado parte de mi propia miseria. Muchísimas veces he tratado de convertirme en una especie de dios, y no ha servido de nada. Nunca servirá.

Al invitarme a este momento de confesión, tu deseo es mi libertad, no mi autocondenación; así que, con confianza, le doy la bienvenida a una y rechazo la otra. Con estas cosas en mente, escucha mis confesiones:

Por favor, perdóname por alabarme a mí misma. Por mi incesante pretensión de controlar, y por mis inútiles intentos de hacer tu trabajo. Perdóname por mi tonto orgullo. Perdóname por alimentar mi ego hasta el punto de que todo lo que lo roza, lo magulla. Perdóname por estar miserablemente concentrada en mí misma. Perdóname por los celos y por la codicia que alimentan mi inseguridad. Perdóname por transformar tantas cosas en una competencia. Por obsesionarme tanto con lo que no tengo que descuido los dones que me has dado, haciéndolos mucho menos efectivos de lo que planeaste que fueran. Perdóname por considerar tan poca cosa a la persona que me hiciste. Perdóname por cometer el flagrante pecado de despreciarme y considerarme inferior a los demás. De igual manera, perdóname por cada vez que he suspirado aliviada al pensar que podía ser superior a otros después de todo.

Perdóname por mi incredulidad. Si yo me diera cuenta de lo valiosa que soy, mi insaciable necesidad de aprobación se calmaría. Perdóname por ser tan perfeccionista que me resisto a hacer algo bueno por miedo a que no sea espectacular. Perdóname por la excesiva autoprotección que sólo ha logrado encarcelarme. Perdóname, también, por . . .

En este momento, recibo tu perdón generoso y tu completa limpieza y, en tu nombre, rechazo toda la vergüenza que ha resultado de la inseguridad que me causé a mí misma. De ahora en adelante, Señor, y cada día del resto de mi vida, aumenta mi convicción hasta que sea instantáneamente consciente de cuándo estoy causándome inseguridad. Ayúdame a reconocer toda forma de orgullo o de incredulidad, y a rechazarlas inmediatamente.

Ahora, Señor, te pido que arranques las raíces de inseguridad que yo no planté, y que traigas la sanidad y la restauración. Tú conoces cada uno de los lugares en los cuales la inestabilidad ha tocado mi vida. Tú recuerdas detalles que mi memoria borró hace mucho tiempo, pero que todavía me ocasionan inseguridad. Tú sabes qué fue lo primero que me causó miedo y me llevó a creer que no podía confiar en nadie ni en nada, y que estoy sola aquí, en este mundo inseguro. Tú conoces el origen racional de cada miedo irracional. Tú sabes que he desarrollado un sistema de creencias basado en las debilidades humanas, en lugar de basarlo en la roca de tu persona. Tú estuviste conmigo en cada momento, aun cuando yo sentía que no había nadie que me cuidara.

Te doy todo mi corazón. Toca cada lugar roto y herido con tu mano de sanidad.

Señor, dame el poder de perdonar a los que me han decepcionado, a quienes no me protegieron, o me causaron alguna herida. Ayúdame a verlos como son, personas necesitadas y destrozadas. Señor, donde todavía haya vida y oportunidad, trae redención a esas relaciones. Ayúdame a entender lo grave de esta coyuntura: que si no busco sanidad y plenitud, acabaré perpetuando el ciclo nocivo. Rompe el ciclo conmigo, oh Señor. Rompe el ciclo conmigo.

Señor, ven y trata mi corazón y mi alma en el lugar donde fueron afectados por una pérdida. Nadie en este mundo puede comprender como tú la pérdida de algo precioso. Conoces el dolor. Tú conoces el vacío insoportable que viene con la pérdida. Reconoces mi intento por llenar el vacío con cosas que nunca son suficientes. Tú sabes cómo me asustan mis sentimientos y de qué manera el enemigo de mi alma quiere hacerme creer que nunca estaré bien. Descubre su mentira, Señor. No lo dejes ganar. No dejes que la pérdida me gane. Sé mi triunfo, Señor. Llena mi vida de propósito y de compasión. Sé mi fortaleza en la debilidad.

Por favor, no permitas que confunda sanidad con traición. Ayúdame a ver cada lugar de mi vida en el que esté apoyándome en mi dolor o en mi ira en un intento por conservar lo que he perdido. Concédeme el regalo de un duelo sano que no reprima el dolor ni el proceso de sanidad. Señor, por favor ayúdame a ver en qué he sufrido una pérdida importante que no he tomado en cuenta. Si he perdido la inocencia, dame integridad. Si he perdido una relación, concédeme una verdadera intimidad. *Si he perdido mi hogar, concédeme un inquebrantable sentido interno de pertenencia. Si he considerado a otra persona responsable de mi pérdida, dame la capacidad de perdonar. No te detengas hasta haber hecho un milagro en mí.*

Señor, ayúdame a aprender cómo aferrarme fuertemente a ti cuando mi vida se vea sacudida por un cambio dramático. Dame poder para confiar en ti y no entrar en pánico, ni pelear por retener el control. Ayúdame a dejar de interpretar un cambio en mis circunstancias como un cambio en mi nivel de seguridad. Tú eres mi seguridad, oh Dios. Tú eres lo único seguro. Cuando todo se conmociona alrededor de mí, tú permaneces inalterable. Nada tiene la facilidad de revelarme dioses falsos como un cambio súbito en mis circunstancias. Ayúdame a reconocerlos y a renunciar inmediatamente a ellos. Usa los cambios para provocar lo que necesite cambiar en mi ser, Señor, y para aumentar mi conocimiento del Único que es el mismo, ayer, hoy y siempre.

Señor, ahora te pido que destaques cada cosa que me hayas confiado para que formara mi composición física y psicológica: mis limitaciones personales, mi aspecto físico y el temperamento que me has dado. Tú sabías qué estabas haciendo cuando me formaste en el vientre de mi madre. No hay nada que no tenga un propósito. Nada se ha salido del plan. Cada don, cada desafío y cada obstáculo han sido puestos para formar el destino específico que tú predestinaste para mí antes del comienzo de los tiempos. Tu propósito es convertirme en una maravilla y demostrar lo que puedes hacer por medio de mí. Quieres recibir alabanza por causa de mi vida. Quieres desafiar los pronósticos y hacerte más visible en mí. Por favor, libérame de la autocompasión y de una vida de excusas y de racionalizaciones. Y, Señor, si, en cambio, he caído en la egolatría y en el egocentrismo, ayúdame a reconocer mi narcisismo y a no tolerarlo más. Sobre todas las cosas, por favor no permitas que se diga que yo me amo demasiado como para amar a ninguna otra persona. Por favor, no me permitas ganar el mundo, pero perder mi alma.

Padre, ayúdame a ver en qué aspectos soy demasiado sensible y en cuáles exijo demasiado en las relaciones. Ayúdame a ver dónde insisto en hacer que toda la situación gire alrededor de mí. Realmente quiero cambiar. Ayúdame a dejar de decir "Yo soy así," y recuérdame que, contigo, soy capaz de una transformación tremenda. Libérame de la inseguridad en mis relaciones. Ayúdame a dejar de ser herida con tanta facilidad, pero guárdame de volverme dura. Ayúdame a renunciar a mi posición de manipuladora, sin por eso resignarme a ser maltratada de por vida. Ayúdame a darme cuenta de que no tiene sentido exigir a los demás que me amen más o de mejor manera. El cariño verdadero no puede ser forzado. No puedo poner a un ser humano a cargo de mi seguridad sin destinarlo a un fracaso seguro. Ayúdame a dejar de usar como espejo a determinada persona y a empezar a verme como solamente tú me ves.

Señor, aun en medio de estos pedidos, te agradezco con todo mi corazón que obres solícitamente en mi vida. Sí, hubo personas que me lastimaron y que hicieron un pésimo trabajo al tomar tu lugar, pero también hubo personas que me

hicieron vislumbrar tu ser. No eran personas perfectas, sino
auténticas. En particular, te agradezco por . . .

_____

_____

_____

Te doy gracias por todo lo que has hecho para traerme
hasta aquí y por el plan que tienes por delante para mí.
Ahora, Señor, llego al meollo de mi petición: por favor,
devuelve a mi alma todo lo que la inseguridad me ha
robado. Convierte en algo bueno todo lo que el enemigo
urdió para mi mal. Haz un milagro en mí, Señor. Cúbreme
con tu mano digna de confianza. Revísteme de fortaleza y
dignidad. Transforma lo que me impulsa. Mitiga lo que
me hace estallar. Hazme una mujer valiente en esta cultura
desgarradora. Una mujer que se niegue a ser rebajada y
definida por los medios de comunicación. Ayúdame a
tomar decisiones conscientes en cuanto a si lo que me están
vendiendo tiene valor o no. Dame el discernimiento para
llamar mentira a la mentira.

Transfórmame en la clase de mujer que una jovencita
podría imitar como modelo de dignidad y seguridad. Recibo
de manera activa y deliberada —y formulo votos por seguir
recibiendo— todo lo que te he pedido hoy conforme a tu
voluntad. Que esta declaración resuene en cada rincón de
mi vida y llegue hasta la médula de mi sistema de creencias:
Hoy, [fecha] _____, recupero mi
dignidad. Nada ni nadie puede quitármela, porque tú eres

quien me la dio. *Ayúdame a reconocer que he perdido mi dignidad sólo porque yo renuncié a ella. Dame el poder para recuperarla y aferrarme a ella con toda mi fuerza. Por tu misericordia, Señor, no soy una tonta. Sólo una mujer sabia enfoca en ti su confianza.*

En el nombre salvador y liberador de Jesús,

Amén.

CAPÍTULO 10

Ni dioses ni demonios

AHORA NOS DIRIGIMOS con presteza a mi parte favorita del viaje hacia la plenitud. Estamos haciendo la transición del problema hacia las soluciones reales y posibles. Antes de que podamos avanzar hacia la sanidad, es necesario hablar primero sobre los hombres, sus inseguridades y el papel que juegan en las nuestras. Parecerá que estamos retrocediendo un poco; pero, si perseveras conmigo, te prometo que verás a dónde nos dirigimos.

Hace poco pensé en ti mientras estaba sentada en la sala de espera de un destacado cirujano. Mi rodilla derecha sigue atestiguando todos los problemas que ha sufrido. A decir verdad, le ha pasado de todo. En los años ochenta —la cumbre del alto impacto—, yo era la reina del aeróbic, y por años mantuve la marca de tiempo sobre la Stairmaster de mi gimnasio. He corrido miles de kilómetros y he caminado cientos más. Esa rodilla ha tenido una vida difícil, lo mismo que la que tiene al lado. Una escritora hiperactiva está destinada a vivir en los extremos. O me quedo sentada y completamente quieta, o trato de transpirar usando zapatillas o tacos aguja.

Cuando comencé a preocuparme porque la rótula de mi rodilla estuviera por rebelarse, tuve la intención de hacerme atender en un hospital suburbano. Mis amigas no estuvieron de acuerdo con eso. Según sus persuasivas opiniones, tenía que ir al renombrado centro médico de Houston y consultar al mejor cirujano trauma-tólogo de la ciudad, quien, de paso, era también nuestro amigo. Es excelente en lo suyo, pero su consultorio queda, por lo menos, a treinta kilómetros de mi barrio, y junto a la autopista más con-gestionada de toda la región. Hubiera preferido una paliza antes que tener que pasar por todo ese lío por una pequeña parte de mi cuerpo. Sin embargo, una vez que llegué y vi el Starbucks en el pri-mer piso de la torre del edificio, descansé en la perfecta voluntad de Dios. Apreté el botón del piso dieciséis en el ascensor, subí en medio segundo y atravesé la puerta de unas frenéticas instalaciones médicas de alta tecnología. Me enteré de que muchos de los atletas profesionales de Houston buscan tratamiento médico aquí, pero, por lo que pude ver, la mayoría estaba conformada por el equipo de fútbol de la University of Houston y yo. Me sentía un poco incómoda, pero quizás haya parecido que yo era su entrenadora. Bueno, la madre de uno de ellos.

Por fin me llamó una enfermera para que pasara a un consul-torio y me dijo que primero tenían que tomar rayos X. "Póngase esto," me dijo y, amablemente, me alcanzó unos pantalones cortos de papel, de color azul eléctrico, talla única, con una cintura elás-tica. Dio media vuelta, y cerró la puerta. Pasó por lo menos un minuto antes de que pudiera reaccionar. *¿Tengo que hacerlo? Quiero decir, ¿es una regla que no pueda hacerme los rayos X sin ponerme esto? ¿Por qué no puedo, simplemente, arremangarme los jeans? Es sólo una rodilla.* Suspiré un poco fastidiada y dejé caer mi linda cartera marrón al piso; recogí los shorts y empecé a cambiarme. Entonces allí, completamente sola en ese consultorio, me hizo tanta gracia que apenas si pude mantener el equilibrio para pasar la segunda pierna por los shorts y, créeme cuando te digo esto, no fue por falta de espacio. Ese fue el momento en que supe que los rumores eran ciertos. La estrella lanzadora de 2,29 metros de altura de los Houston Rockets, Yao Ming, indudablemente había recibido tratamiento en este consultorio; y te diré algo más: era obvio que estos eran sus shorts.

De vez en cuando te pasa algo tan incómodo que no tiene importancia si nadie más lo ve. Como las criaturas civilizadas que somos, tenemos la plena capacidad de sentir vergüenza de nosotros mismos. En esos momentos, tengo casi la seguridad de que hay una cámara oculta enfocándome, o de que mis amigos bromistas creen nuevamente que son divertidísimos. Me senté al borde de la camilla para esperar a la enfermera, cruzando las piernas para un lado y para el otro, y tratando de determinar cuál se veía menos absurda. Para cuando decidí volver a cruzarlas, y por puro aburrimiento había empezado a balancear mi pierna superior arriba y abajo como una bailarina de cancán en una silla, ella entró de lo más campante por la puerta.

"Venga por aquí, señora Moore. Ah, seguramente querrá volver a ponerse los zapatos." No, realmente no quería. Me los pondría, pero no te quepa la menor duda, no quería. A Yao Ming no lo atraparían ni muerto usando tacos con esos shorts. Seguramente

Dios me ama demasiado como para sacarme del apuro de una buena experiencia humillante, así que, como te imaginarás, la sala de rayos X estaba ocupada y, en vez de hacerme volver al consultorio, la enfermera me hizo sentar en la sala de espera . . . donde había otras personas. Personas que, de paso te digo, tenían puestas sus verdaderas ropas, y no esos shorts de papel y tacos altos. Estaba feliz de haberme afeitado las piernas pero, por lealtad al juramento hipocrático, alguien debería haberme llevado en ambulancia a broncear en una cama solar.

Por otra parte, es posible que las personas no estuvieran mirándome. Tal vez yo me lo estaba imaginando. Quizás, encima de mi cabeza había un televisor que yo no podía ver ni escuchar, y todas las personas en la sala lo estaban mirando. Primero, empecé a transpirar profusamente. Luego, hice lo que suele hacer mi familia en las ocasiones inoportunas. Sentí ganas de reír. Casi no me podía contener. Luego, saqué disimuladamente mi teléfono celular y, tratando de llamar la atención lo menos posible, lo puse delante de mí para sacarme una foto de la cintura para abajo. Sabía que algunos conocidos estarían agradecidos de recibirla, y así fue.

No me importa lo que digan los demás ni lo que vendan las tiendas: los hombres no usan los mismos shorts que las mujeres. Sin embargo, no está bien, y quien sea el responsable de las cinturas elásticas de los pantaloncitos de papel debería entregarse a las autoridades. Los hombres y las mujeres somos maravillosos, atractivos y competentes por igual, pero a pesar de toda nuestra igualdad en el valor, *no* somos iguales. Ambos tenemos inseguridades, pero los hombres no suelen sacarlas a la superficie de la misma manera. Mira, por ejemplo, una anécdota que escuché hace poco sobre Abraham Lincoln. Un colega abogado, Edwin M. Stanton, lo llamó "un simio desgarbado de brazos largos." Sin embargo, cuando llegó a la presidencia, Lincoln le dio a Stanton el cargo de secretario de guerra. Me gustaría sugerirte que la esposa de Lincoln jamás habría hecho lo mismo. Lo más probable es que se hubiera gastado los ahorros de toda su vida en una reducción de brazos y una depilación total; luego habría mantenido al hombre a distancia durante el resto de su vida. Créeme, Stanton no habría sabido el significado de la palabra *guerra* hasta haberse encontrado con esa mujer en un callejón oscuro.

Las mujeres no están, ni por aproximación, tan dispuestas como los hombres a respetar a la persona que las ha insultado. Constantemente nos preparamos para el ataque. Cuando se enteró de que yo estaba recopilando investigaciones sobre las diferencias entre las inseguridades femeninas y masculinas, una mujer me facilitó una ilustración casi perfecta de los pasillos sagrados de la escuela secundaria. Para mantener el contexto cultural de esta historia, permíteme dejar la redacción tal como ella la escribió:

Después de quince años como entrenador de básquet, mi esposo, por primera vez, está entrenando a un equipo de chicas del primer ciclo de secundaria. Ha sido entrenador de muchos grupos de muchachos y de algunos equipos mixtos de jóvenes, pero esta es nuestra primera experiencia con el "espíritu de grupo" de las chicas adolescentes. Ayer, en la práctica, él las reunió para decirles dos cosas. En su ansiedad, las chicas trataban de adivinar qué iba a decirles. Una conjeturó: "¡Vamos a perder!" Otra agregó: "Usted va a decirnos que somos un asco."

Mi esposo estaba sorprendido. Ninguno de los otros equipos a los que había entrenado había sufrido de una inseguridad tan notoria. Me miró y se rió. "Esa es la diferencia de entrenar a las chicas, y ¡ya veo cómo empezaste!" (Yo soy tremendamente insegura.) Por cierto, las dos cosas que les dijo a las chicas fueron: (1) que estaba bien ser agresivas y (2) que no tenían que tener miedo de hacer más intentos hacia el aro.

Sin embargo, no creas, ni por un instante, que los muchachos no tienen inseguridades. Tengo una gran deuda de gratitud con 150 de ellos, quienes tuvieron a bien brindarme parte de sus opiniones a través de una breve encuesta en mi blog. El grupo estuvo compuesto de hombres (casados y solteros) entre veinte y setenta años. Aunque no pregunté lugar de domicilio, bien puedes imaginarte que vivían en todas las regiones de los Estados Unidos. Como el objetivo de esa encuesta en particular era lograr conceptos culturales más que espirituales, no pedí que las personas incluyeran su afiliación religiosa ni sus edades, y todos los comentarios fueron anónimos. Sabiendo lo concisos que son los hombres en el uso de palabras en comparación con el promedio femenino, pensé que lograría mejores respuestas si mantenía el cuestionario breve:

1. ¿Cuáles son sus principales áreas de inseguridad, y cómo lo afectan? (En otras palabras, ¿cómo actúa normalmente cuando se siente inseguro?)
2. ¿Cuál es la manera más común en que detecta la inseguridad en las mujeres?

Algunas de las respuestas a la segunda pregunta aparecerán en el próximo capítulo. Por ahora, detengámonos en la primera. Un grupo de los varones afirmó no tener ninguna inseguridad, y tres o cuatro expusieron argumentos bastante convincentes. Uno dijo secamente: "Yo no soy inseguro. . . . Es que no entiendo sobre qué hay que estar inseguro." En mi opinión, no debe salir mucho de su casa, pero, por otra parte, es posible que sinceramente no luche con ninguna inseguridad ni comprenda por qué otra persona sí lo hace. Por respeto, le otorgaré el beneficio de la duda.

La mayoría de los hombres declaró estar en el mismo barco que nosotras, aunque el lado de ellos estuviera pintado con otros matices. Me sorprendió gratamente su sinceridad en cuanto a sus temores y falta de confianza en sí mismos, aunque fueran escuetos, y, en última instancia, nos dieron a las mujeres un trato bastante justo. Tal vez te alivie saber que muchas áreas de inseguridad están más allá de la diferencia de géneros y acompañan a ambos sexos. Como nosotras, varios de los hombres de la encuesta luchan con su autoestima y con el concepto que tienen de sí mismos. También describieron la vergüenza social y sexual, tanto como el constante miedo al rechazo y las cicatrices de relaciones del pasado. Podemos percibir dolor e incertidumbre en sus palabras, así como los encontramos en las nuestras. Concentra tu atención al leer sus comentarios:

Lo que más quiero es ser amado, aunque me equivoque o fracase. Tengo miedo de que no me perdonen. Así que yo perdono, sabiendo que entonces, por lo menos, Dios me perdonará. Lo único que quiero es un amor fiel. Temo ser ignorado, abandonado y maltratado, de modo que les presto atención a las personas que están conmigo en este momento y las amo, aunque no lo diga. Quiero ser el último amor, no el primero. Tengo miedo de que sea demasiado tarde para mí. Así que amo a los que tengo hoy a mi lado y espero el mañana.

Estoy muy inseguro en cuanto a si mi esposa es feliz o no. No es por nada que ella haga, sino que cada día estoy más convencido de que podría tener a alguien mucho mejor que yo. Ella se merece algo más.

Lo que más inseguridad me produce es saber si los demás podrán quererme, aunque yo no los ame bien. En el fondo, me pregunto quién me va a querer si yo no hago más por los demás de lo que ellos hacen por mí.

Escucha el latido del miedo en esta historia:

Tengo treinta y seis años, y mi mayor inseguridad es estar preocupado de que mi esposa me engañe. En realidad, esto ya me ha ocurrido un par de veces en el pasado, y entonces, cuando no sé nada de mi esposa en el momento en que la busco, o incluso cuando ella simplemente ha salido, mi mente empieza a cavilar "Y si . . ." Entonces trato de resolver cómo reaccionaré cuando ella finalmente me lo diga o yo lo descubra. Esto es una locura, ya que puedo confiar en mi esposa y no tengo motivos para dudar de ella, pero la carga del pasado resurge.

Infinidad de mujeres saben exactamente de qué está hablando este hombre. La mitad de las veces no sabemos si estamos percibiendo algo real o nos lo estamos inventando. Nuestro parecido va mucho más allá de las cuestiones del corazón. Ni se te ocurra pensar que los hombres no se preocupan por su aspecto físico. Muchos de ellos se preocupan por su peso, por estar fuera de forma, por si sus parejas o las personas del sexo opuesto los consideran atractivos o no. Pueden ser menos obvios en cuanto a sus inseguridades físicas, pero esas cosas están presentes y las tienen en cuenta. Dejemos que hablen por sí mismos:

El aspecto más grande [de mi inseguridad] es mi cuerpo de cuarentón. Quiero verme bien para mi esposa y para los demás, pero perdí el ritmo con mi rutina de ejercicios. . . . A causa de mi apariencia, empiezo una nueva dieta y una rutina de gimnasia y me pruebo ropa que me quede mejor.

¿Crees que no es más que una cosa de la edad en el caso de los hombres? Reconsidéralo.

Tengo veintisiete años y lo que más me produce inseguridad es mi altura y mi peso (o, por lo menos, la falta del estado físico que tuve alguna vez).

¿Te resulta conocido? Es posible que lo siguiente también:

Me siento inseguro por mis kilos. Le huyo a las actividades que hacen otras personas, como los deportes acuáticos.

Nosotras entendemos su angustia, señor. Toda mujer, de vez en cuando y sin importar lo joven y bonita que fuera, se ha mirado al espejo y se ha visto hinchada, y ha pensado que prefería que le clavaran un palo puntiagudo en el ojo antes que ponerse un bikini y hacer esquí acuático. Por otro lado, a los hombres no sólo les preocupa tener sobrepeso. También les preocupa estar por debajo de su peso normal:

En general, no soy inseguro. Tengo una esposa que suele ofrecerme frases de aprobación, y un trabajo seguro, a pesar de los vaivenes económicos. Nuestro matrimonio es increíble, seguimos trabajando en él y coincidimos en la mayoría de los temas. Más bien, me siento inseguro por mi aspecto físico. Soy más delgado que la mayoría de los hombres y tengo una predisposición genética a mantenerme así. Suelo usar abrigos, y me gusta vivir en la región del norte, que tiene inviernos largos en los que es necesario usar prendas abultadas.

De acuerdo, en nuestra cultura pocas mujeres incluirían a la delgadez extrema en su lista de las diez inseguridades más importantes, pero todas coincidirían en que lo físico es un factor enorme en la lucha contra la inseguridad. Aquí hay dos opiniones más, para asegurarnos que hemos machacado bien sobre el asunto. Es interesante que las dos procedan de hombres casados de treinta y cuatro años.

No me parece que los hombres actualmente sean muy distintos de las mujeres. Me siento inseguro de que mi esposa no me vaya a querer siempre (o no me encuentre siempre atractivo); que algún día me deje, aunque no hay pruebas de que eso vaya a ocurrir. Tenemos una relación genial. Es una lucha interna mía. Ojalá yo fuera un mejor amante.

Batallo con la idea de que si fuera "el esposo perfecto," ella me amaría más. Aunque conozco la verdad, Satanás usa la duda para hacerme creer que la falta de relaciones íntimas en nuestro matrimonio se debe a que no soy atractivo, simpático y deseable.

Los hombres son parecidos a las mujeres en muchos sentidos. Cada género fue creado a la imagen espectacular y multifacética de Dios. Cada uno de nosotros posee un alma humana sedienta de amor, aceptación y aprobación, y teme el anonimato y el rechazo casi hasta el punto del pánico. Sin embargo, las inseguridades mencionadas hasta ahora en la encuesta no son las que realmente preocupan a los varones. Pregúntales a los hombres que tienes alrededor, y la mayoría de ellos dará la misma respuesta, aunque sea de diez maneras distintas. Lo hice anoche, cuando mi hija mayor, Amanda, y su familia estaban en casa. Mientras charlábamos en la sala después de cenar, le pregunté a mi yerno Curtis si había tenido oportunidad de mirar las respuestas de los hombres a las dos preguntas que yo había formulado sobre la inseguridad. Es un muchacho espectacular, con un notable poder de síntesis, y sus aportes son valiosos prácticamente en todos los temas. Él me contestó: "No, no me detuve lo suficiente como para leerlas todavía, pero seguramente sé cuál resultó ser la primera inseguridad masculina." Y dio en el clavo:

El miedo al fracaso.

¿Fracasar en qué?, te preguntarás. En base a las explicaciones, podría ser cualquier tipo de fracaso y en cualquier aspecto. Depende del punto de referencia de cada hombre, y de lo que perciba como valioso en su entorno. Uno de los encuestados representó el amplio potencial de fracasos con una propuesta de completar los espacios vacíos:

[Mi inseguridad más grande viene del miedo a] no ser capaz de _____. [En otras palabras:] fracasar en cumplir con lo que sea. Fracasar en . . . ser el proveedor de mi familia, proteger a mi familia, completar minuciosamente y con suficiente rapidez mis proyectos laborales, discipular a mis hijos, ser la cabeza espiritual de mi hogar, demostrar ser fuerte sin ser dominante, sin enojarme o frustrarme, amar a mi esposa de manera tal que ella lo sepa y que eso la fortalezca.

Muchos otros expresaron ese amplio espectro de miedos que alimenta una desalentadora sensación de inseguridad. Entre las respuestas más comunes se destacaron dos áreas de potencial fracaso. En un indiscutible primer lugar, fracasar como proveedor del hogar. El miedo era tan severo y real que me provocó una gran compasión, me sacudió algunos prejuicios y me dio una nueva perspectiva de lo que enfrentan los hombres. No me interpretes mal. Sigo pensando que, de muchas maneras, a las mujeres nos tocó la peor parte en el reparto de nuestra cultura, pero el género femenino está lejos de ser el único en enfrentar enormes áreas de falta de confianza en sí mismo. Escucha lo que dijo de corazón este muchacho:

Me preocupa no ser tan bueno como para llegar a lo más alto de mi especialidad, y que algún día me desechen. Y ¿qué pasará entonces? Me siento inseguro de no poder mantener económicamente a nuestra familia. Siento mucha presión en el tema económico en cuanto al futuro. A veces me veo insignificante, como si hubiera nacido para algo grande, pero que lo arruiné y ahora nunca voy a lograrlo. Me pregunto si Dios le habrá entregado mis recursos a otra persona, como en la parábola de los talentos.

Aun si quienes contestaron el cuestionario fueran una proporción muy pequeña de los hombres adultos, la tentación de confundir quiénes son con lo que hacen es muy grande. Agrégale las debacles económicas, las ejecuciones hipotecarias, los recortes salariales y los despidos del trabajo, y lograrás el caldo de cultivo para la inseguridad. Se me cruzó la idea de que la misma cultura que hace que tantas mujeres se sientan físicamente deficientes hace que una cantidad igual de hombres se sientan económicamente insuficientes. En nuestro hemisferio occidental, anualmente se gastan miles de millones en publicidad, con un objetivo específico: convencernos de que todavía no tenemos lo suficiente. Para tener más, necesitamos ganar más. Para ganar más, tenemos que ser más. Es una presión tremenda, hermana.

Consideremos también que muchas mujeres, además, cargan con tremendas obligaciones económicas y sienten las mismas presiones por ser las proveedoras. Esto es especialmente cierto en el caso de las madres solteras. Aunque la inseguridad económica aparecía con frecuencia en la encuesta femenina que les compartí, no recuerdo ni una sola diciendo que su mayor inseguridad fuera el fallar como proveedora. La diferencia de matices entre la inseguridad económica básica (que sienten muchas de las mujeres), y el fracaso como proveedor del hogar (que sienten muchos hombres) puede parecer imperceptible, pero las ramificaciones internas pueden ser graves. Una se siente amenazada, pero el otro se siente definido.

El miedo a fracasar como proveedor fue el primero entre los dos fracasos potenciales que salió a flote en la encuesta a los muchachos. El segundo fue fracasar en demostrarse a sí mismos que son hombres. A primera vista, los dos temores parecen redundantes, pero cuanto más pensé en el tema, más sentí que este miedo merece una categoría exclusiva. Sin minimizar el campo minado de las inseguridades femeninas, a nuestro género le asombraría descubrir el feroz campo de batalla que experimentan los hombres en la lucha por sus propias almas. En todos estos años, no recuerdo haber escuchado a una mujer decir que necesita demostrar que es mujer. Solemos considerarlo un hecho establecido en el momento de la concepción. Es posible querer demostrar que somos mujeres *atractivas*, *capaces*, *inteligentes* o, incluso, *reales*, pero aún existe una diferencia sutil. Los hombres no etiquetan su género con un adjetivo. Ellos quieren demostrar que son *hombres*.

Y entonces fue cuando realmente lo vi. Ellos sienten la presión como la carga de un camión de ser lo que nosotras ya consideramos que son. Las chicas se convierten en mujeres cuando llegan a cierta edad. Los muchachos se convierten en hombres cuando tienen éxito y conquistan. El varón no se convierte en hombre solamente por el hecho de crecer. Aparentemente, la mayoría de los muchachos siente que tiene que demostrar algo para ser hombres. Si no lo hacen, sólo son unos muchachotes mayores y torpes, con acné en la cara y sin pelo en el pecho. Y no tiene que ver sólo con ser varoniles. Tratan de ser lo que ellos consideran que es un *hombre*. Quizás no te parezca gran cosa, pero yo creo que es enorme. Las mujeres tendemos a ser más seguras (¿me atreveré a decirlo?) de nuestra femineidad básica. No dije que estemos más seguras *en* nuestra femineidad, sino *de* nuestra femineidad. Hay una diferencia entre una cosa y la otra. Aun con los estragos del cáncer, como perder un pecho o el cabello y sufrir un completo trastorno emocional, la mayoría de las mujeres sigue funcionando como tal hasta que finalmente le llega la hora. Es posible que no se sientan mujeres *completas*, *sensuales* o *felices*; pero debajo de esa piel frágil, siguen siendo mujeres hasta la médula.

Por otro lado, los hombres en nuestra sociedad sienten que tienen que ganarse su hombría. Para complicar más las cosas, la sentencia final suele estar en manos del escrutinio de un solo individuo: su propio padre. Y que Dios los ayude a ambos si el padre no demostró su propia hombría al hijo. Su palabra puede convertirse en una atadura de por vida entre ellos, haya sido afirmadora o dolorosa. Si todo el mundo reconoce que un hombre es hombre, excepto su propio padre, la lucha por obtener sus insignias será doblemente sangrienta. Es obvio que tú y yo tenemos muchas otras cuestiones con nuestras madres, pero, curiosamente, solemos saber que somos mujeres, ya sea que ellas lo confirmen y nos den su bendición o no. Realmente no puedo decir que mi madre se deleitara en ser mujer, pero a mí, no obstante, me encantaba serlo. No estoy segura de que muchos varones puedan decir lo mismo en lo que respecta a sus padres. Parece que la vida es tan complicada para ellos como para nosotras.

Mientras lees los comentarios de estos cinco hombres adultos, no te limites a leer por encima de sus concisas palabras. Observa, más allá de las expresiones, lo extenso de la lucha humana:

> [Me siento] inseguro sobre la aceptación de otros hombres (no he contado precisamente con la aprobación de mi padre); lucho por saber si estoy a la altura de . . . lo que sea (ingresos monetarios, capacidad atlética, prestigio profesional, títulos académicos, etc.). Eso me molesta cuando quiero construir relaciones normales con otros hombres cristianos.

> Tengo veintiocho años. En general, las cosas por las que estoy más inseguro son aquellas en las que no soy naturalmente bueno. Como soy callado e introvertido por naturaleza, las personas tienden a poner en duda que sea un hombre "fuerte" y, como eso me molesta mucho, acostumbro a ponerme a la defensiva y a explicar por qué actué de tal manera, tratando de explicar mis acciones ante la otra persona.

> Tengo treinta y tres años, y mis principales áreas de inseguridad son el miedo al fracaso (o a que me vean de esa forma), a no ser visto como un hombre honorable debido a mis actos y a que no se me considere varonil. No me gusta hablar ni hacer énfasis en mis inseguridades. La forma en la que generalmente manejo mis inseguridades es actuando con soberbia y mostrando agresividad.

> Me siento más inseguro cuando estoy rodeado de hombres que siento son más "capaces" que yo, ya sea profesionalmente, en sus ingresos, en su nivel social o en su formación académica.

Me puedo sentir inseguro cuando hablo con mi papá. Siento
que tengo que justificar mis decisiones y, a menudo, busco
su aprobación.

Entonces, ¿por qué necesitamos saber todo esto acerca de los
hombres? ¿Se supone que tenemos que compadecernos de ellos o
algo por el estilo? Después de todo lo que nuestra cultura le ha hecho
pasar a nuestro género, ¿esperan que nosotras saquemos nuestros
violines e interpretemos una oda trágica por el género masculino?
No, lo más probable es que ellos nos digan que podemos guardarnos
nuestra lástima, pero no creo que nos perjudique ejercitar un poco
de compasión. Un toque de comprensión. Una ojeada de reconocimiento, ya que a ellos tampoco les es fácil en esta cultura.

Si tú y yo vamos a convertirnos en mujeres realmente seguras, es
absolutamente imperativo que reordenemos nuestros conceptos con
respecto a los hombres. Debemos tener bien claro que los hombres
no son dioses ni demonios. No tenemos que adorarlos ni detestar-
los. Mientras analizas estos términos opuestos, te pido que pienses en tu propia tendencia, así como yo considero la mía. Quizás,
como yo, oscilas entre ambos extremos, pero la noticia de último
momento es que cualquiera de ellos —la adoración o el rechazo—
revela siempre la magnitud de nuestra propia inseguridad.

Los hombres son personas de carne y hueso atrapados en el
conflicto entre lo sagrado y lo común, al igual que nosotras. Ellos
también vacilan miserablemente entre lo que realmente necesitan
y lo que creen que quieren. Han sido heridos por las mujeres,
de la misma manera que nosotras hemos sido lastimadas por los
hombres. Se han sentido dominados y subestimados por nosotras,
al igual que nosotras por ellos. Cayeron ante nuestro hechizo, al

igual que nosotras ante el de ellos. Todos tenemos una naturaleza humana que es egoísta y depravada; sin embargo, por la gracia de Cristo, también está adornada de maravilla y generosidad. Aquí, somos residentes temporales con pies de barro, y ni el hombre ni la mujer se libran de que les rompan el corazón, de ser dañados psicológicamente o de que el mundo se les desmorone encima.

Y todos, cualquiera sea nuestro nivel y sin importar las razones, luchamos contra las inseguridades. Parte de nuestra percepción de que las mujeres son las únicas que están llenas de inseguridades podría atribuirse a la diferencia en cómo se manifiesta la inseguridad en cada género. Gracias a los hombres humildes que respondieron a la encuesta, estamos a punto de entrever las formas en las que tienden a actuar cuando se sienten inseguros. Según sus propias palabras:

Cuando me siento inseguro, me quedo completamente callado, me encierro en mí mismo y, según la situación, puedo ser cortante o deprimirme. En ocasiones, hago como que no hay ningún problema, para que ella no vea lo que estoy sintiendo y pensando.

Me doy cuenta de que me encierro en mí mismo y/o me pongo a la defensiva cuando mis inseguridades afloran. Al final del día, una vez que me hice cargo de los aspectos afectivos, trabajo más duro para mejorar la situación, y trato de recordarme que esas cosas realmente tienen muy poca relevancia en mi autoestima.

Me pongo muy tenso, y a veces respondo ante mi familia con más furia de la debida.

Busco cosas y personas que me hagan sentir seguro.

Mis inseguridades se manifiestan en la relación con mi esposa. A medida que me desequilibro y pongo mis expectativas en ella, en lugar de ponerlas en Dios, mi seguridad sobre quién soy es más frágil cuando ella no reacciona como yo espero. Mi reacción más común es tenerme lástima.

Enojo, frustración, tristeza, fatiga/agotamiento . . . necesidad de aislarme (oración, reflexión, distensión). A veces, el simple deseo de irme, de correr, desaparecer, escapar.

Tengo la costumbre de alardear de mí mismo, o de intentar mostrarme mejor que los demás.

Me doy cuenta de que evito hacer contacto visual o que cuento mejores anécdotas, que no siempre son ciertas, para que me respeten más.

Mi reacción es recluirme y esperar que alguna persona me incluya en la conversación, y muchas veces me pregunto qué están pensando de mí.

Como hombre, siento que yo debería saber cómo hacer las cosas que se me presentan. Por lo general, mi reacción ante esos sentimientos es ignorar totalmente el asunto o actuar como si supiera lo que estoy haciendo.

Suelo ponerme más ansioso, más nervioso.

Divido los acontecimientos del día en "ganancias" y "pérdidas," y una serie de pérdidas puede ponerme de malhumor, o hacerme rezongar, y deseo correr a encerrarme en una cueva con mi malhumor.

Por último, el comentario de un soltero de veinticinco años:

Puedo portarme mal, rebelarme y hacer todo lo posible por oponerme a lo que la sociedad espera que haga, o puedo aislarme de . . . la familia y los amigos. Me pone terriblemente incómodo que mi entorno cambie; y pongo onda de que no me hablen y que no se metan conmigo. Busco la soledad.

Abrumadoramente, los hombres utilizaron una palabra para describir lo que hacen cuando se sienten inseguros: *retraerse*. Si no lo hacen abiertamente, probablemente reaccionarán, consciente o inconscientemente, de un modo que hará que sus seres queridos se alejen. De una forma u otra, cuando el hombre se siente inseguro, se distancia. (Y, como aportó mi yerno, niega estar haciéndolo.) Cuando el silencio no funciona, es muy común que la irritación excesiva, la agitación o la ira sí lo hagan. Aquí no estamos hablando de maldad. Hablamos de la naturaleza humana. Si lo permitiéramos, el concepto del retraimiento podría explicarnos muchas cosas. Creemos que somos el único género que se carcome de inseguridad, pero es porque no reconocemos las señales del género opuesto. Dejemos espacio para las excepciones obvias, pero pongamos sobre la mesa un par de tendencias. En términos generales, los hombres se retraen cuando se sienten inseguros, mientras que las mujeres tienden a aferrarse a alguien. Los hombres generan una onda de "no se metan conmigo," y las mujeres, "por favor, métanse conmigo." Por consiguiente, debido a los síntomas conocidos, las mujeres suponemos que somos las únicas que afrontamos inseguridades; pero nos equivocamos.

Ubicado modestamente en el Evangelio de Marcos, puedes descubrir un breve y muchas veces desapercibido encuentro, maravillosamente desconcertante. No hallarás nada similar en toda la Biblia, del Génesis al Apocalipsis. Léelo atentamente:

> *Cuando [llegó] a Betsaida, algunas personas le llevaron a un hombre ciego ante Jesús y le suplicaron que lo tocara y lo sanara. Jesús tomó al ciego de la mano y lo llevó fuera de la aldea. Luego escupió en los ojos del hombre, puso sus manos sobre él y le preguntó:*
> *—¿Puedes ver algo ahora?*
> *El hombre miró a su alrededor y dijo:*
> *—Sí, veo a algunas personas, pero no puedo verlas con claridad; parecen árboles que caminan.*
> *Entonces Jesús puso nuevamente sus manos sobre los ojos del hombre y fueron abiertos. Su vista fue totalmente restaurada y podía ver todo con claridad.*
> MARCOS 8:22-25

No, no fue la saliva lo raro de este encuentro, aunque, si no conoces suficiente a Jesús, la verdad es que su método podría parecerte estrafalario. Lo singular de la interacción es que insinúa una sanidad parcial. En todos los demás relatos de los Evangelios, y si vamos al caso, en casi todos los demás relatos en las Escrituras, cuando se realizaba una sanidad física, era completa. A la larga, la persona moriría, como el resto de los seres humanos; pero, mientras tanto, el hombre o la mujer eran completamente restaurados y sanados.

No fue así esta vez. El hombre que le llevaron a Jesús en Marcos 8 era tan ciego como un murciélago. Cristo usó la saliva de su propia boca como bálsamo sanador. (En términos actuales, puedes compararlo a que Cristo lo embadurnó con su propio ADN.) Después de untar los ojos del ciego, Cristo puso sus manos sobre el hombre. Los cuatro Evangelios parecen rebosar alegremente de historias de sanidades, así que hasta ese momento no había sucedido nada fuera de lo extraordinario y común de lo que hacía Jesucristo. Entonces, llega la parte difícil. Cristo le preguntó al hombre si veía algo.

Veo a algunas personas, pero no puedo verlas con claridad; parecen árboles que caminan.

Hmmmm. Eso no es suficiente. Cristo no quería mejorar la visión del hombre. Él quería restaurarla.

Entonces Jesús puso nuevamente sus manos sobre los ojos del hombre y fueron abiertos. Su vista fue totalmente restaurada y podía ver todo con claridad.

Dudo que los eruditos más brillantes pudieran decirte con seguridad qué quiso demostrar Dios en este encuentro, o por qué lo guardó tan celosamente en el manuscrito sagrado. Una de las cosas más fascinantes que tiene Dios es que se reserva el derecho de mantener su misterio. Hay varios elementos en esta escena de Marcos 8 que, teológicamente, me dan vueltas en la cabeza, pero te diré una cosa que, en términos de nuestro viaje, sobresale. El primer resultado del encuentro entre Jesús y el ciego representa exactamente lo que puede pasarnos a ti y a mí en un nivel emocional. Podemos ver a los hombres, "pero no . . . con claridad; parecen árboles que caminan." No parecen compañeros en nuestra misma condición. No parecen seres humanos del planeta Tierra. Nuestros ojos femeninos tienen una extraña manera de ver al sexo opuesto como algo infinitamente superior o inferior de lo que realmente es. Nada podría ayudarnos más en este momento que el darnos cuenta de que nuestra visión está dañada, y no tiene por qué seguir así.

La visión borrosa hacia los hombres se puede desarrollar de un par de maneras diferentes. Por un lado, tal vez los hemos puesto tan alto en nuestros pensamientos y les hemos dado tanto crédito por ser la alegría de nuestro corazón que no podemos ver sus debilidades humanas. No es un concepto inverosímil, y tampoco es necesariamente consciente. La única forma de comprobarlo es haciendo una evaluación sincera de tu obsesión por los hombres. ¿Eres incapaz de imaginar que puedes sentirte completa sin estar en busca de un hombre, o con uno entre tus garras? Seremos particularmente vulnerables a este tipo de visión dañada si la mayor parte de la aprobación que recibimos proviene de los hombres. Quizás tus mejores amigos sean varones y, a decir verdad, no confías en las chicas. Si todas tus esperanzas están puestas en los hombres y todos tus sueños giran en torno a ellos, como coronas de plata sobre la cabeza de reyes, no estás viendo con claridad. Y si lo contrario fuera cierto, y son los hombres los que aferran sus esperanzas en las mujeres, tampoco ellos están viendo claramente. Al final de un día frustrante, no les hacemos justicia a los hombres cuando rehusamos verlos como personas comunes que, al igual que nosotras, lidian con debilidades y fortalezas, con titubeos y falta de confianza en sí mismos. Cuando nuestra visión está nublada con imágenes distorsionadas, podemos dejar que todo el género crezca desproporcionadamente en nuestra perspectiva romántica, hasta que comenzamos a verlos, se podría decir, como árboles: altos, poderosos y musculosos.

Hace unos días, Amanda y yo tuvimos una conversación sobre su esposo, Curtis, que sigue dándome vueltas en la cabeza. La charla fue perfectamente oportuna para este capítulo. Yo le había dicho qué tipo tan genial es él y cuánto lo respeto: "Querida, debe ser fantástico tener un hombre que le da semejante prioridad a la relación con Dios, y que siente tanta devoción por él, y por su esposa e hijos." Para que lo entiendas, él es la clase de marido que se levanta todas las mañanas para orar y hacer su estudio bíblico. Me parece que una mujer podría sentirse bastante segura con un hombre así. Mi sabia hija me respondió con estas palabras: "Es una gran bendición, mamá. Cada día lo respeto más. Lo he visto madurar muchísimo, pero también pienso que el diablo debe querer hacer tropezar más a un hombre como Curtis que a cualquier otro hombre sobre la tierra. Es un tipo maravilloso, pero es de carne y hueso, como el resto de nosotros. Dios me ha enseñado a no depositar mi confianza en la carne." Dijo algo muy profundo. Ella elige verlo como el hombre maravilloso que es, sumamente digno de respeto, pero se niega a verlo como un poderoso e invencible árbol que camina.

Por otra parte, nuestra visión de los hombres podría estar todavía más arruinada por el desprecio. Quizás hayas sido herida considerablemente por los hombres a lo largo de los años. La vida puede proporcionarnos desilusiones bastante devastadoras, especialmente para las niñitas a las que les contaron, en un sinfín de cuentos para dormir, en libros y en películas, que el príncipe azul llegaría algún día. Para algunas de nosotras, los hombres tuvieron que ver con los golpes más duros y los desengaños más grandes que hemos recibido. O quizás haya sido un solo hombre. Tal vez, desde entonces, lo confinamos en lo alto de una montaña, como ícono de todo su género, y sistemáticamente buscamos confirmar nuestras sospechas en los demás individuos. Una vez que reunimos suficiente evidencia para condenarlos, quizás los apiñamos a todos juntos en un gran paquete, hasta que ya no podemos distinguir el bosque de los árboles.

Veo a algunas personas, pero no puedo verlas con claridad; parecen árboles que caminan.

Árboles grandes, monstruosos, feos y retorcidos. Aunque parezca mentira, algunas mujeres que han sido gravemente lastimadas por los hombres no siempre responden odiándolos o evitándolos. Con más frecuencia, quizás, quedan emocionalmente esclavizadas por ellos. Recuerda que no hace falta amar algo para que se convierta en nuestro dios. Con que le dediquemos nuestra más valiosa atención mental es suficiente. En su esencia más básica, la adoración es simple concentración. Una obsesión voluntaria. Las personas se rinden ante el peso de la ira y de la falta de perdón, al igual que cuando se postran para adorar. Las mismas heridas que hacen que algunas mujeres desprecien o no respeten a los hombres hacen que otras mujeres los idolatren, anhelen y se obsesionen por ellos. Hay infinidad de mujeres que siguen buscando una nueva oportunidad, con la esperanza de que esta vez las cosas resulten diferentes. Y, a veces, eso ocurre.

A mí me pasó con Jesús. Luego, por el poder y el plan de Jesús, con un hombre tras otro que no demostraron ser más perfectos que yo, pero sí honorables. Auténticos. Dignos de respeto. Y, con el tiempo, mi corazón fue tocado por la sanidad. Fue real, pero sólo fue parcial. Todavía dejaba algo de mi valor como persona y de mi integridad en manos de algunos varones: mi papá, mi esposo y probablemente hasta mis dos hermanos. Muy dentro de mí, todavía creía que estaba a la merced de ellos, aunque ninguno podía hacerse cargo de esa clase de presión. Mientras viera a los hombres por encima o por debajo de cómo Dios los había creado, mi visión podía mejorar, pero yo no estaba restaurada todavía.

Le preguntó:
—¿Puedes ver algo ahora?
[La mujer] miró a su alrededor y dijo:
—Sí, veo a algunas personas, pero no puedo verlas con claridad; parecen árboles que caminan.
Entonces Jesús puso nuevamente sus manos sobre los ojos [de la mujer] y fueron abiertos.

No tengas dudas: Cristo puede usar todo tipo de circunstancias, expectativas no cumplidas e inclusive desilusiones para abrir nuestros ojos. Ojalá no luchemos contra esa mano de sanidad que toca nuestro mentón y nos insta a girar nuestro rostro al cielo. Hasta que miremos firmemente a nuestro sabio y único Salvador, estaremos privadas de ver claramente a los hombres o a las mujeres.

Su vista fue totalmente restaurada y podía ver todo con claridad.

Bueno, quizás mi vista no esté totalmente restaurada, pero el Señor y yo hemos recorrido un largo y poderoso camino en este proceso. Y quizás no vea todo con claridad, pero te aseguro que mi visión está mucho más clara que antes. Hoy, los hombres me parecen hombres y no árboles que caminan. Ya no necesito minimizarlos, hacerlos más femeninos, ni idolatrarlos. En un día bueno, cuando logro mantener la cabeza en alto, puedo simplemente caminar junto a ellos, respetarlos e interceder por ellos como que necesitan a Dios con la misma desesperación que yo.

Cuando hayas mirado el rostro de Cristo a través de los cristales de las Escrituras durante suficiente tiempo, empezarás a mirar a tu alrededor y verás a los hombres con claridad. No como árboles que caminan. No como dioses ni demonios. Simplemente, como tus compañeros de camino, con la dignidad dada por Dios . . . y con pies de barro.

CAPÍTULO 11

Comer del árbol equivocado

Nunca dejes que te digan que no se puede conseguir una victoria duradera mientras vivamos en este cuerpo. Dentro de cada una de nosotras existe una mujer segura, suplicando salir. En esta próxima sección vamos a aprender maneras prácticas de traerla a la superficie. Queremos que adhiera la planta de sus pies en nuestros hermosos zapatos y que se sienta cómoda en nuestra piel.

Dependiendo de cuán ligadas a los hombres estén tus inseguridades, es posible que seas una de las que ha dado un decisivo paso al frente en el último capítulo, al reconocer que tu visión está gravemente distorsionada. Te habrás dado cuenta de que si levantas la mirada hacia Jesús antes de mirar a los hombres, él se alegrará de restaurar tu visión. Los ojos del alma sana de una mujer ven a los hombres como hombres: incalculablemente valiosos, pero altamente falibles, tal como sus homólogas. No los consideramos demonios; tampoco, dioses.

En este capítulo, vamos a dar vuelta a estas declaraciones, para adquirir una nueva perspectiva que tiene el mismo potencial de reducir nuestra inseguridad:

No los consideramos demonios, y debemos dejar de jugar al diablo con ellos. No los consideramos dioses, y debemos dejar de jugar a ser Dios con ellos.

Al principio, me sentí muy tentada de omitir la parte de jugar al diablo, para ir directamente a nuestra propensión a jugar el papel de Dios, pero ni mi conciencia ni mi memoria me permitieron hacerlo. Ya desde la adolescencia tengo recuerdos de haberme sentido más poderosa cuando le tomaba el pelo a algún chico. Sólo para que te des una idea de mi egoísmo, me lanzaré a hacer una confesión que no puedo expresar sin sentir vergüenza: la mayoría de las veces ni siquiera me interesaba el muchacho. Lo único que deseaba era ver si el muchacho estaba interesado en mí. Una vez que lograba mi objetivo, el juego se terminaba. Me bastaba con saber que, si quería, podía tenerlo. Si, por el contrario, me daba cuenta de que *no* podía tenerlo, subía la apuesta y mi autoestima caía en picada.

Esa no es sólo la señal de una mujer confundida, es también la señal de una mujer insegura. Y si ella no se preocupa por cambiar, se transforma en un demonio vestido de mujer. Antes de que alguien tropiece y caiga por culpa de su falda doctrinal, aclaremos que estoy hablando de manera metafórica. Las mujeres que han aceptado a Cristo tienen el sello de Dios, el Espíritu Santo que mora en ellas, y no pueden ser poseídas por demonios. No obstante, créeme: todavía pueden hacerle los mandados al diablo.

Entonces, ¿cómo hace una mujer el papel de diablo con un hombre? Trata de debilitar sus convicciones. Quizás los hombres te han defraudado tanto que te volviste cínica. Si es así, te vendría bien un recordatorio de que hay muchos hombres de fuertes convicciones y que los compromisos profundos existen. Lamentablemente, también puedes encontrar muchísimas mujeres a las que les gusta poner a prueba a esos hombres. Odio tener que hablar mal de mi propio género, pero la verdad es que a algunas mujeres les encanta hacer tambalear a un hombre firme. Es el síndrome de Sansón y Dalila. Si las dejas a merced de lo más bajo de su naturaleza, a las mujeres les encanta el poder de debilitar a un hombre fuerte. Si parece felizmente casado, algunas quieren comprobar si pueden seducirlo para que engañe a su esposa. Si parece distante, otras querrán ver si pueden hacerlo perseguir la proverbial zanahoria. Y si es un pastor, algunas intentarán darle un ejemplo de sermón que nunca pueda olvidar.

La convicción de un hombre —que nos pertenece o no— tiene algo que hace que las mujeres más peligrosas y enfermizas quieran arruinarla. Es triste reconocer que, a veces, las mujeres sencillamente no se dan por satisfechas hasta que piensan que el hombre las podría preferir a ellas antes que a Dios.

Desde luego, en última instancia es el diablo quien conspira para destruir a los hombres piadosos, pero él es particularmente experto en reclutar marionetas femeninas para representar su papel. No es necesario que la mujer esté buscando tener una aventura; pero, sea que se dé cuenta o no, indudablemente busca un poco de alivio para su terrible inseguridad. Ella sólo quiere un poco de compañía y está tratando de pasarla bien un rato, coqueteando inofensivamente. Sin embargo, es ahí cuando empiezan a vibrar las puertas del infierno. No te engañes a ti misma creyendo que cualquier mujer es tan segura de sí como para no intentar seducir al hombre de otra para así confortar su ego debilitado.

Después de todo, ¿cómo sabría ella que aún lo tiene, si no lo consigue? Irónicamente, la búsqueda a menudo tiene que ver con la mujer cuyo hombre está tratando de robar tanto como con el hombre en sí. Es una manera insensata de demostrar que ella está a la altura de la mujer que tiene al hombre actualmente. Tal vez, su peor temor sea que no lo está, y procura demostrarse a sí misma lo contrario, a costa de los demás.

A veces el tipo se mantiene firme. Otras, se da cuenta del juego de la mujer y pierde el interés. En otras ocasiones, sucumbe ante un engaño hecho y derecho o, lo que es peor, ante un único encuentro que termina convirtiéndose en una "atracción fatal." En el momento que la cosa se enfría, el hombre se da cuenta de que ha cometido el peor error de su vida y que ahora está enredado con alguien que no se alejará silenciosamente. Él quería un momento. Ella quería un hombre, y no se dará por vencida. Sea que haya caído o se haya tirado de cabeza en la aventura extramatrimonial, el hombre puede terminar perdiendo una esposa y una familia que realmente adoraba. No malinterpretes mi compasión. Por supuesto que él también es culpable, pero si desmerecemos el insidioso poder de la seducción, no comprenderemos la magnitud de lo que ha sucedido.

Este escenario puede darse fácilmente al revés. Ninguno de los géneros tiene los derechos de patente. Los seductores y las seductoras operan desde almas retorcidas, egoísmos insaciables y decadencia espiritual, y pueden estar presentes en cualquier lugar de la vida corriente. Aun en la iglesia. Algunas personas no pueden guardarse la destrucción para sí mismas. La desparraman dondequiera que van.

Lo último que queremos es volvernos paranoicas y suspicaces, pero convendría que nos despabiláramos y desarrolláramos un poco de discernimiento. Sin embargo, es mucho más importante estar completamente seguras de que no le estamos haciendo el favor al diablo. Las personas inseguras tienen la facilidad de hacer cosas tontas para sentirse mejor consigo mismas. Debido a que yo tenía la madera de la mujer que podía causar estragos, quizás la reconozco más fácilmente que quien se da el lujo de ser ingenua. A veces, cuando Keith me acompaña a un evento de mujeres, a muchas de las asistentes les llama tanto la atención el apuesto marido de su maestra que acuden a él como colibríes a un comedero de color rojo. Me divierte y me bendice que él reciba atención, porque estoy orgullosa de él y sé que lo hacen de manera inocente. Además, él está allí, a la vista de todos, donde las cosas no se descontrolan. Sin embargo, y conociendo la parte más oscura de mi género, también he tenido que advertirle que no permita que alguna lo arrincone a solas o le pida consejos en privado. (Es probable que, en lugar de eso, yo las aconseje a solas, y que no les guste.) Amo a las mujeres y he consagrado mi vida al servicio de Dios ocupándome de ellas, pero no estoy tan loca como para confiar en una mujer que no confía en sí misma. Mi esposo no será su trofeo, si yo puedo evitarlo.

Sacarle provecho a su sensualidad no es la única manera en que una mujer puede jugar el rol de diablo con un hombre, e intentar hacerlo flaquear en sus convicciones. Simplemente es la manera más conocida. El diablo quiere desafiar las convicciones de los hombres en todas las áreas, desde la ética laboral hasta la crianza de los hijos, incluyendo las cosas que hacen para entretenimiento. No estoy sugiriendo que si esas convicciones parecen extrañas, chocantes, o sencillamente antibíblicas, una esposa o una novia no deban cuestionarlas. Deben hacerlo. Sin embargo, cuando una mujer engatusa o acosa a un hombre por lo que para él es una convicción otorgada por Dios, simplemente porque a ella le parece inconveniente, está haciendo el papel del diablo.

Para cuando una mujer consigue a un hombre y menoscaba los principios que él tenía cuando lo conoció, más le convendría a ella tener una buena dosis de convicción. Lo he visto con mis propios ojos cantidad de veces. Se me ocurre pensar: *Amiga, conozco cientos de mujeres que harían cualquier cosa por un hombre como el tuyo. ¿Por qué lo maltratas o te burlas de él constantemente? Y cuando hayas logrado lo que buscabas, ¿estarás feliz con lo que te ha quedado?* Nada provoca más la rebelión de una mujer que un hombre que intenta ser recto. Y viceversa.

Bueno, suficiente de este tema. Ahora ya sabes por qué estaba tentada a omitir esta parte. Tal vez nunca se te haya ocurrido jugar el papel de diablo con un hombre, y no compartes tu tiempo con las que sí lo hacen. Por otra parte, quizás la idea de jugar a ser Dios para un hombre te parezca muchísimo más atractiva, al igual que a mí. Ahora nos entendemos. Las mujeres que luchan con la inseguridad están particularmente fascinadas por dos atributos divinos: la omnipotencia y la omnisciencia.

Probemos primero con la omnipotencia. La palabra significa todo (*omni*) poderoso (*potencia*). Está de más decir que, aunque los seres humanos no podemos acceder a todo el poder, el hecho de saberlo no nos ha impedido tratar de intentarlo. Lo máximo que podemos lograr con éxito es un control excesivo. Ahora mismo puedes pensar en alguna persona que conozcas, alguien insoportablemente controladora y que lucha contra su inseguridad. Las personas crónicamente inseguras tienen una tendencia irresistible a convertirse en controladoras obsesivas. Pensándolo seriamente, esa propensión suena perfectamente lógica. Nos sentimos más seguras cuando nuestro entorno está bajo control y, como nadie tiene la capacidad de controlarlo como nos gustaría, tomamos la decisión de hacerlo por nuestra cuenta. Si alguien pudiera hacerlo y lo hiciera bien, no tendríamos que hacernos cargo; así que, razonamos, en realidad no es culpa nuestra. Es nuestra responsabilidad.

A primera vista, podrías pensar que este zapato no te calza porque no deseas controlar a *todos* los que están a tu alrededor. Yo soy igual. Hay sólo unos pocos individuos que me provocan eso. ¿Te has preguntado alguna vez por qué son ellos? Yo nunca había relacionado los puntos hasta que tuve que preparar este libro, pero esto es lo que descubrí: la mayor necesidad de controlar en la persona insegura está dirigida hacia aquellos que tienen mayores posibilidades de amenazar su seguridad *o* de reforzarla. Es por eso que las mujeres eligen a sus novios o a sus esposos como los principales candidatos para controlar. Ellos tienen la máxima capacidad de afectar nuestro sentido personal de bienestar y de seguridad, y representan la amenaza más grande. Los hijos también tienen el poder de sacudir el mundo de una mujer, de manera que, cuanto más insegura sea la madre, más luchará por controlar a sus hijos. Cuando el hijo testarudo de una madre controladora llega a la adolescencia, habrá una batalla campal. Tengamos cuidado de no confundir la verdadera autoridad y la disciplina indispensable con el exceso de control. La primera le enseña al niño a elegir ciertos caminos y a portarse de determinada manera. La última trata de *hacer* al niño.

Las relaciones controladoras van mucho más allá de la puerta de calle de nuestro hogar, y desembocan en las amistades y en los centros de trabajo. Puedes localizar tus propios objetivos naturales siguiendo el vínculo de inseguridad. Comienza buscando los lugares de donde proviene tu mayor seguridad, o donde percibes que estás más amenazada. Allí es donde estarás más propensa a ejercer un control excesivo. Si eres como yo, es también allí donde con más frecuencia me ofrecería voluntariamente para jugar el papel de Dios.

A veces nuestra respuesta puede estar equivocada, pero nuestro corazón puede tener razón. Creo que nuestro mayor desafío como mujeres es evitar el intento de controlar a alguien para que haga lo que estamos sinceramente convencidas que es una vida mejor. Cuanto más inseguras seamos, más tentador será, porque ahí también hay algo para nosotras. En otras palabras, si la persona que quiero hiciera _____, yo sería _____. Cuantos más espacios en blanco completes, más condicionada está tu seguridad y más se relaciona con la carne y la sangre. No es difícil comprender el proceso mental de *Si él . . . yo sería . . . (Si ella . . . yo sería . . .)* porque los seres humanos somos egocéntricos por naturaleza. Es normal tener pensamientos similares a veces, pero si dejamos que nos convenzan, es probable que desarrollemos el complejo de creernos Dios. Puede empezar por algo tan sano como la responsabilidad; pero, antes de darnos cuenta, podríamos convertirnos en vigilantes que reprimen en lugar de invertir en nuestros seres queridos. Los detenemos y los encerramos en una cárcel emocional, donde todos reciben su castigo.

No existe persona en el mundo a la que yo haya querido controlar más que a Keith Moore. Él es mi hermoso e impredecible tiro al aire. Dios lo ha usado más poderosamente en mi vida que a cualquier otra persona, precisamente porque se resiste a ser manipulado. Si se siente presionado a hacer algo, de pronto aumenta su deseo voraz de hacer exactamente lo contrario. Lo bueno de eso es que puedo estar tranquila de que Keith me ha amado y ha pasado toda su vida adulta conmigo porque quería, y no porque alguien se lo dijera. A él no le molestaría que te cuente que tiene una raíz de rebeldía tan profunda que, si la arrancáramos, temblaría todo el estado de Texas. Casi me he roto la espalda tratando de hacerlo.

Lo único que yo quería, sinceramente, es que él fuera feliz, y él parecía tener muchos altibajos innecesarios. (¿Te resulta familiar?) Yo sabía lo que me había hecho bien, y quería que también le hiciera bien a él. (¿Te suena conocido también?) A mi modo de ver, el hombre tenía mucho potencial, si tan sólo hiciera las cosas a la manera de Dios, pero, como él no estaba escuchando a Dios, tal vez mi manera de entender las cosas le llegaría mejor. (¿Está poniéndote los pelos de punta tanto como a mí?) Si él tuviera un tiempo habitual de oración, o memorizara partes de la Biblia, o escuchara música cristiana, o fuera más jovial, o más conformista, o menos dispuesto a dar sus opiniones, o expresara más sus sentimientos, o fuera más selectivo con lo que mira y más cuidadoso con lo que come . . . él sería mucho más feliz. Estaba claro que yo tenía que tomar el control de la situación y empujar a Keith a su lugar feliz.

Le compré devocionales para hombres y libros edificantes, pero él los usó de posavasos para los refrescos. Le regalé tantos CDs sensacionales que apenas si se podía abrir la guantera de su auto para poner uno en el reproductor. Le conseguí audiolibros grabados por los propios autores, y él los ha cuidado tanto que todavía están envueltos en el celofán. Le compré vitaminas y suplementos como para mantener sano a todo un equipo de fútbol, pero los frascos todavía tienen intactos los precintos. Cuando se quejó de que se veía más viejo, le compré un régimen completo para el cuidado de la piel, con tonificante y un bálsamo para los labios. Por lo menos sé que están ahí, en la gaveta del baño, para cuando se me terminen los míos.

Por supuesto que no quería fastidiarlo. Odio a la gente que molesta. Lo alenté tanto que mis exhortaciones le habrían hecho ganar el campeonato nacional a un equipo profesional. Nada. Probé con un argumento tras otro, pero todo fue en vano. Recién cuando todo lo demás fracasó, me puse desagradable. ¿Es mi culpa que todo hubiera fallado? A veces, recurría a los archivos. Trataba de llevar la cuenta de cuánto tiempo había transcurrido desde la última vez que él había ido a la iglesia, de cuántas veces en el mismo día había dicho tal palabra o de cuánto tiempo había transcurrido desde que había abierto una factura. Ningún resultado, en absoluto. De hecho, a veces lo único que hacía era reírse y preguntarme si yo tenía idea de lo linda que era. ¿Linda? ¿Estás bromeando? ¿Te parece que estoy tratando de ser *linda*?

Ahora soy mucho mejor de lo que solía ser. En la actualidad, dudo entre abandonar todo o hacer un pequeño intento más. No vivo en ninguno de los dos lugares, pero esto se me ha vuelto notablemente claro: no podemos controlar a las personas. A mí me gustaría que sí, pero no puedo. No sirve. Nunca funcionará. Y lo peor es que la inseguridad que impulsó el deseo al principio se profundiza con cada fracaso.

Actualmente, mucho de mi esfuerzo por controlar a Keith es bastante benigno, pero no siempre es así. Nuestros intentos de controlar pueden llevarnos a lugares a los que nunca intentamos viajar. A veces, nos imponemos sobre la persona que controlamos, pero otras veces nos invitan al lugar de los hechos. Incluso nos arrastran allí. ¿Cuándo fue la última vez que alguien te puso a cargo de su problema? ¿Alguna entre ustedes, además de mí, ha tenido que mantener a un adicto o adicta alejado de la sustancia en cuestión? ¿Has estado a cargo del bar de bebidas de un alcohólico? ¿Has escuchado alguna vez las palabras: "Si pudiera vivir contigo, estaría mucho mejor"?, o ¿has tenido la sensación de que el otro está pensando: *Si vas a decirme qué hacer, por qué no lo haces por mí*? Lo engañoso de nuestra búsqueda de omnipotencia es que el sistema en realidad parece funcionar, por un tiempo. En particular, si estás tratando con alguien pasivo-agresivo. Sin embargo, esa persona finalmente comenzará a infringir los límites. Tarde o temprano, todos los dioses falsos quedan despedidos. O se cansan.

Lo difícil es que Dios nos dice en las Escrituras que nos ayudemos entre nosotros; entonces, ¿cómo sabemos cuándo la ayuda se ha transformado en un afán de controlar? El primer indicio es cuando el que ayuda es el único que hace todo el trabajo. Al mismo tiempo, el que recibe la ayuda perezosamente adquiere una mentalidad de víctima de su propia debilidad y, mientras tanto, logra ser el centro de atención de una persona fuerte. ¡Qué buen negocio!

Sin embargo, es frustrante, ¿verdad? Algunas, por experiencia personal, sabemos que la dicha es realmente posible, que la victoria es realmente posible, que la libertad es realmente posible, que tener un propósito es realmente posible. Entonces, ¿por qué hay tanta gente que sermonea sobre lo que hace falta hacer, pero no lo hace? A veces, porque hay algo en la infelicidad que funciona para ellos. Podría ser la atención que logran, o las excusas de las que se aprovechan. Algunos no hacen lo necesario para liberarse porque su particular forma de esclavitud les da un descanso momentáneo de la vida real. Me llevó cuarenta años en el desierto darme cuenta de que, al fin y al cabo, las personas hacen lo que tienen ganas de hacer. No puedes lograr que hagan otra cosa. No puedes obligarlas. No puedes cambiarlas. No puedes liberarlas. Solamente Dios puede hacerlo. Y es por eso que él es omnipotente y nosotras no.

Nosotras no somos las responsables. En algún punto del camino, debemos reconocer que la persona amada es una persona aparte; alguien a quien Dios ama, a quien busca y, cuando es necesario, castiga. Cuando tratamos de hacer el trabajo de Dios, nos interponemos en su camino. Somos llamadas a querer, a apoyar y a orar por los demás, pero condicionar nuestra seguridad a ellos es una causa perdida. Ese nudo que seguimos atando no sirve para ellos ni para nosotras. Entrégale esa cuerda a Dios. Deja que él deshaga ese enredo confuso, y vuelve a atar tu seguridad a él. Él es el Único que tiene todo el poder.

El segundo atributo divino que les resulta más atractivo a las personas inseguras es la omnisciencia: la capacidad de saberlo todo y de verlo todo. Por supuesto, sólo Dios es omnisciente, pero ¡vaya si deseamos serlo!, y por una buena razón. Si estamos tratando de ser Dios, necesitamos una generosa dosis de omnisciencia para poner en marcha nuestra omnipotencia. No podemos controlar lo que no conocemos, y no podemos conseguir lo que no podemos ver. Es peligroso hacer el papel de Dios, y el campo minado nunca está más cargado que cuando codiciamos su omnisciencia. Me gustaría compartir contigo la manera en que Dios me abrió los ojos para que viera la trampa de creer que yo tenía que saberlo todo. A veces, con el paso del tiempo, el estudio y la experiencia, aprendo algún concepto divino. Otras veces, es como si recibiera una revelación instantánea, que me deja sin aliento. Esta fue una de esas ocasiones.

Sucedió hace muy poco. Una joven que conocía y a la que estimaba vino a verme con una seria confesión. Yo sabía que había sido puesta a prueba cuando su noviazgo terminó, y el trauma se había agravado por su absoluta certeza, un año antes, de que había encontrado al hombre creyente con el que siempre había soñado. Sin embargo, con el tiempo algo había salido mal y varios nos preguntamos si en verdad eran la pareja perfecta. Los dos eran personas maravillosas, pero quizás no fueran el dúo perfecto. Yo tenía la esperanza de que ella hubiera encontrado un poco de sanidad; pero, por la expresión de su rostro, sabía que su enredo emocional con él se había complicado aún más. No se habían visto durante meses, de manera que su confusión emocional era desconcertante.

—Tengo que contarte algo, Beth, para que puedas pedirme que te rinda cuentas, porque si no, no sé si alguna vez podré parar.

—¿Parar qué cosa, querida? Dime de qué estás hablando.

Y así lo hizo. Aparentemente, mientras estaban de novios y luego hacían planes para la boda, ella estaba cada vez más convencida de que había algo en su prometido que no le cuadraba. Él se mostraba como un inquebrantable hombre de fe, con firmes intenciones para el ministerio. Todo un candidato, si los hay. Sin embargo, ella lo pescaba constantemente devorando a otras mujeres con la mirada. Al principio, creyó que estaba imaginándoselo; pero, después de un tiempo, le resultó exasperante. Cada vez que ella lo confrontaba, él siempre lo negaba. Después de cada pelea, ella empezaba a dudar y a condenarse a sí misma por ser tan desconfiada e insegura. Después de todo, él era un tipo tan sensacional.

Tan *espiritual*. Aun así, ella no podía librarse de esa sensación. Si bien nunca lo había encontrado con las manos en la masa en una sola infracción grave, ella tenía más sospechas cada vez, hasta que la estructura de la relación comenzó a deteriorarse. Él se replegó emocionalmente, y estuvo a punto de llamarla chiflada.

Aunque la ruptura había sido dolorosa, ella sabía que Dios, milagrosamente, había llevado a cabo lo mejor para los dos. En medio de sus lágrimas, nos había dicho: "Esto es lo mejor. Sé que lo es. Sé que Dios le puso fin." Pero, ¡ay!, no fue suficiente confiar en la providencia divina. Ella se obsesionó por averiguar si sus sospechas eran fundadas. Se metió en la casilla de correo electrónico de él y trató de averiguar su clave. Como era una chica inteligente, fue sólo cuestión de tiempo lograr descubrirla. Gracias a Dios no encontró pornografía, pero leyó un correo tras otro en los cuales él había cruzado los límites de la confianza con una gran cantidad de chicas. Era un coqueteador en el mejor de los casos y un fraude en el peor.

Él no era el hombre con el que ella hubiera querido casarse; pero, por supuesto, Dios ya se lo había dicho. En lugar de quedarse en paz con su voluntad protectora, se obsesionó completamente con el correo de su ex prometido. Ingresaba muchas veces por día, leyendo cada correo que él enviaba y recibía, y luego pensaba en eso toda la noche. Ella había conseguido su prueba; pero, aunque parezca mentira, no se sentía mejor. No sólo se enojaba cada vez más, sino que también se volvía más insegura. Después de todo, ¿qué tenían esas chicas que ella no tuviera? Mi amiga sabía que lo que estaba haciendo estaba mal; una y otra vez se prometió a sí misma que esa sería la última. *Sabré todo lo que necesito saber después de este correo.* En realidad, ya sabía *más* de lo que necesitaba saber.

Habían pasado meses y ahora estaba completamente abatida. Su obsesión la mantenía atada a la persona que tenía que olvidar.

Imagina el dilema. Mi joven amiga había acumulado una pila de evidencia comprometedora, pero no podía hacer nada con ella por la manera fraudulenta en que la había conseguido. La información explotaba en su cabeza y estaba por volverse loca, tratando de resolver qué hacer con lo que sabía. Escuché detenidamente su historia y, cuando terminó, de mi boca salió algo que jamás había dicho, ni sobre lo cual hubiera pensado antes.

—Querida, has estado tonteando alrededor del árbol del bien y del mal y finalmente comiste de él.

—¿Qué? Beth, ¿qué significa eso?

—Quiero decir que has hecho lo que hizo Eva. Has comido del árbol del conocimiento del bien y del mal. Querías saber lo que Dios sabía. ¡Piénsalo!

¿Recuerdas la historia? La serpiente usó un razonamiento poderosamente astuto y engañoso para tentar a la mujer a que ignorara el mandato divino y comiera del único árbol prohibido: "Dios sabe que, en cuanto coman del fruto, se les abrirán los ojos y serán como Dios, con el conocimiento del bien y del mal" (Génesis 3:5). Ahí lo tienes. La primera búsqueda humana de omnisciencia. Eva quería saber lo que solamente Dios estaba capacitado para conocer. Y lo mismo hizo mi amiga. El paralelo me pareció claro como el agua.

Dios ya le había dicho lo que ella necesitaba saber y lo que su mente y su corazón podían tolerar sin llegar a la autodestrucción, pero ella insistió en saber algo que era completamente incapaz de manejar. Hablamos un poco más y luego trazamos un plan para ayudarla a permanecer fuera de la trampa del exceso de información. Esa noche, cuando puse la cabeza sobre la almohada, pensé en las veces en que yo había hecho algo similar. Ocasiones en las cuales también había insistido en darle una mordida a la información que, después de todo, yo tampoco podía ingerir. Eso pasa cada vez que suplico saber lo que termino deseando no haber sabido nunca.

Seguramente ya hemos caminado juntas lo suficiente como para que sepas que no soy partidaria de la ignorancia ni de la negación. La búsqueda del conocimiento para la edificación del alma y de la comunidad es una pasión prioritaria. No obstante, ese tipo de resultado positivo proviene de comer del "árbol de la vida," hablando metafóricamente; no del "árbol del conocimiento del bien y del mal" (Génesis 2:9, 17).

Existe un conocimiento instructivo que edifica y fortalece la psique humana, pero también existe un conocimiento más oscuro que la destroza. Una cosa es *conocer*, y otra es *conocer demasiado*.

Creo que esos dos árboles en el primer huerto de la humanidad eran símbolos vivientes de estos mismos conceptos. Uno estimulaba la vida; el otro fomentaba la muerte. Dios es completamente perfecto e inmutablemente santo, y por eso puede manejar la omnisciencia. Él puede saber todas las cosas —buenas y malas— sin responder con pecado, debilidad, horror o desesperación. Nosotras, en cambio, no podemos darnos ese lujo. Piensa en la cantidad de veces que hemos suplicado que alguien nos dijera algo oculto, y que juramos poder manejar, sólo para perder los papeles en el mismo instante en que la persona nos lo revelaba.

Cuando Dios comienza algo, él nos capacita para que podamos llevarlo a cabo. Esto es verdadero, aunque asimilarlo emocionalmente requiera de un proceso. ¿Alguna vez te has encontrado con información horrorosa, desalentadora o difícil, pero descubriste que debido a que Dios insistió en esa revelación, él también te dio la gracia para poder manejarla? Aunque la información no solicitada pudo haber causado dolor y un gran conflicto, si Dios inició la revelación, fue porque tenía en mente un objetivo inmerso en un gran amor. Aunque haya usado un mensajero que no te gustaba, obró por medio de su soberanía abriendo tus ojos para algo decisivo. Quizás Dios sabía que el descubrimiento era necesario para que se produjera un área de sanidad o de liberación. Quizás él sabía que eso te despertaría de tu sueño.

Sin embargo, cuando escarbamos con uñas y dientes para sacar información de abajo de la tierra, no obtenemos el mismo tipo de gracia que viene con la revelación divina. Dios perdona, restaura y hasta resucita por gracia, a medida que le llevamos nuestras necesidades; pero la búsqueda de la omnisciencia, mientras tanto, nos hace pagar un precio muy alto.

Puedes comer libremente del fruto de cualquier árbol del huerto, excepto del árbol del conocimiento del bien y del mal. Si comes de su fruto, sin duda morirás.

GÉNESIS 2:16-17

Dado que el concepto es figurado y espiritual en relación con nosotras, no experimentamos una muerte física después de comer de ese árbol, pero no te equivoques: algo muere en nuestro interior, y generalmente es nuestra seguridad. Pongamos algunos ejemplos sobre la mesa.

Quizás insistimos en saber demasiado sobre las relaciones pasadas de nuestra pareja, más de lo que finalmente podemos manejar.

¿Qué nos pasa a las mujeres que estamos tan empecinadas en conocer los detalles más íntimos de las historias de nuestros hombres? Yo creo que tiene que ver con el complejo de omnisciencia y omnipotencia. Sentimos que no podemos controlar lo que no sabemos. No me malentiendas. Es necesario saber lo básico y esencial, como por ejemplo si han estado casados o comprometidos para casarse, si se han acostado con cualquiera, si han estado en la cárcel, si han luchado contra alguna adicción, si tienen antecedentes de infidelidad o si han dejado una cadena de corazones destrozados. Asimismo, más vale que tengamos claro dónde se encuentran espiritualmente. Por supuesto, debemos procurar conocer su corazón por dentro y por fuera, pero ¿debemos también profanar su privacidad?

Detalles tales como qué hicieron, con quién y de qué manera pueden llenar nuestra mente de vívidos murales que cobrarán vida cada vez que cerremos los ojos. La curiosidad excesiva puede matar a alguien más que al gato. Asediamos con preguntas hasta el acoso, y un día nos responden. La mayoría de las veces, la información lograda por nuestro persistente y lascivo interés demuestra ser muy perjudicial. Lo más desconcertante es el círculo de inseguridad que causa. Nos entrometemos porque estamos inseguras, y luego somos más inseguras porque nos hemos entrometido. Dios es el único que puede conocer todos los pensamientos, todos los motivos, todas las tentaciones y todos los errores de una persona, y aun así sentirse bien consigo mismo. Si queremos convertirnos en mujeres de Dios seguras, debemos dejar de hacer preguntas cuyas respuestas no podamos manejar.

Podríamos descubrir un sitio pornográfico que nuestra pareja ha visitado, y quedarnos viéndolo. En lugar de saber lo necesario para poder confrontarlo objetivamente, insistimos en revisar una por una aquellas imágenes con la intención de averiguar exactamente qué fue lo que él vio. Eso, querida, es comer del "árbol del conocimiento del bien y del mal." Mucho tiempo después de su arrepentimiento (suponiendo que esté arrepentido) y de que el disco duro de su computadora esté limpio, esas imágenes seguirán apareciendo una y otra vez en las pantallas de nuestra mente. Dios nos dará la gracia para ocuparnos del descubrimiento inicial. En efecto, es posible que incluso él lo haya planeado para producir la consiguiente liberación. Sin embargo, para recibir su gracia, debemos quedarnos satisfechas con lo que necesitamos saber, en lugar de pasar del "árbol de la vida" al "árbol del conocimiento del bien y del mal," insistiendo en ver más de lo que podemos manejar. Dios nos concederá la gracia de sanar si lo buscamos a él, pero nuestros recuerdos llevarán cicatrices innecesarias en los años venideros.

Podríamos traspasar los límites de la sana doctrina de la demonología y abrirle la puerta a lo oculto. Nuevamente, Dios protege lo que él dirige; pero cuando nuestra curiosidad nos lleva más allá del conocimiento que edifica y fortalece hasta el conocimiento que nos expone y nos aterroriza, podríamos encontrarnos involucradas en una batalla psicológica y espiritual en la que nos jugamos la vida. No te engañes. En el reino de lo oculto, hay un mundo demoníaco muy real y terrible, al cual tenemos que resistir, y no quedarnos en medio de él. Podemos romper una puerta, pero para cuando nos demos cuenta de lo que pasó y gritemos pidiendo ayuda, ya podría habernos caído encima una avalancha demoníaca.

¿Cómo sabes cuándo estás pasando de un árbol al otro en tu búsqueda de conocimiento? Normalmente, podrás sentirlo. Algo dentro de ti dice: *Ya sé suficiente. Necesito detenerme aquí.* Debido a que la atmósfera que los rodea puede volverse densa, asegúrate de diferenciar entre la sana búsqueda de conocimiento y lo que yo llamo la búsqueda humana de la omnisciencia. Reflexiona por un momento en la chica que vino a verme obsesionada con la lectura de los correos electrónicos de su ex novio. Su colosal desatino fue querer enterarse en la oscuridad, en lugar de hacerlo en la luz. Como dice Efesios 4:18, en lugar de ser iluminada, su mente se volvió "llena de oscuridad." Se dirigió a un lugar al que no pertenecía y obtuvo algo que no pudo afrontar. Recuerda que Dios ya le había revelado a ella que el muchacho no era su mejor opción. Ella ya sabía en su corazón lo que necesitaba saber. Cuando insistió en tener una pequeña porción de omnisciencia (enterándose de lo que únicamente Dios tenía que saber), terminó con información que no pudo manejar.

Por otra parte, muchos esposos y esposas inteligentes dejan abiertas sus cuentas de correo electrónico a los ojos del otro. Keith puede mirar mi bandeja de entrada cuando quiera, así como yo puedo leer la suya. No hay correspondencia prohibida. Como tenemos esa libertad, casi no sentimos la necesidad de curiosear. Saber que el otro tiene acceso es suficiente para ejercitar la prudencia. En nuestro hogar, también tenemos libre acceso a los historiales de Internet y, por lo general, aparecen en el margen derecho de la pantalla. No es un intento de omnisciencia. Se trata simplemente de ser sinceros y honestos.

El sano acceso a la información es importante en el matrimonio; pero, en el caso de nuestros hijos, puede ser una cuestión de vida o muerte, de seguridad o peligro. Los padres que en estos tiempos no se involucren en los asuntos personales de sus hijos están corriendo un grave riesgo. Yo no sólo revisaría toda la computadora de mis hijas, sino también sus celulares. En la sociedad actual, parte de la responsabilidad de los padres es hacer controles frecuentes sobre los mensajes de texto, las fotos y los números telefónicos desconocidos, sin dejarse intimidar por sus hijos. Si encuentro un sitio pornográfico al que ha accedido mi hija, reaccionaré diferente a si fuera mi esposo el que lo visitó. Sin importar lo desagradable que fuera, probablemente revisaría todas las imágenes para ver hasta dónde llegó mi hija, y qué tipo de ayuda podría necesitar.

Lo que para un niño puede ser el equivalente a comer del "árbol del conocimiento del bien y del mal," para los padres puede ser el equivalente a comer del "árbol de la vida," si eso les permite proporcionar ayuda, sanidad y liberación.

Tratándose de información explosiva, hay que hacer las siguientes preguntas: ¿Qué me está mostrando Dios? O ¿qué estoy exigiendo que me muestre?

Jugar a ser Dios nunca es más peligroso que cuando intentamos ser omniscientes. Es lo que hacemos cada vez que tratamos de ingresar a la mente de alguien y de atribuirnos mérito por leer sus pensamientos. Lo único que hemos logrado realmente es una lectura rápida de nuestra propia mente retorcida. La necia esconde su cabeza bajo tierra como el avestruz en cuanto a las cosas que podrían ayudarla a comprender mejor a su pareja, y cierra su mente cuando él le suplica que escuche algo que desesperadamente necesita que ella sepa. Eso es aceptación, no omnisciencia, y, aunque nos duela la revelación, podemos recibir la gracia de Dios para afrontarla como chicas adultas. No obstante, tentamos la omnisciencia cada vez que arrinconamos a los individuos para que nos cuenten demasiados detalles sobre su vida interior, sus tentaciones, sus sentimientos y sus fantasías.

Keith y yo tenemos nuestras mejores conversaciones cuando estamos en el auto y, como los dos somos asiduos viajeros, tenemos muchas oportunidades de compartir. Hace unos días, mientras volvíamos a casa desde el oeste de Texas, se puso muy serio al volante y me confesó algunos miedos de los que nunca me había percatado que él tuviera. Ambos eran temores que yo, como esposa, podía ayudarlo a disipar. Me sentí muy aliviada de que los compartiera, y lo amé más todavía por su sinceridad. Ese tipo de revelación libre es el corazón de la verdadera intimidad. Difiere dramáticamente de perforar el pozo de los pensamientos más íntimos de alguien, sus luchas y fantasías, haciéndole preguntas cargadas cuyas respuestas no podremos manejar. A los muchachos les resultaría igualmente difícil lidiar con algunas de las tentaciones, dudas y sueños en la mente de las mujeres, aunque ellos no son tan propensos a tratar de derribar esa puerta. Haciendo justicia, la propensión de nuestro género a querer mirar dentro del corazón y de la mente de los demás proviene de un admirable deseo de intimidad verdadera. Esta es su peligrosa distorsión.

De mujer a mujer, no me alcanzan las palabras para advertirte con suficiente firmeza que andes con mucho cuidado sobre las turbulentas y profundas aguas de la mente de otra persona, no sea que te ahogues. He hablado con demasiadas mujeres que no pueden superarlo ni seguir adelante con ello. Su seguridad está drásticamente fracturada y toman muy a pecho lo que, de una u otra forma, no lo amerita. A diferencia de la omnipotencia y de la omnisciencia de Dios, no existe una correlación forzosa entre el conocimiento y el poder humano. Nuestras mentes finitas pueden insistir en conseguir mucha más información de la que podemos manejar, excepto mediante la oración.

Para muchas de las que están leyendo este capítulo, es posible que la advertencia haya llegado demasiado tarde. Tal vez ya has abierto la caja de Pandora y descubriste que adentro había una bomba que voló en pedazos tu seguridad. Jesús era carpintero de oficio. Él puede reconstruir las vidas hechas pedazos, aun por nuestras propias manos. Él es, esencialmente, el artista que puede volver a pintar las paredes de una mente atormentada. Él es todo lo que necesitamos, por dentro y por fuera, porque lo ve todo. Y, efectivamente, él puede manejarlo.

La sanidad de la mente requiere de mucha más intimidad con Cristo que la sanidad corporal. Él rara vez chasquea sus dedos y nos lava el cerebro porque, si fuera así de fácil, volveríamos a caer nuevamente en la destrucción. En lugar de eso, él prefiere transformar nuestras mentes dispuestas voluntariamente de reflexión en reflexión. Comienza ahora mismo. Cuéntale lo que te agobia. Pídele que te conceda sus propias palabras para recitarlas en el momento en que esas antiguas conversaciones e imágenes se te crucen por la mente. Luego dirige todo ese deseo insaciable de ahondar en lo desconocido y enfócalo en su rostro.

Quiero que tengan la plena confianza de que entienden el misterioso plan de Dios, que es Cristo mismo. En él están escondidos todos los tesoros de la sabiduría y el conocimiento.

COLOSENSES 2:2-3

Eso, querida, es conocimiento con poder.

CAPÍTULO 12

A través de los ojos masculinos

¿Recuerdas esa encuesta masculina de la que te hablé un par de capítulos atrás? Limitamos, a propósito, el cuestionario a dos preguntas básicas, para atraer la mayor participación por parte de los hombres. La primera estaba dirigida a sus inseguridades individuales y a cómo se manifestaban. Sus respuestas se convirtieron en el contenido del capítulo 10 y abrieron la puerta del capítulo 11. Después de pedir a los hombres que revelaran sus propias inseguridades, la segunda pregunta trasladó el enfoque desde ellos hacia nosotras:

"¿Cuál es la manera más común en que detecta la inseguridad en las mujeres?"

Luego de leer detalladamente cada respuesta, tengo tres palabras para decirte: *nos conocen bien*. Cuando llegué a la respuesta número 150, me di cuenta de que nos tienen fichadas y, para serte franca, me molestó infinitamente. En este momento, estoy segura de que es probable que te sientas un poco a la defensiva, y de que te preguntes por qué me tomé la molestia de consultarlos y por qué deberíamos interesarnos en lo que ellos piensan (dejando de lado que conforman la otra mitad de la población mundial). Si me aceptas una historia personal, te explicaré por qué les pedí que dieran su punto de vista.

Keith y yo no habíamos cumplido nuestro primer aniversario de casados cuando tuvimos que pedir consejería matrimonial. Nuestro comienzo fue tan tranquilo como el de un par de cuetes explosivos unidos con cinta aisladora. Al mes de casados, yo ya me había convencido de que todo era un enorme error y que, así como nos habíamos metido n el lío, teníamos que salir del mismo. Para cuando mi estrategia de salida ya estaba tomando forma, tenía la cabeza sobre el inodoro, pensando cuánto me enfermaba el matrimonio. Cuando contemplamos la línea azul en el test de embarazo, casi nos caemos muertos sobre el piso de linóleo moteado de marrón. Era un típico caso de "Tengo buenas y malas noticias." Íbamos a tener un bebé . . . pero también nos íbamos a tener el uno al otro.

Rara vez una pareja de tontos hace algo inteligente. Salimos a buscar ayuda profesional lo más rápido que nos permitieron las piernas. En nuestra primera consulta, el consejero nos dio una tarea para cumplir antes de la siguiente cita: "Necesito escucharlos hablar desde el corazón. Quiero que cada uno me escriba en una carta por qué está aquí, cuáles son sus sentimientos y qué es lo que no les gusta de su compañero. Cuéntenme todo lo que esté mal desde su punto de vista. Díganlo como les salga, pongan la carta dentro de un sobre, ciérrenlo y tráiganmelo la semana que viene."

Así que eso fue exactamente lo que hicimos. Con luz verde para delatar al otro, escribimos como locos nuestras quejas y reclamos, como si fuera nuestra última oportunidad. Volvimos a la semana siguiente, aferrando bien nuestras denuncias secretas, con enorme satisfacción.

"¿Escribieron ambos las cartas que les pedí?"

Asentimos, petulantemente.

"Bien. Ahora, entréguenselas al otro, ábranlas y léanlas."

Una pareja más sofisticada se habría dado cuenta de la maniobra en el mismo momento en que el psicólogo pidió el ejercicio. Sin embargo, nosotros teníamos poco más de veinte años, y nunca nos lo imaginamos. Nos habíamos desahogado completamente, diciendo cosas que queríamos revelar a espaldas del otro, y no diciéndoselas cara a cara. Fue espantoso.

No tomes la historia como una recomendación, pero el resultado final logró algo sorprendente. Dijimos algunas cosas que necesitábamos decir; pero, en el proceso, nos miramos el uno al otro, vimos el dolor que nos causaban nuestras duras palabras y nos apenamos. Al mismo tiempo, las confesiones revelaron aspectos que ninguno de los dos había podido advertir en nosotros mismos. La única forma en que yo podía demostrar que Keith estaba equivocado era cambiando.

Esa, querida, es la razón primordial por la que tenemos que saber cómo nos ven los hombres, a nosotras y a nuestras inseguridades. Es posible que no nos demos cuenta del impacto que tienen en nuestras relaciones, o en la falta de ellas. Lo que es peor: tal vez no tengamos ni idea de lo obvias que son. Creemos que estamos haciendo un mejor papel de lo que en realidad estamos logrando, lo cual nos lleva de regreso a mi historia por unos instantes. A fin de cuentas, Keith y yo no sólo habíamos puesto por escrito nuestras quejas airadas; también habíamos confesado nuestros propios errores y arrepentimientos, sin que nos los solicitaran. Por alguna razón, cuanto más nos desahogábamos, más quedaba al descubierto nuestro corazón.

Los hombres que participaron de nuestra encuesta no ahorraron palabras para describir nuestras inseguridades, si bien sus apreciaciones incluyeron mucho más que la crítica. La mayoría hizo comentarios positivos y respetuosos hacia las mujeres, y muchos se responsabilizaron y arrepintieron de alimentar el fuego de la inseguridad femenina. Aquí hay un ejemplo:

> Nosotros, como hombres (y me incluyo), hemos fallado en convencer a las mujeres de que son la más hermosa creación de Dios. Las inseguridades de las mujeres podrían disminuir drásticamente si los hombres las amáramos como lo hizo Jesús.

Hubo unos cuantos rencorosos a quienes les dedicaré poco espacio y les recomendaré que busquen consejería. Mi objetivo es mencionar solamente los comentarios que tengan algún valor edificante. A medida que vayas leyéndolos, notarás que comenzamos a hacer una transición de nuestras inseguridades relativas a los hombres, a las inseguridades que tenemos frente a otras mujeres. Durante un momento, fusionaremos las dos y luego avanzaremos directamente para ocuparnos de nuestro género.

De manera abrumadora, los participantes de la encuesta indicaron que las mujeres parecían más inseguras en el terreno de la apariencia física. Ni comparación. Una y otra vez, los hombres hicieron preguntas al respecto: "¿Por qué tienen que preocuparse tanto, todo el tiempo, por cómo se ven? ¿Por qué no pueden darse cuenta de lo hermosas que son para nosotros?"

La verdad es que no promovemos todas las inseguridades sobre nuestra apariencia física por nuestra propia iniciativa, y tampoco sólo por orgullo. Nuestra cultura le da tanto valor al aspecto físico que casi no podemos evitar sentir esa presión demoledora. La buena apariencia es importante para mi esposo y, especialmente a estas alturas de mi vida, tiemblo debajo de ese microscopio. Al mismo tiempo, el hecho de que los hombres encuestados desearan que no nos preocupáramos tanto por nuestra apariencia física es digno de mención. Ahondaremos más en ese asunto antes de concluir este capítulo. Por ahora, examinemos los resultados de nuestra encuesta.

En combinación con nuestra inseguridad en cuanto a lo físico, muchos de los hombres encuestados mencionaron nuestra tendencia terriblemente obvia a compararnos con otras mujeres. Nos han pescado midiéndonos, literalmente, "de arriba abajo" unas a otras, especialmente cuando nos sentimos amenazadas. Yo me sentí consternada, no porque nos comparamos con otras mujeres, sino porque los hombres *saben* que nos comparamos con otras mujeres.

Un individuo lo resumió de esta manera:

Lo más obvio es cuando las mujeres están rodeadas por otras mujeres; tratan de hacerse una opinión de la otra y buscan motivos para no llevarse bien, en lugar de congeniar. Parecen intimidarse fácilmente, ya sea por la belleza física, la posición que ocupan o por cualquier cosa que las haga sentir que la otra mujer tiene más cualidades que ella, y levantan una barrera.

Es molesto, pero muchas veces es cierto. Los hombres, sin duda, también se comparan con otros; pero, en términos generales, parecen lo suficientemente seguros como para no ser tan obvios. Tal vez ellos también se comparen sólo con alguien verdaderamente intimidante, pero las mujeres parecen hacerlo automáticamente, y hasta sin querer. Un encuestado mencionó que no estaba seguro de que su esposa reconociera que su costumbre de cambiarse cinco veces de ropa antes de ir al estudio bíblico estuviera arraigada a su inseguridad. (Un hombre puede tratar de meterse dentro de nuestros pensamientos, pero será sabio si se mantiene fuera de nuestro guardarropa. Ahí se pasó de la raya, ¿no?) Entonces, como si hubiera sido iluminado, escribió:

> ¡A lo mejor sea eso! Yo me doy cuenta cuando no me siento muy seguro, pero las mujeres se enfrentan con la inseguridad dondequiera que van; así que tal vez se haya convertido en una segunda naturaleza.

Probablemente él tenga razón, pero si la tiene, tenemos que descartar esa segunda naturaleza. Si estamos en Cristo, ya tenemos una segunda naturaleza que de ninguna manera es insegura. En pocos capítulos más, aprenderemos maneras de romper con el hábito de medirnos constantemente contra y con otras mujeres.

Según los hombres encuestados, otro signo que delata que una mujer se siente insegura es su charla incesante. No tienes más que mirar el libro que tienes en las manos para ver la Prueba A. Está demás decir que algunas mujeres se encierran en sí mismas cuando sienten una oleada de inseguridad, pero muchas de nosotras hacemos exactamente lo contrario. En palabras de uno de nuestros hombres, nosotras "parloteamos." La primera vez que leí eso, reaccioné como probablemente estés reaccionando tú en este instante. Quería tener una hora completa para compartirle una parte de mis pensamientos. Por otra parte, supongo que eso sólo serviría para demostrar que tiene razón. Percatarme de la tendencia a platicar demasiado es suficiente para ayudarme a ejercitar cierta moderación verbal cuando me siento insegura. Es el único motivo por el cual lo compartí contigo. Recuerda: sólo estamos analizando los comentarios con un valor constructivo.

El próximo no solamente deja ver la inseguridad femenina, sino que además insinúa una duplicidad masculina. Muchos hombres disfrutan de comerse con los ojos a una mujer vestida sensualmente o con falta de decoro; pero, una y otra vez, los encuestados afirmaron que esto es una señal de inseguridad de ella. De hecho, un encuestado de veintinueve años usó dos palabras para describir la manera más común que tienen las mujeres de mostrarse inseguras:

Su escote.

Aquí hay otro que dice lo mismo, con algunas palabras más:

[Ellas dejan ver su inseguridad en] su manera de vestir; mientras más piel muestran, más inseguras son.

Esta crítica es fascinante, ya que generalmente las mujeres suponemos que los hombres quieren que nos veamos sexy. Quizás muchos sí lo quieran, pero también piensan que somos un tanto patéticas.

Ese tipo de doble mensaje —tal vez, hipocresía— a mí me resultaba exasperante, hasta que me di cuenta de que los hombres tienen sus propios armarios llenos de basura, al igual que nosotras. Cuando ponemos en práctica lo que aprendimos un par de capítulos atrás, de no ver a los hombres como dioses ni como demonios, comprendemos que los hombres no son, emocionalmente, ni un poquito más sanos que las mujeres. Una persona puede estar acertada con respecto a algo y, sin embargo, no estar sana necesariamente. Si lo que estos hombres dicen *pudiera* ser cierto, haríamos bien en escucharlos, sean o no consecuentes con sus actos. Por supuesto, ellos también harían bien en escucharnos, pero eso queda por cuenta de ellos. Y, de todas maneras, los hombres no son los únicos que practican la duplicidad. Nosotras forcejeamos con la misma tendencia cuando luchamos por controlar a nuestros hombres; y luego, cuando finalmente logramos que se sometan a nosotras como perritos falderos, pensamos que *ellos* son un poco patéticos.

Es probable que tengas ganas de golpear a este próximo muchacho con una lámpara, pero de todas maneras escuchémoslo hasta el final, teniendo en cuenta que tiene veintitrés años:

> No conozco a ninguna chica que no se comporte con inseguridad. Se descontrolan por los tipos y se acuestan con cualquiera. Se ven fantásticas, pero luego todos hablan mal de ellas. No existe una sola chica con la que uno quiera casarse y que pueda ser la madre de sus hijos. Es lamentable.

Este joven tiene un grave problema de estereotipos. Es obvio que no sale demasiado. Muchas mujeres tienen sentimientos parecidos respecto a los hombres. Escucha la frustración de uno de los muchachos:

Escucho a tantas mujeres quejándose de que no pueden encontrar hombres buenos. Los hay por todas partes, pero no necesariamente encajan con su idealizado criterio del caballero alto, fuerte y apuesto montado en un caballo blanco que aparece de varias formas en las exageradas e ilusorias novelas románticas que tantas mujeres ansían. ¡Con razón no podemos complacerlas! ¡Yo ni siquiera sé montar a caballo!

Pasemos por alto la alusión a las novelas románticas, a menos que habitualmente leas esas que él está insinuando. No creo que esté hablando de *Orgullo y prejuicio* de Jane Austen, o de *Romeo y Julieta* de Shakespeare, aunque una dieta constante de cualquiera de ellas probablemente podría distorsionar un poco tu capacidad de entablar relaciones. Estoy bastante segura de que se refiere a las novelas románticas que están llenas de lujuria y nada de literatura. Hagámonos el favor de no permitir que este hombre tenga razón sobre nosotras. Odio ser encasillada como mujer hueca y superficial. Si tú insistes en una dieta habitual de libros así, por favor, deja de mostrarlos en público porque nos estás haciendo mala fama a todas. Lo digo de la mejor manera. Dicho esto, reconozcamos que este tipo tiene razón en que hay muchas mujeres que se quejan de que no pueden encontrar a un buen hombre. Admitir esto ayudará a atenuar el hecho de que acabamos de escuchar que un joven de veintitrés años dice que no hay buenas mujeres. Los estereotipos nunca son justos.

Los hombres de nuestra encuesta mencionaron otras inseguridades importantes en las mujeres:

los celos irracionales
las explosiones emocionales (¿qué querrá decir?)
la obsesión por la opinión de la gente
la insaciable necesidad de aprobación

Un hombre indicó que las mujeres inseguras hacen muchas preguntas del tipo "¿Soy?," ya sea directa o indirectamente: "¿Soy hermosa? ¿Soy querida? ¿Soy una buena madre?"

A mi juicio, lo más intrigante de toda la encuesta fue esto: en general, más allá de la edad o del estado civil, los hombres que la contestaron no querían que las mujeres se sintieran inseguras. Dada la naturaleza de la entrada del blog y de la buena disposición de los participantes, muchos de ellos eran, claramente, hombres increíbles y quizás incluso lo mejor de lo mejor. Algunos hombres disfrutan de la mujer insegura, pero yo no percibí esa tendencia en ninguno de ellos. Ni siquiera les agradaba ver inseguridad en las mujeres aun cuando eso les diera la ventaja a ellos. Cuando terminé de estudiar detenidamente todas las respuestas, tuve la clara impresión de que los hombres preferirían tener a una mujer segura, y no a una que pudieran explotar y dominar por completo.

Los hombres parecían resistir la inseguridad femenina, tanto por nuestro bien como por el de ellos. No les gustaba vernos tan abatidas y abiertamente vulnerables, y también parecían encontrar un poco repulsiva la evidencia de ello. Ten en cuenta el siguiente comentario:

En cuanto a las inseguridades femeninas, no se ofendan, señoritas, pero nos han opacado en casi todos los frentes (y eso incluye la "delantera"). Las inseguridades típicas, comunes y más difundidas incluyen la apariencia física, el físico, la falta de educación o de inteligencia, las carencias, y muchas otras. Se manifiestan a través de la queja, de la falta de confianza en sí mismas, en el autodesprecio, en la búsqueda de comentarios positivos y en la constante necesidad de confirmación. A los hombres se nos hace bastante cansador porque, a medida que nos hacemos mayores, las amamos exactamente como son. ¿No pueden entender eso? No estamos mintiendo si les decimos que las amamos, que son hermosas y atractivas, y que disfrutamos inmensamente de estar con ustedes. Cuando nos despliegan vívidamente sus inseguridades femeninas, eso nos enfría, nos frustra mucho y nos desconcierta. ¡Supérenlo!

Estés o no de acuerdo con todo lo que él dijo, indudablemente hay que reflexionar sobre la última parte. A los hombres *sí* les repugnan las demostraciones evidentes de inseguridad femenina. A la larga, no hace que sean más tiernos, más cuidadosos, más cariñosos o más apegados a nosotras. Eso hace que quieran, como dijo otro hombre, "salir corriendo para salvarse." Puede que no sea justo, pero es la realidad.

Luego de meses de investigación, estoy convencida de que a los hombres los fascina mucho más la mujer segura que se vale por sí misma y que sabe quién es, que una belleza de ensueño que no parece ser más que eso. Algunos hombres pueden caer en la tentación de llevar a la cama a la segunda, pero cuando todo se haya dicho y hecho, es probable que tomen *en serio* a la primera. Cuando el hombre promedio ve que la mujer de su vida se defiende bien enfrentando la intimidación, queda impresionado. Al fin y al cabo, hombres y mujeres queremos estar con alguien a quien respetamos.

A comienzos de nuestro viaje te dije que tenía muchas esperanzas de que encontráramos una motivación más profunda para decirle adiós a nuestra inseguridad que el complacer a los hombres. La única motivación definitiva y perdurable para una verdadera transformación en nuestra seguridad será Dios mismo. El Creador del cielo y de la tierra nos concedió dignidad y un valor inconmensurable. Únicamente cuando por fin aceptemos esas verdades inalienables descubriremos la auténtica seguridad. Sin embargo, conozco un poco de cómo funciona la mente humana, y sé que algunas de ustedes necesitarán tiempo y esfuerzo mancomunados para reorientar sus motivaciones. Pareceré una ingenua, pero mantengo la esperanza de que, en camino a la revelación divina, todas podamos aprender a desechar las tácticas que nos mantienen inseguras.

Las inseguridades no son atractivas. Causan rechazo. Las inseguridades no invitan a la intimidad. Invitan a la incertidumbre. No nos aportan nada en ningún sentido, en lo más mínimo, excepto para abrir nuestro corazón y nuestra mente a la sanidad y a la fortaleza segura de Cristo. A través de él, hemos adquirido la unción humana sobre la que se asienta cada vida: el poder de elegir.

CAPÍTULO 13

El poder de elegir

La posesión más preciada que Dios le dio a la humanidad cuando creó a Adán del polvo de la tierra fue el poder de elegir. En ningún lugar reflejamos la imagen de nuestro Creador más rotundamente que en la capacidad de ejercer nuestro libre albedrío. Incluso antes de que Dios pronunciara las palabras "Sea la luz," él ya había resuelto que tuviéramos la capacidad de elegir. Dios sabía de antemano todo lo que implicaba la voluntad humana y que ese don nos permitiría aceptar o rechazar precisamente a Quien lo otorgó. No obstante, él buscaba relaciones, no robots. Él diseñó nuestras intrincadas almas para que prosperen cuando son libres, y se retraigan cuando son forzadas.

El poder de elegir adquiere relevancia en nuestra incesante búsqueda de seguridad. No importa cuán duramente trabajemos para mejorar nuestras circunstancias, nuestra espiritualidad y nuestras relaciones, el solo hecho de vivir la vida diaria es suficiente para preparar la tierra y para sembrar inseguridad en nuestra alma. El objetivo de este capítulo es indicarte que realmente podemos decir "No, gracias." Podemos elegir deliberadamente negarle a la inseguridad el espacio para germinar. Toda persona creada a la imagen de Dios tiene el derecho de elegir, pero los que hemos recibido el propio Espíritu de Cristo poseemos, además, intensa fortaleza para ejercer ese derecho.

Regresa en las páginas de tu memoria al capítulo 8, donde hablamos sobre los detonantes de la inseguridad. Recuerda lo que dijimos sobre nuestra tendencia a reprimir las inseguridades en lugar de dejar que Dios se ocupe íntegramente de ellas. Lo que no está muerto no permanece enterrado. Si reprimimos nuestras inseguridades en lugar de reemplazarlas con la verdad específica, quedamos francamente expuestas al próximo ataque. El resultado es una continua montaña rusa psicológica. En un momento podemos sentirnos seguras, yendo por el buen camino, y en el siguiente encontrarnos completamente descarriladas y al borde del precipicio.

También hablamos de la espiral descendente de reaccionar mal ante el detonante, y luego, ya sea por humillación o por autocondenación, sentirnos todavía más inseguras que la primera vez. En la próxima ocasión, nuestra reacción resulta aún peor. El ciclo puede perpetuarse hasta que descendemos a un abismo de autodesprecio y el último vestigio de seguridad se escurre por la alcantarilla.

La buena noticia es que, en lugar de eso, podemos remontar la espiral. Cuando elegimos reaccionar diferente, *incluso antes de tener una emoción diferente*, podemos crear una sensación inmediata de mayor seguridad. La reacción conduce a un sentimiento nuevo, y el sentimiento nuevo conduce a más reacciones consecuentes. Y ¿cuál será el resultado? Ascenderemos en espiral.

Una de las quejas humanas más comunes es que no podemos cambiar nuestra manera de sentir. Tal vez sea cierto, pero *sí* podemos cambiar nuestra manera de pensar, lo cual cambiará nuestra manera de actuar. Y, a medida que cambiamos la manera de actuar, también empieza a cambiar nuestra manera de sentir. En el proceso de romper con un hábito, la persona primero lo desea y después lo siente. Hagas lo que hagas, no te desentiendas, decidiendo que las posibilidades son muy difíciles y que es demasiado pedir. ¿Qué puede ser más difícil que luchar toda la vida contra la inseguridad? Gracias a Dios, no tenemos que esperar a sentirnos más seguras para actuar con más seguridad. Esa es la esencia de vivir por fe, hasta poder hacerlo por vista. Actuamos basándonos en un hecho bíblico y en un poder sobrenatural, más que en sentimientos inestables.

Si una mujer no tiene en su interior el Espíritu de Cristo, que la capacita para hacer lo que por sí misma no puede, la presión será excesiva y su fuerza, muy escasa. A la larga, le resultará imposible mantener una tenaz mentalidad contracultural, porque está limitada a su humor del momento, y al flujo y reflujo de su energía. Escúchame bien: si no tienes una relación personal con Cristo, no estoy tratando de manipularte, presionarte o introducirte en alguna especie de secta. La pasión de mi vida es que mujeres como tú realmente vivan y prosperen. No importa cuánto puedan discrepar nuestras creencias, tú has sido creada a la imagen de Dios y, por lo tanto, posees una dignidad que merece mi respeto. Te lo doy con júbilo y sin vacilar. También tienes el libre albedrío que Dios te dio para elegir a Cristo o no, y, cualquiera sea tu elección, estoy agradecida de que me acompañes en este viaje.

Sin embargo, necesito ser directa contigo, para que no te sientas fastidiada con otro libro que no cumple lo que promete. El espíritu humano no tiene, en sí mismo, suficiente fuerza para mantener a flote su seguridad en las aguas infestadas de tiburones de nuestra sociedad actual. No obstante, todavía puedes encontrar ayuda en estas páginas, y te animo a que leas hasta el final. En los capítulos restantes tenemos algunas de nuestras aplicaciones más prácticas. El asunto es que no sólo necesitamos ayuda para enfrentar nuestra inseguridad. Necesitamos sanidad.

Dame una oportunidad para decir esto: si todavía no crees en Cristo, puedes pedirle que venga a tu vida en este momento, como tu Señor y Salvador. Instantáneamente y para siempre, poseerás dentro de ti el poder divino del que hablo, además de la vida eterna. Si te interesa, busca al final de este libro la página titulada "Si estás considerando a Cristo," y allí te explicaré cuidadosamente algunos pasos sencillos. Sólo te tomará cinco minutos. ¿Qué pasa si lo haces? En el momento que lo recibes, su Espíritu comienza a vivir dentro de ti y en tu "vasija de barro" entrará lo que la Biblia llama "gran poder" (2 Corintios 4:7). Yo me he encontrado infinidad de veces con esta unción sobrenatural, sabiendo incluso en ese momento que Dios estaba permitiéndome hacer algo que yo era totalmente incapaz de llevar a cabo por mí misma. Es un momento culminante como ningún otro. Asimismo, ha hecho que mis momentos bajos fueran mucho menos bajos.

Así es como se ve esta capacitación, viviéndola desde la perspectiva humana: esta fuente interior de fuerza inagotable representa que, la próxima vez que surja una situación que normalmente dispararía una alarma interna de inseguridad, tendrás los recursos para reaccionar como una persona completamente diferente. Es más, como una persona muy segura. Podrás frenar de golpe y preguntarte cómo respondería una persona segura. Luego, por el poder que hay dentro de ti, podrás hacer lo que haría esa persona segura. Tus nuevas acciones serán la manera en que sacarás a la superficie esa seguridad profundamente enraizada. Por fe, sacarás lo de adentro hacia afuera.

Sin embargo, no sólo queremos este tipo de resultados en ocasiones excepcionales. Queremos vivir así. Es por eso que comienza con una acción nueva, pero culmina con una rotunda actitud nueva. La acción saca la seguridad a la superficie. La actitud *mantiene* la seguridad en la superficie. ¿Entiendes? Si todavía no está claro, creo que lo entenderás al leer los dos párrafos siguientes.

Siempre habrá detonantes para nuestra inseguridad, pero *nosotras* decidimos si mordemos el anzuelo o no. Yo no recomiendo que no reaccionemos. Somos seres humanos con emociones y respuestas viscerales dadas por Dios que no siempre se manifiestan amablemente. Una de las razones por las que Dios envolvió nuestra alma en carne flexible fue para darles a nuestras emociones un medio de expresión. Te recomiendo que le niegues a la inseguridad el derecho de acechar tus reacciones. Si eres como yo, estas revelaciones pueden ser nuevas y refrescantes para ti:

Podemos estar heridas sin ser, además, inseguras.
Podemos estar desilusionadas sin ser, además, inseguras.
Podemos estar conmocionadas sin ser, además, inseguras.
Podemos ser indecisas sin ser, además, inseguras.
Podemos incluso ser humilladas sin ser, además, inseguras.

La inseguridad es más que una emoción compleja. Es una mentira sobre nuestra condición aprobada por Dios. Aunque puede haber algo que nos haga sentir tristes, confundidas, enojadas o amenazadas, tenemos el poder de elegir si eso logrará atacar nuestra seguridad o no. Tomar la decisión de ser tenaces con lo que Dios quiere es, querida, la cumbre del poder. La próxima vez que alguien haga o diga algo capaz de menoscabar tu seguridad, piensa instantáneamente alguno de estos conceptos respecto de esa persona:

> Puedes herir mis sentimientos, pero no me puedes quitar mi seguridad. No te lo permitiré. Me pertenece sólo a mí. Tú no puedes arrebatármela.
>
> Puedes criticarme, e incluso tener razón en cuanto a lo que hice mal, pero no conseguirás dañar mi seguridad. Me pertenece sólo a mí. Tú no puedes arrebatármela.
>
> Es posible que me hayas hecho pasar vergüenza, pero me niego a que eso me hiera tanto como para ahogar mi seguridad. Me pertenece sólo a mí. Tú no puedes arrebatármela.
>
> Puedes atemorizarme y amenazarme al punto de que siento que tengo que darte un montón de cosas, pero me niego a entregarte mi seguridad. Lo que tú eres no logra empequeñecer lo que yo soy. Mi seguridad es para que yo la mantenga. Tú no puedes arrebatármela.

Hace pocos días recibí una carta de una mujer que no tenía idea de que yo estaba escribiendo este libro. Sólo quería hacerme saber cuánto la había ayudado el estudio bíblico que escribí al atravesar una época difícil. Me contó que desde que tuvieron que hacerle una doble mastectomía por causa de un cáncer, siente que lo único que ve a su alrededor son pechos. Cuando está pagando sus compras y tiene delante las tapas de las revistas, plagadas de mujeres en traje de baño, le declara a Dios en voz baja: *Nada tiene poder para hacerme menos mujer. No permitiré que un par de senos definan quién soy.* De eso estoy hablando, hermana.

Tal vez algunas de ustedes sean demasiado sofisticadas para tener pensamientos tan cursis como los que sugerí, pero no los critiquen hasta haberlos puesto a prueba. Ensáyenlos durante una semana, y no podrán creer cuánto poder divino sentirán en su interior. Hace dos días, una persona a la que amo me dijo algo que lastimaría a cualquier mujer, como una flecha envenenada directa al corazón; y justo cuando mi corazón estaba a punto de marchitarse, me puse firme y me acordé de nuestro viaje. Entonces, en mis pensamientos le dije a esa persona: *No lograrás llegar tan hondo. Me niego a dejar que tus palabras pasen de mis oídos hasta la esencia de mi ser. No, señor. No lo haré.* ¿Quieres saber algo? Más tarde incluso lloré por aquellas palabras hirientes, pero no me sentí insegura. ¿Herida? Sí, pero seguía teniendo mi dignidad y, porque la tenía, me recuperé el doble de rápido que si hubiera sido de otra manera.

Ya ves, es posible que alguna persona te exija la proverbial libra de carne, pero eres tú la que decide si también se queda con tu seguridad. Las que hemos luchado con la inseguridad crónica hemos hecho un hábito de adherirla a cualquier otra emoción negativa que podamos sentir. Nunca dejamos el dolor a solas; le adjuntamos la inseguridad, como si fueran siameses. Jamás permitimos que la humillación nos ocurra sola; le adjuntamos la inseguridad, como si fuera su gemela. Nunca podemos solamente sentirnos insuficientes ese día; le añadimos inseguridad a nuestra apariencia, para hermanarlas. Nunca podemos solamente hacernos cargo de esos cinco kilos de más; le agregamos la inseguridad a nuestro peso, como si vinieran en pareja.

Dejemos de jugar a la Celestina con la inseguridad. Aprendamos a procesar lo negativo sin acoplarlo automáticamente a nuestra inseguridad. Esas otras emociones ya son bastante difíciles de manejar. Déjalas que sigan aisladas. Dios te entregó la seguridad, y nadie tiene por qué menoscabarla. Debes convencerte de que la única manera en que alguien pueda quitártela será si tú se la entregas. Tienes el derecho a aferrarte a la seguridad como si en ello te fuera la vida, en cada situación y en cada relación. Ese es el poder de elegir.

El poder de elegir está tan intrínsecamente conferido por Dios que las Escrituras levantan una gigantesca bandera roja sobre las personas que nos hacen sentir tan débiles que no podemos tomar una decisión firme. Segunda Timoteo 3:6 suelta la verdad directamente sobre el papel: "Son de los que se las ingenian para meterse en las casas de otros y ganarse la confianza de mujeres vulnerables que cargan con la culpa del pecado y están dominadas por todo tipo de deseos." Estoy completamente de acuerdo con la advertencia que Pablo le hace a Timoteo. Recuerdo haber cultivado relaciones en las que mi voluntad era sistemáticamente debilitada, y en las que yo me sentía casi impotente. De antemano resolvía qué decisión tomaría cuando se presentara la situación, pero finalmente perdía toda esa firmeza una vez que estaba en compañía de la persona. En una oportunidad, estuve locamente enamorada; pero aun así, tuve una extraña sensación de alivio mezclada con una profunda pena cuando la relación terminó. Una persona no puede estar plena en una relación en la que se siente impotente de elegir sanamente.

Quisiera sugerir que lo que la Biblia describe como personas que se las ingenian para meterse y controlar la vida de otras que son vulnerables están catalogadas, en la psicología secular, como "depredadores emocionales."[13] ¿Recuerdas que en el capítulo anterior comenté que a ninguno de los hombres que había contestado la encuesta le gustaba que la mujer fuera insegura, aunque eso les diera alguna ventaja? Así es como suponemos, de lejos, que piensan las personas sanas. Lamentablemente, en este mundo convivimos con una cantidad de individuos que no son sanos ni están lejos. Incluso es posible que alguno de ellos viva en tu casa. Sea hombre o mujer, cualquier persona que goza y explota la inseguridad y sensibilidad de otra es un depredador emocional. Dime si esta descripción no te repugna como a mí:

> Los depredadores emocionales aprenden que siendo agresivos a menudo se salen con la suya. Se aprovechan de la ansiedad de otros para lograr lo que quieren. Por supuesto, el abuso físico no debería tolerarse en absoluto. Eso debería ser motivo para que cualquier persona sensata se marche. Sin embargo, muchos depredadores emocionales usan la agresión verbal en lugar de la agresión física para dominar la relación.[14]

El depredador emocional a veces tiene cualidades positivas, lo cual complica considerablemente las cosas, porque eso nos hace disculpar a la persona, y no establecer límites concretos. Pablo describe a ese tipo de depredadores como quienes "actuarán como religiosos pero rechazarán el único poder capaz de hacerlos obedientes a Dios" (2 Timoteo 3:5). Por favor, presta atención a esta parte: también nos dice explícitamente: "¡Aléjate de esa clase de individuos!" En la próxima declaración, quiero ser tan clara como me sea posible: si eres soltera, te suplico que no te cases con un depredador emocional. Si luchas con una inseguridad considerable, puedes ser presa fácil para uno de ellos. Debes replantearte cualquier relación en la que tiendas a ser habitual y sistemáticamente débil de voluntad.

Frente a una encrucijada, la capacidad de elegir bien y acertadamente en base a un sólido sentido de seguridad es un don de Dios al alma de los que estamos hechos a su imagen. Si sueles sentirte incapaz de ejercer ese poder en tu relación actual, es probable que no sea eso lo que Dios quiere para ti. Si no puedes salirte de ella con gracia y sin peligro, por favor busca ayuda, y entonces, haz lo que hice yo: ve al fondo de esa falta de voluntad y averigua por qué eres tan fácil de influenciar por personas emocionalmente dañinas.

Si ya estás casada con un depredador emocional, tus obstáculos son más altos, pero no imposibles de sortear. Esa es una de las cosas más hermosas de Dios: nada es demasiado difícil para él. Por favor, busca asesoramiento espiritual; toma conciencia de que tu inseguridad y la consecuente falta de voluntad no favorecen a nadie, ni siquiera a tu depredador emocional. La psicología secular lo denomina como un provocador. La Biblia lo describiría probablemente como un abusador de la gracia. No existe peor forma de extorsión que el robo sistemático de nuestro sentido de seguridad. En ninguna manera demos oportunidad a que el ladrón pueda ingresar, y menos aún, llevarlo a la cama.

A veces no tenemos un depredador emocional a mano. Sólo tenemos un desastre emocional. Yo he sido uno, y viví cerca de más de uno, así que no estoy hablando hipotéticamente. En algún momento u otro, todas hemos entregado nuestra seguridad a una persona incapaz de sostenerse sobre sus tambaleantes pies. El creer que esos individuos podrán cargar también con nosotras es un verdadero misterio. Ya sea que el daño que padecimos por causa de una persona emocionalmente enferma haya sido intencional o no, tenemos el derecho a negarle a las personas libre acceso a nuestra seguridad y a nuestra dignidad. También podemos establecer algunos límites.

Antes de concluir nuestro segmento sobre las inseguridades relacionadas con los hombres, me gustaría señalar un área en particular que exige mucho esfuerzo, y en la que debemos proteger celosamente nuestra seguridad. La amenaza de la pornografía ha salido varias veces a la superficie en este viaje, pero ahora pondremos en práctica nuestra nueva reacción ante ella. A lo largo de los años, he recibido incontables cartas de mujeres cuyos esposos luchan con problemas y adicción a la pornografía. Sus edades y etnias varían; pero, por el tono de sus cartas, estas mujeres tienen por lo menos dos características en común: su autoestima está dañada y su seguridad, destrozada. Como si el sentirse traicionadas e incompetentes no fuera suficiente, la mayoría de ellas ha decidido cargar con el problema de su amado. Una asombrosa cantidad de mujeres comparte el mismo problema sexual, así que las cosas que estoy a punto de expresar son válidas también para el género opuesto.

No hace mucho, llegué temprano a casa del trabajo, me serví una taza de café y me desplomé en el sillón para descansar un poco la mente. Tomé el control remoto y sintonicé un programa que he disfrutado no menos de cien veces. Ese día, escuché la aprobación, en la voz agradable y persuasiva de la conductora, al uso de la pornografía para condimentar la vida sexual de la pareja. Tuve que retroceder el programa para estar segura de que había escuchado correctamente, y luego di vueltas durante media hora en mi estudio, sin poder creerlo. Me pregunté cuántas puertas a esa nueva y "sabrosa" vida se abrirían esa misma noche. Lo que no necesitaba preguntarme era si el procedimiento les proporcionaría lo que prometía. Lo que me aterraba era pensar qué más ocurriría a partir de ese momento.

Como pocos otros deseos en el ser humano, el gusto por la pornografía se transforma en algo compulsivo a la velocidad de la luz. Y esta es una compulsión terriblemente difícil de purgar. No importa cuáles sean tus creencias religiosas, o si coinciden o no con una ley moral, la adicción a la pornografía devora el alma del individuo. Incluso si los expertos dejaran a un lado todas las explicaciones espirituales y morales, considerándolas arcaicas y pasadas de moda, aun así les resultaría difícil negar los efectos erosivos a largo plazo que la pornografía ejerce sobre las personas. Cualquier cosa que mantenga a nuestras relaciones en un mundo fantasioso y que no nos exija nada en absoluto que no sea el aumentar nuestro egocentrismo es un grave detrimento a nuestra seguridad. La psique humana fue estructurada para las relaciones reales y no puede prosperar en algo que es sólo fantasía. El plan de mantener a distancia a la pornografía y no dejar que afecte las relaciones es una fantasía aún más grande que las que aparecen en la pantalla o en las páginas. Innumerables adictos a la pornografía llegan a un punto donde ya no pueden seguir teniendo intimidad sexual con su cónyuge. Esa incapacidad *sostenida* suele ser el primer indicio de que algo o alguien más han entrado en escena.

La adicción a la pornografía bloquea severamente el desarrollo de la persona y, si no se detiene, finalmente atrofia la productividad en todas las áreas de la vida. Es insaciable como la tumba. No se da por satisfecha. No se queda quieta. Constantemente exije algo más, algo más intenso, algo más profundo. Te atrapa y, finalmente, te hace prisionera. La pornografía, además, te encierra silenciosamente en una celda de reclusión solitaria. Lo irónico es que te promete compañía; pero, a la larga, abandona a su víctima con sólo la gratificación psicológica de acariciar a un fantasma. Contrario a lo que sostiene nuestra sensual cultura, no fuimos creados simplemente para la gratificación sexual. Fuimos creados para el cariño, y eso requiere de otra persona.

Estoy machacando sobre este punto en caso de que tu compañero tenga actualmente un problema con la pornografía, y que tú hayas decidido cualquiera de estas tres cosas: (1) Si no puedes vencerlo, mejor unirte a él. (2) Si él sigue haciéndolo, mejor hacerte la desentendida y actuar como si no supieras qué hacer. (3) Si él te ha rechazado por otra cosa o por otra persona, no mereces que nadie te acepte. Mírate. ¿Quién podría quererte, de todos modos? Eres patética. Todo es culpa tuya. Y si no, al menos, toda la responsabilidad es tuya. Te convences de que todo tiene que ver contigo, y luego usas hasta el último gramo de tu seguridad para hacerte cargo del problema del otro.

¿Te resulta conocido algo de esto? No creas, ni por un instante, que estoy minimizando el dolor y la confusión de este asunto, o de que alguna de estas tres opciones pudiera ser viable. Es difícil. De igual manera, es tortuoso para nuestra seguridad, así que es imposible no hablar del tema. Si estás en esta situación, lo primero que quiero decirte es que, realmente, hay vida después de

la pornografía para muchas parejas. Yo estoy a favor del matrimonio, del perdón y de hacer lo que sea necesario para hacer que las
cosas funcionen. Keith Moore y yo hemos estado casados durante
treinta y un años porque estuvimos dispuestos a hacer el esfuerzo
de superar cada crisis. Creo que con la ayuda de Dios, y ponién-
dolo a él en el centro, una pareja puede atravesar casi cualquier
cosa y volver a florecer. A lo mejor, hasta puedan llegar a un lugar
más sano y feliz que antes. Sin embargo, y para decir lo obvio, si
no hacen nada, no lograrán nada.

Lo segundo que quiero decirte es que busques el consejo de
alguna persona a la que consideres sabia y discreta. Ningún libro
podrá jamás reemplazar al consejo bueno, sólido y maduro, porque carece de la estructura del trato individual y de la responsabilidad de rendir cuentas. No puedo enfatizar con suficiente firmeza
que necesitas encontrar un lugar seguro para contar el secreto, o
nunca sacarás el tobillo de la trampa, y tampoco lo hará tu esposo.
Si ambos pudieran resolverlo por su cuenta, probablemente ya lo
habrían hecho. Encuentra ayuda para ti misma, sea que tu cónyuge
o tu novio te acompañe o no.

La tercera cosa que te ruego que escuches es que no le estás
haciendo ningún favor a tu hombre al dejarlo que continúe
haciendo algo tan destructivo para él y para tu relación. Muy a
menudo, cuando las mujeres decimos que no sabemos qué hacer,
la verdad es que *sí* lo sabemos. Sólo que nos da miedo hacerlo.
De nuevo, no minimizo la dificultad de afrontar un problema
tan serio e íntimo; si no sabes cómo ocuparte del tema, busca el
buen consejo y la ayuda de alguien a quien respetes. Confrontar a
alguien es difícil, y el riesgo de descubrir algo peor de lo que sospechas puede bastar para paralizarte, hasta que al fin la relación se

desvanece como el humo. Lo opuesto a practicar lo que la Biblia llama "[hablar] la verdad con amor," es seguir comunicando una mentira por temor (Efesios 4:15). Esa no es manera de vivir.

Si eres como yo, no puedes ni imaginarte enfrentando con calma, o hasta cortésmente, algo que sientes tan amenazante y engañoso. Ahí es donde la responsabilidad entra en juego de un modo fundamental. Saber que vamos a dar cuenta ante un consejero o, incluso, ante alguna amiga de confianza ayuda a que nos comportemos de una forma en que quizás de otro modo no lo haríamos.

Aquí tienes un consejo de Rob Jackson, un consejero profesional autorizado, quien se especializa en esta clase de trastornos de intimidad:

Usted confronta porque le importa. Cuando sabe que su cónyuge está comportándose en forma indebida sexualmente, no tiene otra opción responsable. Es posible que la información que tiene esté incompleta, pero cualquier evidencia de sexo ilícito es suficiente. Podría incluir, pero no se limita a, mirar material pornográfico, visitar salas de charla sobre sexo explícito, hojear en librerías para adultos o ir a clubes de striptease, frecuentar prostitutas, dedicarse al voyeurismo, al exhibicionismo o tener acercamientos sexuales hacia otras personas. La falta de decisión no sirve, si tiene la esperanza de salvar su matrimonio.

Cuando se realiza correctamente y está motivada por el amor, la confrontación se transforma en un acto de profunda compasión. Francamente, en el corto plazo, es más fácil mirar para otro lado. Sin embargo, si tiene la intención de que su matrimonio supere cualquier tipo de adulterio, y si su cónyuge no confiesa, usted debe confrontarlo. Para citar al doctor Dobson: "el amor debe ser severo" y consecuente.

Más adelante en el artículo, establece el equilibrio vital:

Además del amor, la confrontación debe estar basada en principios. El diálogo nunca debe desviarse hacia quién tiene razón, sino permanecer enfocado en lo que es correcto.[15]

No hay nada más difícil para una mujer que está tratando, lo mejor que puede, de ser una esposa fiel que tener que confrontar una ofensa y establecer un límite. Conozco la lucha porque he sentido esa tensión. Es posible que malinterpretemos el sometimiento como una invitación a la opresión, más que al orden. Cuando mi hombre tira de la correa en algún área en particular hasta el punto de casi ahorcarse, y yo estoy luchando para dejarlo salir del atolladero o no, trato de revisar mi corazón, pensando seriamente qué es lo mejor para él. En medio de este arduo asunto, te brindaré un ejemplo más o menos benigno. Keith es una persona que disfruta fervientemente de la vida al aire libre, y pasa bastante tiempo lejos de casa. De octubre a enero, su agenda está más ocupada, y él se va durante una semana, vuelve a casa unos días y vuelve a salir. Hasta mediados de diciembre, trato de mantenerme agradable y servicial. Después de todo, está haciendo lo que le gusta. Sin embargo, cuando empiezo a sentir que podría arreglármelas sin él, sé que es el momento de tirar bruscamente de la cuerda que tiene atada. A esas alturas, cuando lo llamo a su celular y él me responde con un alegre: "¡Hola, querida!" es posible que otros me escuchen decir algo como: "Trae tu colita a casa y, créeme, no estoy bromeando."

Y lo hace. ¿Quieres saber algo más? Nunca deja de decirme: "Gracias por traerme de regreso a casa, querida. Sé que me estaba descontrolando." Keith y yo hemos dicho muchas veces que si estuviéramos casados con una persona a la que pudiéramos manejar, estaríamos casado con una marioneta. Me gustaría compartir un elemento bíblico muy importante que, cuando pienso con claridad, me ayuda a decidir si aflojo la cuerda o la enrollo. El término griego que se traduce comúnmente como "amor" en el Nuevo Testamento es *agape*. Significa todas las cosas que puedas imaginarte, pero también incluye un elemento que es crucial mientras luchamos con nuestro tema actual. *Agape* es la clase de amor que busca el bien de la otra persona. Dar un paso atrás y observar que tu esposo se descontrola cada vez más, sin siquiera hacer el intento de confrontarlo, ponerle un límite o permitir que sufra las consecuencias no es buscar el bien del otro, ni el de él ni el tuyo.

A lo largo de este capítulo, hemos hablado del poder de elegir. En ningún otro contexto puede ser más desafiante, vital y emocionalmente liberador que cuando un cónyuge se ve envuelto en una actividad o en una relación sexualmente ilícita. Por naturaleza, las mujeres tienden a tomar ese tipo de ofensa de manera muy personal. Aunque los expertos sigan diciéndonos que el problema sexual del hombre no tiene que ver con nosotras (y yo les creo), igualmente nos afecta. Nos sentimos traicionadas, reemplazadas, rechazadas e incompetentes. Nos imaginamos a las mujeres en esas fotos perfectamente luminosas o idealizamos a la que se ha robado la mirada de nuestro hombre y nos desanimamos pensando que no podemos competir. Después de todo, las otras mujeres no son las que le lavan la ropa ni las que limpian el baño. No obstante, la buena noticia es que no tenemos que competir. De hecho, debemos negarnos a competir. La Palabra de Dios nos dice:

El SEÑOR le da fuerza a su pueblo; el SEÑOR lo bendice con paz.

SALMO 29:11

Este es el momento en que tenemos que dirigirnos directamente al trono del Dios y Padre Todopoderoso, recordando una y otra vez quién dice él que somos y cuánto valemos. Debemos apelar a él para que pelee nuestras batallas por nosotras y por medio de nosotras, y para que nos afirme con seguridad, por medio de la confianza que sólo él puede brindar. Debemos pedirle que haga florecer a la mujer que hay dentro de nosotras, aquella de la que ni siquiera tenemos idea: una persona con fundamentos y confianza, contra la cual ninguna imagen o persona adúltera pueda competir. Nosotras no tenemos que competir con ellas. Si alguien debe hacerlo, que sean ellas las que compitan. Después de todo, "Si Dios está a favor de nosotros, ¿quién podrá ponerse en nuestra contra?" (Romanos 8:31). Este es el punto exacto de la crisis en el que debemos decir, una y otra vez, en nuestros pensamientos hacia nuestro compañero:

Has roto mi corazón y me has hecho tambalear, pero no puedes apoderarte de mi seguridad. No te la entregaré a ti ni a nadie. Yo soy una mujer de Dios, vestida de fortaleza y dignidad, y nadie logrará quitarme esas cosas.

Luego, dilo otra vez:

¡Estoy vestida de fortaleza y dignidad!

Y otra vez:

En el nombre de Jesús, ¡estoy vestida de fortaleza y dignidad!

No sólo repitas este tipo de pensamientos temprano en la mañana cuando te encuentres en una crisis. Dilos a lo largo de todo el día, y tan seguido como debas hacerlo, para asentar tu mente en la verdad. Puedes creer que se trata de una batalla del cuerpo, pero no lo es. Esta guerra será ganada o perdida en el campo de batalla de tu mente. Si es necesario, escribe estas verdades en tarjetas y llévalas contigo a todas partes. Si tienes que hacerlo, escríbete en la mano "Proverbios 31:25." Rodéate inmediatamente de personas compasivas que tengan una fe sólida. Ingresa a un grupo de estudio bíblico que te exija algo de tarea para que te obligue a mantener tu mente enfocada en la verdad restauradora. No es el momento para la indecisión. No es el momento para hacer lo mismo de siempre, de la misma manera. Con el poder divino que hay en ti, toma la determinación de que no renunciarás a tu seguridad ni a tu dignidad, sin importar las consecuencias.

Incluso si tu cónyuge termina no eligiéndote, Dios te ha elegido, amiga. Créelo. Deposita esa verdad en tu banco emocional, y te devengará intereses por el resto de tu vida. Tu confianza te traerá de regreso a tu compañero, o te mantendrá firme si él se marcha en otra dirección. En Cristo, eres mucho más fuerte de lo que crees. Segunda Corintios 12 dice que incluso en nuestras debilidades nos fortalecemos, y que su poder se perfecciona en ellas. Vístete de la fuerza que Dios te ha dado. Échate en los hombros la dignidad otorgada por Dios. Camina con la cabeza en alto, en la seguridad que Dios te dio.

Luego, póstrate humildemente para que Dios alcance a tu esposo con cariño, compasión y redención, para su propio bien.

Escucha, si el hecho de consumirnos en un hoyo de pusilanimidad o de precipitarnos en un ataque de histeria salvara nuestras relaciones y honrara a Dios, te lo recomendaría con urgencia. El hecho es que no lo logran. Huye de la arrogancia; pero, hagas lo que hagas:

> *Por lo tanto, no desechen la firme confianza que tienen en el Señor. ¡Tengan presente la gran recompensa que les traerá! Perseverar con paciencia es lo que necesitan ahora para seguir haciendo la voluntad de Dios. Entonces recibirán todo lo que él ha prometido.*
>
> HEBREOS 10:35-36

Me parece que deberías saber que escribí esa cita bíblica de memoria. Ha estado en mi cabeza durante los últimos dieciocho meses, para que pueda traerla del fondo de mi mente a mi pensamiento consciente en cualquier momento. Ten la seguridad de que no te pediré que consideres algo que esta autora no esté dispuesta a practicar. Soy poco tolerante con la hipocresía, especialmente en mí misma. Hay ciertas partes de mi historia que prefiero mantener en privado por respeto a mi querida familia, pero ten la seguridad de que no te propongo principios que no haya probado. Es posible que no haya vivido el mismo tipo de circunstancias que tú, pero te aseguro que el diablo ha tratado, en incontables oportunidades, de robar, matar y destruir a mi familia y todo lo que representamos (Juan 10:10). Los que seguimos intactos bajo el techo de los Moore damos testimonio del poder de Dios y de la victoria de la verdad.

El enemigo de tu alma nunca tendrá que preocuparse de qué clase de daño podrías causarle al reino de las tinieblas si puede lograr que creas la mentira de que eres incompetente, débil e insuficiente. Sin embargo, no lo eres. Tampoco lo son los hombres que están en tu vida. Puedes estar "derribad[a], pero no destruid[a]" (2 Corintios 4:9). Mientras concluimos la sección de este libro dedicada a tratar con las fortalezas relacionadas con los hombres, oremos por nuestros esposos, hijos, hermanos, sobrinos, amigos y padres. Dale gracias a Dios por cada uno de ellos, nombrándolos, y pídele que, en su fuerza, los haga valientes y poderosos en sus esferas de influencia. Pídele a Dios que sea un escudo que los rodee, que sea su gloria y el que sostiene sus cabezas en alto (Salmo 3:3). Mientras estamos en eso, pidámosle que nos haga la clase de mujeres con la que ellos pueden ser la clase de hombres de Dios. Dejemos de engañarnos. Esta cultura es tan brutal con los hombres como lo es con las mujeres.

Todos necesitamos a Dios.

CAPÍTULO 14

¿Podemos hacerlo para ellas?

HACE CINCO MESES, mi esposo y yo nos acercamos al hospital donde estaba internada nuestra hija mayor y le susurramos un emocionado "Hola" a su bebita recién nacida. Con su tremendo peso de 2,89 kg, conquistó un puesto que ninguna progenie podrá reemplazar. Es la primera nieta de ambas partes. Entrecerrando sus ojos oscuros a la luz molesta, ese día la bebé no tenía idea de quiénes éramos. Ahora nos reconoce desde la puerta de calle cuando estamos sentados en la sala de estar, y se ilumina como el amanecer cuando escucha nuestras voces. Hace apenas unos minutos, la acuné en mis brazos, le canté unas canciones inventadas para que se durmiera, la metí en la cuna y la miré, maravillada. No tenía pensado escribir hoy día; pero, de pronto, me sentí inspirada.

Soy una mujer muy bendecida. Tengo la tremenda alegría de vivir a sólo quince minutos de mi hija Amanda y de su familia de cuatro miembros. Ella y su esposo, Curtis, son también los padres de la otra estrella de nuestra gran tribu: mi nieto de tres años, Jackson.

Jackson es el jamoncito más grande que da sabor al estofado de nuestra familia y, hasta hace cinco meses, era el indiscutible centro de nuestra copiosa atención. Cuando Amanda y Curtis anunciaron que estaban esperando su primer bebé, yo quería con todas mis fuerzas que fuera un varón. Luego de haber criado mujeres, me parecía que ya era hora de una buena dosis de testosterona. Y, desde luego, la tuvimos. Jackson podía imitar el sonido de los autos a la edad de sentarse solo, y aprendió a decir "monster truck" casi antes de decir "mami." Competitivo de nacimiento, cuando le enseñaron a usar el orinal, cada vez que hacía pipí agitaba los puños en alto y decía: "¡Gané!"

Para Jackson, yo soy Bibby. Nos gustaba Bee-Bee, pero él eligió una *i* más corta, y ¿quiénes somos nosotros para discutírselo? Si estamos juntos, dice mi nombre cada dos minutos, aunque esté con su cabecita inclinada mirando un autito en su pista de juguete. La mayoría de las veces no quiere nada en particular; simplemente está verificando que yo esté cerca de él, en caso de que me necesite para que le llene su vaso de jugo o para retarme a una carrera de Hot Wheels (y ganarme). Más o menos un mes antes de que naciera su hermanita, Jackson pasó un fin de semana conmigo, mientras sus padres estaban de "luna de miel pre-bebé" y Keith estaba de viaje. La cuna de mi casa le había quedado chica, así que traté de hacerlo dormir en una de las camas individuales del cuarto de mis hijas, mientras que yo me acosté en la de al lado. En algún momento de la madrugada se sentó, desorientado en esa enorme cama, se bajó de ella y gimió para meterse en la mía. "Claro que sí, chiquito. Ven aquí conmigo." Lo subí y lo acosté a mi lado.

En las horas que siguieron antes del amanecer, una y otra vez sentí que sus manos gorditas tocaban la parte inferior de mi brazo para asegurarse de que yo estaba ahí. Finalmente, ambos nos quedamos dormidos durante casi una hora y, cuando me desperté, vi la cara más angelical a dos centímetros de la mía. Con sus ojos azules hinchados y sus mejillas bien sonrosadas, dijo: "¡Bibby! ¡Es hora de decirle buenos días al señor Sol!" Así que hicimos nuestra rutina. Lo levanté, lo llevé hasta la ventana de la habitación y abrí las persianas. Estaba tan tibio y mimoso. Era uno de esos momentos perfectos de la vida en los que eres tan feliz que te duele el corazón. No hay nada más adorable que un niño en pijamas, especialmente, ese que te ama. Con gran entusiasmo, miramos por la ventana y dijimos perfectamente al unísono: "¡Buen día, señor Sol!"

Luego, bajamos a la cocina, donde Bibby hizo panqueques y pusimos los dibujos animados. No empieces con eso de que los niños ven demasiada televisión. Uno de los dos necesitaba tener un momento tranquilo con una taza de café intenso, mientras el otro estaba felizmente distraído. Mientras bebía conciencia líquida de a sorbos en mi taza favorita, observaba a ese querido hombrecito y me preguntaba cuántas veces a lo largo de mi vida me había sentido tan desarmada. Únicamente su madre y su tía Melissa me han dejado tan indefensa.

Y ahora esto: *una nieta*. Una mujercita nacida en una familia llamada a servir a las mujeres. No sabía si iba a poder aguantarlo. Dos meses antes, también había cuidado a Jackson cuando Amanda y Curtis fueron a la consulta con el médico que les había informado el sexo de su segundo hijo. Eso fue inmediatamente después de que un huracán destrozó la costa del golfo de los Estados Unidos, y dejó sin luz a casi todo Houston. Como los bebés no esperan, su clínica obstétrica estuvo funcionando normalmente antes que la mayor parte del distrito comercial, lo cual les permitió a Amanda y a Curtis tener su consulta médica. Sin embargo, ningún semáforo funcionaba, así que les llevó una eternidad ir y regresar del consultorio. Fui por lo menos unas cien veces hasta la puerta de calle para ver si veía su Jeep Cherokee blanca. Amanda se había convencido de que iba a tener otro varón, y por supuesto que habríamos sido muy felices, pero Keith y yo pensábamos que iba a ser muy divertido que hubiera un poco de color rosado esta vez. Y sabíamos que nuestra primogénita, en secreto, esperaba lo mismo.

Después de casi cuatro horas, Amanda y Curtis entraron tranquilamente por la puerta del frente, como si hubieran vuelto de una relajada tarde de paseo dominical. Yo estaba a punto de estrangularlos. No pude enterarme de nada por sus rostros; pero, finalmente, decidieron poner fin a mi sufrimiento. Amanda me entregó una bolsa de colores neutros como el amarillo y el verde limón que contenía unos pañuelos de papel haciendo juego. No perdí más tiempo y escarbé dentro de la bolsa, hasta que mi cabeza quedó inundada de verde limón. Y entonces, ahí lo vi. ¡Rosa, rosa, un rosado maravilloso! "Es 100 por ciento seguro," añadió rápidamente Amanda. Chillamos como adolescentes. Curtis todavía no sabe qué le espera. Lo único que tiene en claro es que sus gastos han aumentado considerablemente.

Keith estaba fuera de sí. Como padre de mujeres, le encantaba la idea de una niñita, lo cual conllevaba una alegría pura y auténtica. Toda la familia estaba extasiada. Pocos días después de la gran noticia, Amanda, Curtis y Jackson pasaron por mi casa. El niño se dirigió directamente a su caja de camioncitos de juguete, mientras que nuestra hija y nuestro yerno nos pidieron que tomáramos asiento para decirnos algo.

palabra que daba vueltas en mi cabeza como la rueda de un trici-
clo. *Annabeth. Annabeth. Annabeth. Annabeth.* De vez en cuando,
mi alma atormentada intervenía con preguntas como: "¿Cuánto
poder tiene un nombre?" Y "¿Mitiga la salvación de Dios las cosas
malas adjuntas a un nombre, dejando solamente las cosas buenas?" Vaya, es lo que más espero. No puedo decir que alguna vez
haya odiado mi nombre, pero he desperdiciado mucho tiempo
odiándome a mí misma. Esos días han quedado atrás casi por completo; pero que a alguien le pongan tu nombre te hace reflexionar
mucho sobre los legados: las cosas que quieres que alguien herede
junto con el nombre y las cosas que, claramente, no quieres. Jamás
encontrarás otra persona a la que le guste tanto ser mujer como a
mí. Podrás encontrar mujeres que hayan hecho un mejor trabajo
al respecto, pero no hay una que lo haya disfrutado tanto como yo.
Además, me encanta salir en grupo con mujeres más que muchas
otras actividades. No obstante, decirte que el camino a la femineidad me ha resultado escabroso es como decir que el Everest es un
hormiguero. Tengo pensamientos muy confusos sobre mi niñez. El
efecto emocional del abuso sexual que sufrí en los primeros años
de mi vida estropeó muchos recuerdos de las experiencias normales
de la infancia que, en sí mismas, no fueron malas. Cuando evoco
alguno de los buenos recuerdos de esa época de mi vida, siguen
invadiéndome inoportunos sentimientos de tristeza. Al menos en
mis recreaciones mentales, está sorprendentemente claro que algo
me había sucedido. Estaba ansiosa y todo el tiempo tenía miedo a
algo sin nombre. ¿Por qué no podían darse cuenta y ayudarme?

Al mismo tiempo, recuerdo vívidamente tener la capacidad de
perderme en un mundo irreal, donde me sentía feliz y segura.
Daba vueltas en el columpio de arpillera colgado de uno de los

pinos de nuestra casa, con la cabeza echada hacia atrás, observando las ramas contra el cielo azul. Jugaba con mis muñecas, las bañaba, les ponía talco, las vestía y las acunaba; muchas veces, sin que me importara otra cosa en el mundo. Recuerdo que en esos momentos me sentía feliz. Me sentaba delante del espejo de mi hermana adolescente, me ponía su lápiz labial y me sujetaba el cabello con ganchitos. En ese momento, me sentía bien de estar viva, aunque tantas cosas estuvieran mal.

Y tenía seis años.

La mayor parte del tiempo, vivía con un sentimiento de desasosiego imposible de identificar. Mi hermano mayor me dice que, a menudo, parecía que iba a romper en llanto en cualquier momento. Sin embargo, también puedo recordar momentos de descanso que me llevaban a un lugar donde me sentía aliviada.

Mi amor por Jesús comenzó en esa misma etapa de mi vida, en el aula de una escuela dominical de la iglesia de un pequeño pueblo, con pisos de linóleo marcados por tacones negros. Todavía no puedo explicar por qué una persona con todas las posibilidades de tener un futuro desagradable creyó en las buenas nuevas de Dios. Quizás sólo tuve buenos maestros. Cuando eres pequeña, los maestros no se sienten obligados a decir: "Jesús los ama a todos, pero en realidad sólo le importa qué será de los varoncitos, cuando sean grandes." No. No hay nada de eso y, curiosamente, nunca hubo mucho de eso en mi camino hasta que crecí y supe que no era cierto. Nunca se me cruzó la idea de que Jesús no llamaba a las chicas a seguirlo, junto con los chicos. Me he equivocado en muchas cosas, pero no en eso. Es posible que estemos encargados de hacer cosas diferentes, pero Jesús ministra a través de las mujeres al igual que a través de los hombres.

Siempre lo ha hecho. En una cultura en la que algunas sectas de fariseos empezaban el día agradeciendo a Dios por no haber nacido mujer, Jesús tuvo una gran cantidad de mujeres a su lado. Léelo tú misma:

> *Poco después, Jesús comenzó un recorrido por las ciudades y aldeas cercanas, predicando y anunciando la Buena Noticia acerca del reino de Dios. Llevó consigo a sus doce discípulos, junto con algunas mujeres que habían sido sanadas de espíritus malignos y enfermedades. Entre ellas estaban María Magdalena, de quien él había expulsado siete demonios; Juana, la esposa de Chuza, administrador de Herodes; Susana; y muchas otras que contribuían con sus propios recursos al sostén de Jesús y sus discípulos.*
>
> LUCAS 8:1-3

No quiero hacer un tema de esto. De ninguna manera quiero indicar un punto de doctrina; más bien, estoy señalando simplemente cierta redacción que resonó con esta antigua habitante de fosas. Si bien los Evangelios presentan a "sus doce discípulos" como los que seguían de cerca a Jesús después de haber sido llamados, estas mujeres siguieron de cerca a Jesús después de haber sido *sanadas*. No quiero confundirte. El ser llamado es una cosa realmente maravillosa. De hecho, esa misma palabra se usa en referencia a la manera en que todos los cristianos, sin tener en cuenta el género, llegan a Jesús por primera vez (Romanos 8:30). Sin embargo, en esta porción del elocuente Evangelio de Lucas, junto a "sus doce discípulos," había también algunas mujeres "que habían sido sanadas." Conozco esa sensación.

Estoy tan fascinada por Jesús y tan convencida de que hay abundancia sólo en su rastro precisamente porque él ha hecho tanto para sanarme. Yo no debería haber sido más que una víctima del abuso sexual y de una familia perpetuamente disfuncional. Mi pasado me ha dado un amplio permiso para tomar decisiones desastrosas y, para demostrarlo, lo hice por lo menos mil veces. A pesar de mi propia determinación a reafirmar cuán despreciable y sucia era, Jesús no permitió que lo hiciera.

Él me sacaba del lodo, y yo volvía sigilosamente a meterme en él. Me sacaba de nuevo, y ahí regresaba yo . . . y todo el tiempo, tan salva como aquel viejo predicador de la iglesia de mi infancia, quien sumergió mi confundida cabeza para bautizarme. Volví a consagrar mi vida al menos cincuenta veces, pero las plantas de mis pies volvían a clavarse en el barro, como una rata al pegamento de una trampa. Cada vez que Keith mete uno de esos artefactos despiadados entre la lavadora y la secadora en nuestra cabaña del bosque, me pregunto por qué no matamos rápidamente al pobre roedor, en lugar de dejarlo pegado ahí hasta que muera. Supongo que me lo he tomado como algo muy personal y he proyectado mi propia historia en su roñoso pelaje gris. Hubo una época de mi vida en la que estaba segura de que me quedaría pegada en ese barro hasta morir. Sinceramente, lo único que deseaba era que alguien pusiera fin a mi sufrimiento.

Luego, en su enorme gracia y misericordia, Dios me dejó ver cuánto me iba a costar mi decisión de aferrarme a mi ser destrozado. Jesús no me mató de miedo; él dejó que yo sola me aterrara. Mi corazón y mi mente estaban enfermos. Como Pablo, deseaba hacer lo bueno; pero, por más que lo intentaba, no parecía poder llevarlo a cabo. Te lo juro. La única invitación que Satanás necesita para causar la destrucción de cualquier vida es una pizca de hipocresía. Si no dejamos de alimentar esa parte enfermiza de nosotras —la bestia interior—, con el tiempo tendrá la fuerza de un oso pardo, y arrastrará el resto de nuestro ser, como si fuera su presa. Nada le indica mejor al enemigo cuándo atacarnos que ese pequeño hueco entre saber lo que tenemos que hacer y el hacerlo. Yo necesitaba algo más que ser encomendada. Amiga, yo necesitaba sanidad.

Y la recibí. En Oseas 14:4, el Señor dice: "Yo los sanaré de su falta de fe; mi amor no tendrá límites."[16] Eso fue lo que me sucedió. Dios me sanó de mi falta de fe. Dios curó mi falta de amor con su propio amor. Te lo juro, no soy la mujer que solía ser, pero el hecho es que comencé este viaje porque todavía no era la mujer que quiero ser. No me la imagino sentada sin hacer nada, obsesionada por los detalles de sus insuficiencias, como yo suelo hacer. Seguramente, se siente demasiado bien con Dios como para preguntarse por qué no se siente mejor consigo misma. Tengo la sospecha de que nunca será tan perfecta como la imagino, pero la mujer en la que me quiero convertir aun así está muy lejos de la que escribió el primer capítulo de este libro. Por eso pensé que sería mejor seguir adelante con el asunto. Dios tuvo razón de traerme hasta aquí. Él y yo hemos batallado contra algunas cosas y hemos ganado varias grandes victorias en los últimos seis meses, mientras desparramaba mis entrañas sobre este asunto. Ha sido uno de los recorridos más vulnerables de mi vida, pero gracias a él, soy mejor. Y todavía seré mejor.

Mientras estemos en estos cuerpos humanos sobre el suelo de la tierra, en lugar de estar a dos metros bajo la hierba, siempre tendremos cosas para sanar. Y no lo necesitaremos solamente por nuestro propio bien.

"¿Cuál será el nombre de tu hermanita, Jackson?" Yo intentaba charlar con el niño mientras sus padres estaban ausentes y él arrojaba Hot Wheels por la escalera de Bibby, como no podría haberlo hecho si ellos estuvieran presentes. Lo único que quería era escuchar que él lo dijera. Me moría por saber nuevamente que era real. Necesitaba saber si la niña que esperábamos en apenas cuatro semanas realmente sería una tocaya. Sabía que sus padres no hubieran podido cambiar la elección si se lo decían, porque una vez que le dices cualquier cosa a Jackson Jones, no hay vuelta atrás. Puede hacer que un elefante parezca no tener memoria.

Esperé un par de segundos a que me respondiera.

Nada. Ni una sola palabra. Sólo el ruido de los autitos rebotando por los escalones de madera.

—Jackson, escucha a Bibby. Estoy preguntándote cuál será el nombre de tu hermanita.

—Alfabeto —respondió secamente. *Autoritariamente.* Su voz estaba teñida de insulto, como si yo le hubiera preguntado algo que todas las personas del mundo ya sabían. Me escondí de él y me maté de risa. No veía la hora de que viniera su madre a buscarlo para contárselo.

La señorita Alfabeto Jones. Tengo la sensación de que ella ha llegado para cambiar nuestra manera de deletrear algunas de las etiquetas que cuelgan de nuestro árbol genealógico. Por mí, no hay problema. Ven, niñita, y métete con la vida de esta mujer. Yo hice cosas por tu madre y por tu tía que nunca había hecho por mí misma. De alguna manera, ellas valían la pena como para que yo cambiara, en una época cuando yo misma no me consideraba merecedora del esfuerzo. Por ti, pequeñita, haré lo que todavía no he hecho por ellas.

Ha llegado el cambio. La madre de Annabeth también lo sabe. Nunca olvidaré lo que dijo Amanda el mismo día en que ella y

Curtis se enteraron de que iban a tener una niña. No estoy segura si estaba diciéndomelo a mí, a ella misma, a nadie en particular o a Dios: "Una niña. *Una niña*. Caramba, tendré que ocuparme de algunos de mis temas. Estoy segura de que no quiero pasárselos a ella." Verás, hubo ciertas cosas con las que se las arregló como mamá de un varón, sin preocuparse de que él las adquiriera. Las madres y las hijas no pueden darse ese lujo. Tampoco los padres y sus varones.

Una de las lectoras de mi blog expresó gráficamente la conexión del género en un comentario que dejó sobre las mujeres y la inseguridad.

Acabo de tener una charla bastante emotiva con mi hija preadolescente. [Un ratito después yo] estaba orando por nuestra conversación, que giró en torno a las inseguridades, y mi comentario a Dios fue: "¡Está diciendo todo lo que todavía me digo a mí misma! ¡Una mujer casada, de treinta y algo, y madre de tres hijos! ¡¿Cómo se supone que la ayudaré con sus inseguridades, cuando todavía no puedo superar las mías . . . que son terriblemente parecidas a las de las preadolescentes?! ¡Qué patética soy!" Entonces vine a mi computadora y entré en su blog . . . y leí el artículo y comencé a llorar. Quiero ser libre de mis inseguridades; tengo miedo de que estén separándome de mis amistades y de que estén metiendo una cuña entre Dios y yo. *Y* quiero ser fuerte para mis hijas. Gracias por escucharme.

Querida, no sólo te estaba escuchando. He estado en tu lugar, pero sé lo siguiente: el hecho de que el estrógeno fluya por nuestro torrente sanguíneo no significa que tengamos que seguir con las inseguridades de una preadolescente. De verdad, podemos crecer. Aunque sea muy difícil, podemos asumir la responsabilidad. Realmente podemos encontrar la libertad. Podemos quedarnos sentadas pensando en lo patéticas que somos, o podemos buscar un poco de sanidad: para nosotras y para esa preadolescente. Tú y yo, al igual que la mujer que escribió ese comentario, tenemos que tomar la decisión definitiva de ser fuertes por el bien nuestras hijas. Y no me vengas con la excusa de que no eres mamá y que esto no tiene que ver contigo. Toda la generación de mujeres adultas de cualquier cultura cría a la siguiente, quiéranlo o no. Cada preadolescente con la cara llena de acné que te cruzas en el centro comercial, mandando un mensaje de texto u observando a ese muchacho mayor en el patio de comidas, es tu hija. ¿Qué vas a hacer con ella? ¿Qué estarías dispuesta a hacer *por* ella?

La próxima vez que estés en un lugar público y pase un carrito con una niñita, ten la seguridad de que la mujer que va empujando esas ruedas no es la única que le enseñará a esa niña en quién tiene que convertirse. Tú también harás tu parte en su vida. Y si, por casualidad, tiene una chaquetita rosa con un bordado que diga "Annabeth," esperaré con fe que ella vea en ti a una persona que entendió que las niñitas como ella merecían que alguien hiciera lo que fuera necesario.

Chicas, es hora de que nos ayudemos unas a otras.

CAPÍTULO 15

Ayudándonos

ENTONCES, ¿CÓMO PODEMOS empezar a ayudarnos unas a otras? ¿Cómo podemos ser parte de la solución para la inseguridad en lugar de ser una parte vergonzosamente grande del problema? Eso es lo que pondremos sobre la mesa en este capítulo. ¿Recuerdas al muchacho de la encuesta que expuso a viva voz las inseguridades entre nosotras? Lo cité en el capítulo 12, y sus comentarios se hicieron eco de lo que muchos otros hombres daban a entender sobre las mujeres y sus inseguridades:

> Lo más obvio es cuando las mujeres están rodeadas por otras mujeres; tratan de hacerse una opinión de la otra y buscan motivos para no llevarse bien, en lugar de congeniar. Parecen intimidarse fácilmente, ya sea por la belleza física, la posición que ocupan o por cualquier cosa que las haga sentir

que la otra mujer tiene más cualidades que ella, y levantan una barrera.

Antes de que hablemos sobre esto, en verdad creo que es prudente decir que las mujeres no *siempre* levantamos barreras. Muchas tenemos amistades genuinas y de muchos años, que serían imposibles de mantener bajo esas condiciones. Sin duda, la intimidación sofoca la vida de la intimidad. No obstante, este hombre, por cierto, nos fichó en demasiadas ocasiones y encuentros. Para nuestro alivio, lo que puede haberle resultado menos obvio es que las mujeres no necesariamente tienen discrepancias abiertas con otras mujeres que las intimidan, o que las hacen sentir que no están a la altura de las circunstancias. A veces, nos armamos de valor o fingimos estar confiadas o satisfechas, porque somos lo suficientemente sinceras con nosotras mismas para saber que nuestra reacción es inútil o narcisista. Muchas somos conscientes de que nuestras inseguridades, en libre albedrío, se impondrían o destruirían por completo cualquier relación que tuviéramos con otra mujer.

La pérdida sería incalculable. Mis buenas amigas son uno de los tesoros más queridos que tengo. Son inteligentes, talentosas, divertidísimas, expresivas y deliciosamente distintas unas de otras, y de mí. Me hacen pensar y repensar mis decisiones y, probablemente, merezcan las felicitaciones tanto como Keith y yo en nuestro aniversario de bodas. Las mejores amigas te disuaden de los peores planes. Mis buenas amigas y yo llevamos en nuestros pies algunas cicatrices considerables de este suelo espinoso, de manera que no podemos caminar indefinidamente en perfecta armonía. En la gran cantidad de palabras que comparten las amigas, especialmente entre hormonas que chocan, a veces se dice algo que deja a la otra haciéndose la vieja pregunta: "¿Qué se supone que quiso decirme con eso?" La tentación a ofendernos se convierte en una cuchara de mango largo que revuelve nuestras inseguridades ocultas.

Sin embargo, esa es una de esas oportunidades en las que debemos ejercer el poder de elegir. ¿Pienso de ella lo mejor o lo peor? ¿Me concentro en este preciso momento de ataque, o prefiero recordar la fiel amistad de mucho tiempo? La camaradería que tengo con mis compañeras más íntimas vale la pena como para, de vez en cuando, tener que decirme en voz baja: "Lo que estás sintiendo en este momento es una estupidez. No sigas."

La inseguridad nos roba algunas de las relaciones más ricas entre mujeres. Convierte a las potenciales amigas en rivales. También puede hacer que busquemos relacionarnos por motivos enfermizos o impuros. Te daré algunos ejemplos. Algunas evitan estar cerca de otras mujeres que las hagan sentir siquiera un poquito inferiores; únicamente se hacen amigas de aquellas a las que pueden mirar con suficiencia. Malo, pero verdadero. Si en su círculo social ninguna es tan atractiva como ella, probablemente estés mirando el bonito rostro de un ejemplo perfecto de lo que estamos diciendo. Otras se van al otro extremo: se pegan a mujeres que perciben como superiores, porque sienten que al relacionarse con ellas por lo menos pueden compartir una pequeña cantidad de reconocimiento social. El plan tiene sus ventajas para ambas partes durante un tiempo; pero fracasa a la larga. Vivir constantemente a la sombra de alguien es una manera segura de volverse fría como el hielo.

La mayoría de nosotras vive en un punto intermedio entre esos dos extremos. No nos sentimos amenazadas todo el tiempo; solamente casi todo el tiempo. Estamos metidas hasta las orejas en las redes sociales (a mí también me gustan), tenemos contacto con cien mujeres, pero no estamos cerca de ninguna en especial. No tenemos la menor idea de por qué luchamos contra esta nube amenazante de soledad. Sabemos que deberíamos ser más felices, y nos preguntamos por qué no lo somos. La mayor parte del tiempo no nos damos cuenta de que nos arrastramos para cumplir con nuestra parte en un mundo de fantasía. Las imágenes en alta definición que nos rodean por todas partes y en todas las pantallas parecen tan reales que olvidamos que nos están arrastrando hacia la Matriz. La corriente constante de los medios de comunicación y de los famosos presiona para que las mujeres reales estemos a la altura de esas vidas de fantasía, o nos declaremos culpables de haber fracasado. Terminamos sintiendo que estamos en una pasarela, vestidas con nuestra vieja ropa interior. Nadie aplaude, y todas son nuestras rivales.

Tengo una amiga que es una DJ muy popular en una emisora de radio de Houston. Unos meses atrás, cuando tuvimos la oportunidad de ponernos al día luego de una entrevista al aire, me preguntó qué estaba investigando en ese momento. Cuando le dije que se trataba de las mujeres y de la auténtica búsqueda de la seguridad, hizo un comentario rápido e ingenioso que todavía no he podido sacar de mi cabeza:

"Veamos. Hmmmmm. Mujeres seguras. ¿No es eso un oxímoron?"

No tiene por qué serlo. Las inseguridades de las mujeres se han vuelto virales y, como si nuestra cultura no albergara suficientes, ahora nos estamos contagiando unas a otras. Llámame optimista, pero tengo que creer que la seguridad podría ser igual de contagiosa. Hemos hablado largo y tendido de volvernos más sanas y más seguras en nuestra relación con los hombres. Sin embargo, por mi encuesta a más de novecientas mujeres, he aprendido que muchas de ellas luchan de manera más intensa y asidua con las inseguridades originadas entre las de su propio género.

En este capítulo vamos a centrar nuestra atención en varias maneras en las que podemos contagiar una seguridad sustancial a nuestra relación con otras mujeres. Si eligiéramos adoptarla, esta clase de perspectiva podría ser tan especial y refrescante en nuestros círculos de influencia como para lograr que prácticamente toda mujer que esté cerca de nosotras se dé cuenta. Es posible que al principio no pueda notar la diferencia, pero sabrá que poseemos una confianza en nosotras mismas, una fuerza y una gracia que ella necesita y ansía tener.

Veamos algunas cosas que podríamos hacer para desarrollar un ejemplo de seguridad contagiosa dentro de nuestro propio género.

Deja de hacer comparaciones

Nuestra constante propensión a compararnos con las mujeres que nos rodean arruina lo que percibimos de ambas partes. Cuando estamos en un lugar público, no pasan ni cinco minutos sin que la mayoría empiece a examinar concienzudamente a las mujeres que hay en la sala, para determinar en qué rango encaja. A pesar de nuestras nobles afirmaciones, raras veces la naturaleza humana hace equilibrio en la cuerda floja de la igualdad. En nuestras comparaciones con las demás mujeres, es mucho más frecuente lanzarnos hacia un lado, sintiéndonos inferiores; o dar el salto del ángel hacia el otro, con la superioridad. En cualquiera de los dos sentidos, es inevitable una caída dolorosa.

La naturaleza de nuestra competencia depende, en gran parte, de lo que acostumbremos valorizar. Si priorizamos la inteligencia, cuando se dé la oportunidad trataremos de evaluar si las personas que nos rodean parecen más o menos inteligentes que nosotras. Si la apariencia es algo valioso, nos evaluaremos según el aspecto de aquellos que nos rodean. Lo mismo es válido para el talento, la capacidad, la espiritualidad y el éxito. Nuestras comparaciones más rigurosas tendrán que ver con nuestras más altas prioridades.

Sin embargo, podemos dejar de jugar ese juego, aun si ninguna otra persona de nuestro entorno firma el acuerdo de no competir. Si creemos que no podemos, no nos estamos dando suficiente crédito. Cuando funcionamos desde una activa mentalidad de seguridad proveniente de Dios, estamos en plena capacidad de apreciar la hermosura de otra mujer sin, por ello, considerarnos feas. Podemos valorar los logros de otra sin sentirnos unas idiotas. Podemos admirar la increíble figura de otra mujer sin sentirnos desalentadas. ¿De dónde sacamos la idea de que tenemos que restarnos valor para darle crédito a la otra persona? Verás, es nuestra inseguridad la que nos hace tan malas para las matemáticas. Constantemente nos lleva a sacar conclusiones erróneas.

Si la seguridad dice: 2 + 2 = 4, la inseguridad dice: 2 + 2 = 9. En otras palabras: ella es esto + yo soy aquello = soy una fracasada. Con la misma frecuencia podemos llegar a la conclusión opuesta: ella es esto + yo soy aquello = ella es una fracasada. La ecuación de la inseguridad puede desarrollarse de muchas formas. Ten en cuenta algunas otras:

Traté de hablar con ella + ella parecía realmente muy distraída = me odia

Ella es realmente preciosa + ella logra llamar mucho la atención y yo no = debe ser una engreída

Ella tiene esto + ella tiene aquello = yo no tengo nada

Ella no tiene este problema + yo tengo aquel problema = ella
no tiene preocupaciones

Mira lo que ella tiene puesto + mira lo que yo tengo puesto =
no tengo gusto para vestirme

¿Alguna de estas ecuaciones te resulta ligeramente conocida? Es exactamente por eso que necesitamos empezar a darnos cuenta cuando estamos comparándonos, y detenernos. Tenemos que pensar: *Ahí estás de nuevo con la matemática equivocada.* Aunque estemos convencidas de que nuestros datos son correctos, si la inseguridad ingresó un solo dígito en nuestra matemática, no podremos confiar en la suma. El resultado de 2 + 2 = 5 sigue siendo equivocado, aunque esté más cerca que 2 + 2 = 9. Aprendamos a llamarnos la atención antes de pasar de la suma al resultado.

Tal vez no sepas qué pensar del arte de hablar contigo misma. En realidad, es algo que hacemos todo el tiempo. Lo único que recomiendo es que seamos intencionadas con lo que nos decimos. Hasta ahora, te he sugerido varias afirmaciones para que susurremos en nuestra cabeza cuando necesitemos solicitar alguna actividad sana de esa persona segura que Dios ha puesto en nosotras. Aquí hay algunas que figuran entre las más vitales:

"Estoy vestida de fortaleza y dignidad."

"Mi seguridad me pertenece. Dios me la dio. Nadie tiene el derecho de quitármela."

Tal vez te alivie saber que, en muchas ocasiones, los salmistas le hablaban a su propia alma. Uno se preguntó: "¿Por qué te abates, oh alma mía, y por qué te turbas dentro de mí?" (Salmo 42:11, RV60). Otro de ellos, para concentrarse al máximo: "Bendice, alma mía, a Jehová, y bendiga todo mi ser su santo nombre. Bendice, alma mía, a Jehová, y no olvides ninguno de sus beneficios" (Salmo 103:1-2, RV60). No es probable que el salmista le ordenara a su alma alabar porque era eso lo que él quería hacer de todos modos. Creo que se sorprendió pensando destructiva o distraídamente, y se propuso cambiar el curso de sus pensamientos. Eso es lo que tú y yo debemos hacer si queremos empezar a vivir como las personas seguras que Dios diseñó. Tenemos que sorprendernos en el acto mismo de pensar de manera enfermiza y llamar a nuestras almas para que cambien de dirección.

De más está decir que el poder de hablarle a nuestra alma no se compara con derramar nuestro corazón ante Dios a través de la oración, pidiendo su maravillosa intervención. Es por eso que nos preparamos con un intenso viaje de oración en el capítulo 9. Podemos volver allí en cualquier momento. En las últimas páginas de este libro, también tenemos una breve oración que podemos elevar cada mañana de nuestra vida, de ser necesario, para mantenernos firmes. Este soliloquio que te propongo está pensado para reemplazar las frases destructivas y las ecuaciones erróneas que actualmente nos repetimos.

En Gálatas 5:26, podemos encontrar estupendos mensajes bíblicos para susurrarnos cuando sintamos la tentación de entrar en la competencia que nuestra cultura ha proyectado entre las mujeres:

No nos compararemos unos con otros, como si unos fuéramos mejores y otros peores. Tenemos cosas mucho más interesantes que hacer con nuestras vidas. Cada uno de nosotros es único.

THE MESSAGE

Entonces, esto es lo primero: comenzaremos a descubrirnos a nosotras mismas en el acto de compararnos y nos llamaremos la atención. Ahora miremos la segunda manera en que podemos convertirnos en un ejemplo de seguridad contagiosa para nuestro género.

Comienza a personalizar a las otras mujeres

Cuando nos sentimos amenazadas por otra mujer, tenemos que personalizarla. Esto jamás se me habría ocurrido si no me hubiera tropezado recientemente con la traducción de Gálatas 5 de Eugene Peterson. Su aporte sobre nuestro tema en cuestión fue tan claro que casi me impulsó a escribir este capítulo fuera de orden. En una porción de las Escrituras dedicada a trazar un marcado contraste entre la vida natural (solos y por nuestra cuenta) y la vida sobrenatural (nosotros con el poder otorgado por el Espíritu de Cristo), se nos implora que dejemos . . .

> . . . *el vicioso hábito de despersonalizar a todos como si fueran rivales.*
> GÁLATAS 5:21, THE MESSAGE

Lee un par de veces estas palabras y comienza a analizar el concepto en relación a tus propias experiencias. Es lo que yo hice. Comencé a aplicar este juicio en cada tentación que me hiciera sentirme *amenazada por* o *competitiva hacia* otra mujer, aunque fuera sólo por un momento. De inmediato me di cuenta de que la traducción de Peterson era acertada. Para identificar cabalmente a una rival, debemos despersonalizarla considerablemente, y, no te quepa duda, es un hábito vicioso. Para tener una mentalidad competitiva, casi siempre debemos ver a nuestro contrincante a través de lentes unidimensionales. Ella no es una persona. Es una rival. Si tiene al hombre que queríamos, no la miramos en términos de una existencia multifacética, con altibajos, falta de confianza en sí misma y cuestionamientos. La despersonalizamos y la vemos como una manipuladora o como una destructora de relaciones. Así es más fácil despreciarla. Si a ella le dieron el ascenso que buscábamos, es la encarnación de la ambición egoísta, vestida de medias café y tacones negros. Si es más atractiva de lo que nos sentimos nosotras, decimos que es superficial. No podemos entender que alguna vez haya sido traicionada o que le hayan roto el corazón. La lista continúa sin parar, y el concepto permanece intacto.

Cuando vamos en contra de la tendencia de nuestra naturaleza humana y decidimos, más bien, personalizar a alguien, la rivalidad pierde su tierra fértil. Mi hija mayor tenía una compañera en el colegio que era un fenómeno. Brittney no sólo era hermosa; también era inteligente. Eso no es todo. Era tan increíblemente talentosa en los deportes que su nombre apareció muchas veces en la *Houston Chronicle*. Era del tipo de chica tan amenazante que probablemente no le agradaría a ninguna de sus compañeras de clase ni a las chicas de su equipo. El problema era que no podían evitarlo. Brittney era una de esas rarezas, tan simpática como talentosa, y tan amable como atractiva. Amanda la quería muchísimo. Todavía la quiere, de hecho, y el sentimiento siempre ha sido mutuo. Si mi chica, mucho más tímida, alguna vez tuvo celos de la amiga que no podía dejar de ser el centro de la atención, jamás llegué a darme cuenta. Amanda nunca pudo despersonalizar a Brittney tanto como para sentirla como una rival.

Ahora, subamos la apuesta y pasemos de este dulce ejemplo a

uno en el que las posibilidades superan a cualquier buena juga-
dora. Hace algunos años, una querida amiga mía perdió a su joven
esposo, quien después de tener una desagradable aventura amorosa
con una mujer, terminó casándose con ella. Mi amiga no pudo
darse el lujo de huir de todos sus recuerdos, porque de su fallido
matrimonio habían quedado dos hijos amados. Eso significaba
que, como mínimo, tenía que verse cara a cara con la feliz pareja
uno que otro fin de semana, así como en cada acontecimiento
escolar y deportivo. Desde cualquier punto de vista, ella tenía todo
el derecho de odiar a la mujer que había conquistado a su hombre,
y te puedo asegurar que se regodeó en su desprecio por un par
de largos y miserables años. Entonces, un día, mientras conver-
sábamos por teléfono, mencionó como al pasar algo sobre cierto
consejo que le había dado la esposa de su ex. Yo estaba atónita.

—Espera —le dije—. ¿Me estás diciendo que ustedes dos se
hablan? ¿Se hablan informalmente?

—Ay, Beth —dijo mi amiga—, ella tiene muchos problemas.
Me compadezco de ella. Yo no estaría en su lugar por nada del
mundo. Ya no me siento amenazada por ella.

Quise decirle que estaba loca, pero no podía negar su sentimiento impregnado de paz y libertad. ¿Qué era lo que había
cambiado la perspectiva de mi amiga? Ya no pudo seguir desper-
sonalizando a la otra mujer. En el proceso de ver a su competidora
tratando de superar los inevitables desafíos de la vida, poco a poco,
mi amiga dejó de obsesionarse con ella como una rival. No estoy
sugiriendo que todas nos hagamos amigas de las personas que nos
traicionaron, o que trabemos amistad con la amante de nuestro
cónyuge. Lo que sí pienso es que si vemos a las posibles rivales
como personas tan quebrantadas como nosotras, con problemas

reales, con sufrimientos, esperanzas, sueños y desilusiones, habremos dado el primer paso para deshacer la rivalidad. Nadie vive mucho tiempo en este mundo sin cicatrices. La mujer que te lastimó —sea quien que sea, y más allá de cuáles hayan sido las circunstancias— también ha sido lastimada. Podemos seguir apuñalándonos unas a otras, o deponer nuestra espada.

En el nombre de Jesús.

A propósito, también me resulta difícil seguir despreciando a una persona por la que oro sistemáticamente. No te mentiré. Al principio, el proceso es muy difícil, especialmente si hubo una traición de por medio. No obstante, a la larga, la oración constante y humilde tiene una manera de modificar nuestros sentimientos y de allanar el camino para que el favor de Dios pueda fluir cuando se rompa la represa. Y lo hará. Cuando me humillo lo suficiente como para orar por alguien por quien me siento amenazada —y, especialmente, cuando reúno el valor para pedirle a Dios que bendiga profundamente a esa persona—, siempre termino bendecida, y la rivalidad se disipa. Guardo 1 Pedro 3:9 en lo recóndito de mi mente, para poder recordar cómo Dios puede obrar en un conflicto áspero:

No paguen mal por mal. No respondan con insultos cuando la gente los insulte. Por el contrario, contesten con una bendición. A esto los ha llamado Dios, y él los bendecirá por hacerlo. (énfasis añadido)

Es lo mejor que podemos hacer cuando alguien trata de que descendamos al barro con él. El mismo día que dejo de orar, las toxinas vuelven a mis emociones.

¿Qué tal si pasamos a ocuparnos de la tercera forma para convertirnos en un caso de seguridad contagiosa para nuestro propio género?

No acciones los botones de la inseguridad de otra mujer

Escucha, hermana, en esta cultura que acosa tanto a nuestro género, tenemos que ser amigas, no rivales. Necesitamos la ayuda de la otra y, a menudo, cuando la damos, los beneficios que cosechamos en términos de nuestra propia seguridad definitivamente valen el esfuerzo. Echa una ojeada a un puñado de ejemplos que ilustran este concepto:

Si tienes el dinero para tener un gran guardarropa, o incluso si tienes un estupendo gusto para vestirte sin gastar mucho, no siempre tienes que destacarte por encima del resto de tus amigas. Sólo las competidoras ávidas sienten que tienen que ganar siempre.

Si tienes una figura espléndida, no tienes por qué usar siempre un traje de baño mínimo cuando vas a navegar o a la playa con tu esposo y con otras parejas. Úsalo para él en un lugar que sea menos público, pero ten cuidado de hacer ostentación frente a los maridos de otras mujeres y frente a ellas. Podrías terminar arruinándole el rato a otra mujer, o causar un fuerte altercado entre ella y su esposo.

La misma sugerencia se aplica a los vestidos provocativos cuando salen en grupo de parejas al cine, a cenar afuera o a un evento. A veces, una mujer se viste sensualmente cuando está con otros hombres porque quiere que su esposo se despierte y la tome en cuenta. Sin embargo, pasa por alto cómo podría hacer sentir a las esposas de los demás. Ejercitemos un poco de sensibilidad y ocupémonos de nuestras inseguridades y de nuestra ansia de atención de maneras que no minimicen a las mujeres que nos rodean. Es especialmente importante que evites vestirte con sensualidad si tu esposo y tú son invitados por un jefe y su pareja y, especialmente, si ellos son mayores que ustedes en edad. Te aseguro que hacerlo no te beneficiará. Nunca lograrás el favor genuino de alguien que te perciba como una amenaza.

Si sabes que hay determinadas áreas que accionan el botón de inseguridad de una hermana, puedes evitar discusiones que tengan que ver con esos temas. Hace años, cuando yo era una esposa joven, la abuela Pereira de Keith me contó una historia que nunca olvidé. Ella y el abuelo de Keith vivían en una granja que tenía un estanque en el que casi habían domesticado a una bandada de gansos. Ellos seguían a la abuela por todas partes como una camada de cachorritos. Un sábado por la tarde, mientras ella y yo caminábamos, descubrí que un ganso iba saltando detrás de nosotras, en una sola pata.

—¿Qué le pasó a ese pobrecito? —le pregunté.

—No lo sé —dijo ella—, pero es mi favorito; supongo que es porque tengo que cuidarlo todo el tiempo. Los otros lo picotean constantemente porque saben que es débil.

Eso realmente me llenó de inquietud. De hecho, casi me eché a llorar. He visto ese mismo síndrome miles de veces en bandadas de humanos. Todos tenemos suficiente maldad para, de vez en cuando, disfrutar picoteando un poco a alguien que sabemos que es débil. Quizás habitualmente seamos compasivas, pero de vez en cuando mostramos una actitud maliciosa o brusca, o estamos hartas de dar vueltas alrededor de alguien que en realidad necesita ocuparse de sus asuntos. Sin importar la razón que nos lleve a picotear a alguien, ten presente que sólo una persona insegura disfruta de accionar el botón de la inseguridad de otra persona. Cada vez que sintamos la tentación de hacerlo, probablemente estemos sufriendo un ataque de nuestra propia inseguridad y tratando de reconstruir nuestro propio ser herido a expensas de otro. A lo largo de la vida he observado que, si nunca se ven como personas desagradables, las niñas malas crecen y se transforman en mujeres malas. Mirémonos detenidamente al espejo y asegurémonos de que una de ellas no nos esté devolviendo la mirada.

Ten en cuenta que algunas mujeres son tan inseguras que no alcanza lo que puedas hacer, usar o decir para protegerlas y, para ser sincera, son ellas las que necesitan hacerse cargo. Para lograr un equilibrio, cuando no puedes decidir si tu sensibilidad las ayuda o las perjudica, intenta lo siguiente: el objetivo en nuestras relaciones femeninas debería ser el de alentar la mutua seguridad, no el de estimular la mutua *in*seguridad. Si lo único que hacemos es colaborar a que se mantenga la inseguridad crónica en cada una de nosotras, no hemos logrado nada. Quiero que mis socias más cercanas me brinden un lugar relativamente protegido para madurar en mi seguridad, sin desgastarse por mi falta de ella.

Si queremos desarrollar un ejemplo de seguridad contagiosa para nuestro propio género, esto es lo que hemos aprendido hasta ahora: debemos empezar a descubrirnos haciendo comparaciones y detenernos; debemos empezar a personalizar a las mujeres que sentimos que nos amenazan; y, cuando sea posible, debemos evitar accionar los botones de la inseguridad de otra mujer.

Debemos ser ejemplos de mujeres seguras

Para la mayoría de nosotras, ver es creer. Jamás se me cruzó por la cabeza la idea de que podría llegar a amar a Jesús más que a cualquier otra persona, hasta que vi a alguien de carne y hueso hacerlo. Se llamaba Marge Caldwell. Hasta ese momento, la cuestión no había sido más que una teoría noble de la que cantábamos en la iglesia, pero que dejábamos colgada en el perchero cuando salíamos a buscar el automóvil. Tampoco se me había ocurrido que me encantaría estudiar la Biblia y experimentar la emoción de mi vida al escuchar a Dios hablando a través de las páginas de las Escrituras, hasta que vi a otro hacerlo. Se llamaba Buddy Walters. Estos dos ejemplos vivos y palpables me demostraron que lo que la mayoría de los cristianos consideraba como algo teórico era absolutamente posible. Y eran personas normales como yo. Yo quería lo que ellos tenían y, bendito sea Dios, lo encontré.

Asimismo, la mayoría de las mujeres nunca cree que la mujer segura sea una posibilidad real y viva, hasta que ve a una cara a cara, con un problema tras otro, amenaza tras amenaza, de la desgracia a la gracia. Si te vas a convertir en el primer ejemplo en tu radio de influencia, no serás el último. Es posible que al principio solamente surjas tú sola, pero pronto aparecerá otra cerca de ti, y más tarde otra, porque es tan contagioso como su contraparte. ¿No sería maravilloso que algunas de esas chicas que aparecen a tu alrededor tuvieran doce o trece años, con toda su adolescencia y su vida adulta por delante? Cualquiera puede ser como todas las demás. Sólo quienes son excepcionales eligen creer lo posible sobre lo probable. Tú, querida, fuiste creada para ser excepcional.

Como mi amiga Stacy. Es una treintañera que conozco desde la época de la universidad, una devota seguidora de Cristo y una fabulosa maquilladora de oficio. Hace algunos días estaba conmigo en mi oficina, preparándome para una sesión fotográfica para la tapa de este libro. Cuando le conté sobre qué trataba el libro, casi se vuelve loca.

"Beth, últimamente he estado obsesionada con este tema," me dijo. "Estoy muy preocupada por esto. Estoy preocupada por mí, por mi hija de seis años y por la que viene en camino. Puedes imaginarte que, en mi ocupación, veo inseguridad por todas partes. Es una epidemia."

Luego, Stacy me contó una historia mientras me maquillaba los ojos. Durante años ha aplicado su arte en una persona conocidísima y muy atractiva cuando esta debía asistir a eventos en una enorme ciudad metropolitana. Debido a que mi amiga es tan adorable y amorosa (es mi descripción, no la de ella), pronto se ganó el favor espontáneo de esta persona famosa y se vio incluida en la lista de invitados a un prestigioso evento anual donde la moda es la reina. Como ella está convencida de que Dios orquestó esta relación, asiste todos los años, pero también se angustia. ¿Qué ropa se supone que debe ponerse una hermanastra social en un baile lleno de Cenicientas ricas? ¿Qué debe hacer con su cabello? Relataré la historia con sus propias palabras:

He maquillado muchísimas veces a mujeres de esos círculos, y conozco el tipo de inseguridades con las que luchan. No importa quiénes sean, cómo se vean físicamente o lo que tengan, su mundo está lleno de tanta presión por ser perfectas que es insoportable. Y yo, una mujer que he caminado con Cristo todos estos años, y que debería saberlo mejor que nadie, sentía las mismas cosas que ellas cada vez que me preparaba para ese evento. Yo no me comportaba de una manera diferente que una mujer completamente *vacía* del Cristo que vive en mi interior . . . hasta este año. De pronto me detuve en medio de un pánico frenético y me dije . . .

Antes de terminar la frase, dejó a un lado el pincel del maquillaje y se palmeó apasionadamente el pecho, con mucha seguridad y con los ojos casi llenos de lágrimas. Dijo cada una de las palabras lenta y deliberadamente, como si golpeara con un martillo sobre un clavo, hasta que perforaron mi cabeza de granito y penetraron hasta el fondo de mi corazón.

Pero . . . ¡yo . . . tengo . . . este . . . Tesoro!

Al instante, sentí escalofríos en los brazos. Sabía exactamente de qué estaba hablando, porque estoy muy familiarizada con el pasaje. Es de 2 Corintios 4:

Dios, quien dijo: "Que haya luz en la oscuridad," hizo que esta luz brille en nuestro corazón para que podamos conocer la gloria de Dios que se ve en el rostro de Jesucristo. Ahora tenemos esta luz que brilla en nuestro corazón, pero nosotros mismos somos como frágiles vasijas de barro que contienen este gran tesoro. Esto deja bien claro que nuestro gran poder proviene de Dios, no de nosotros mismos.

¿Escuchaste eso? ¡Tenemos este tesoro! Resplandecemos con la gloria de Dios e irradiamos con la luz del conocimiento de su gloria en el exquisito rostro de su hijo, Jesucristo. Y ¿somos *inseguras*? ¿Qué clase de mentiras hemos creído todo este tiempo? Nosotras, de todas las personas que hay en el mundo, poseemos la razón, la residencia y la continua revelación para ser, por sobre todas las cosas, las más seguras.

Cuando mi amiga terminó su testimonio, difícilmente pude quedarme sentada y mi corazón estaba inundado de una fe renovada. Así es como deben edificarse mutuamente las mujeres en la seguridad que Dios les ha dado.

Y tampoco tiene que ser siempre en persona. Podemos ayudarnos unas a otras, si fuera necesario, desde la otra punta del mundo. Hace unos días, estaba trabajando en un estudio bíblico realizado por mi amiga Jennifer Rothschild como parte de mi devocional matutino con Dios. Ella contó una historia sobre escuchar la Biblia grabada mientras hacía su rutina de gimnasia. Aquí está la parte en la que nos habla con mucha claridad a ti y a mí sobre nuestra coyuntura actual:

En medio de los versículos, mi mente se distrajo con otras cosas, por ejemplo mis brazos fofos. Comencé a regañarme por no ser más perseverante con el ejercicio. Luego, seguí mis pensamientos hasta que llegué a lo decepcionada que estaba por la fluctuación de mi peso. A los pocos segundos me apartaba del miserable recorrido de mis pensamientos y volvía a sintonizar con la Biblia, que todavía sonaba en mis oídos. Recuerdo inconfundiblemente que escuché a tiempo cuando comenzó el Salmo 84:1.[16]

Ponte cómoda y absorbe el versículo del que está hablando:

Qué bella es tu morada, oh Señor de los Ejércitos Celestiales.

Muchos años atrás, había memorizado ese maravilloso salmo del peregrino, pero ni una sola vez había visto el versículo inicial a la luz de que los creyentes somos la actual morada del Espíritu de Dios. Si dieras unos rápidos vistazos al Nuevo Testamento, te darías cuenta de que mi amiga acertaba en cuanto a la doctrina (1 Corintios 3:16; 6:19). Imagina cuán diferentes serían nuestros días si, cada mañana al despertarnos y antes de darnos la primera pincelada de maquillaje, o de plancharnos el cabello, le confesáramos en voz alta a Dios: "Qué bella es tu morada, oh Señor de los Ejércitos Celestiales." Y ¿cómo sería si lo dijéramos con entusiasmo? En realidad, no tengo que imaginar cómo sería, porque he estado intentándolo. Lo digo en la oscuridad de la madrugada, mientras camino con mi taza de café al lugar donde me siento con mi Biblia, y sonrío cada vez. Creo que Dios también lo hace. Si eres una creyente en Jesucristo, te desafío a que lo digas en voz alta en este momento, sin importar dónde estés:

Soy bella.

Una vez más, con un poco más de entusiasmo.

¡SOY BELLA!

Así es. Yo también pienso que lo eres. No hace mucho, un hombre bienintencionado me preguntó si tenía miedo de que un libro como este tentara a las mujeres al orgullo. *¿Me está tomando el pelo?* Esta cultura es tan despiadada con las mujeres que tengo miedo de no decir ni de machacar con suficiente fuerza acerca del valor de la mujer. Amiga, el hecho de que hayas llegado hasta aquí en este viaje significa que lo necesitabas tanto como yo. No podemos ni pagar los comestibles en el supermercado sin mirar las tapas de las revistas y sentirnos feas, aunque tengamos puestos nuestros jeans favoritos y la blusa más linda que tenemos en el guardarropa. La arrogancia proviene de un lugar totalmente diferente a la confianza en Dios. Si, después de leer este libro, a alguien le produce orgullo, se perdió la idea central. Lo único que queremos es recuperar cierta dignidad.

Porque resulta que somos hermosas; pero, hoy en día, creerlo es brutal.

CAPÍTULO 16

Ver más allá de nosotras mismas

Bueno, hermana mía, estamos a sólo tres capítulos del final de nuestro viaje. Antes de que nos demos cuenta, cada una tendrá que seguir su camino con un Dios fiel, y con el desafío de vivir con firmeza como mujeres seguras en un mundo violento y terriblemente inseguro. Este no dejará de repente de gritarnos mentiras acerca de nuestra identidad, de nuestra dignidad y de un camino rápido hacia la seguridad. Si el estruendo del mundo fuera poco convincente e ilógico, los libros como este serían innecesarios. Estamos juntas en esta página porque vivimos una batalla que no puede ser ganada tímidamente ni de manera casual. Necesitamos estar preparadas para distinguir la diferencia entre la verdad y la mentira, especialmente cuando la mentira se proclama a gritos, mientras que la verdad solamente se susurra en voz baja y sosegada. En este capítulo, reiteraremos lo que podemos esperar que grite el mundo, y aprenderemos cómo compensar nuestra adicción a escucharlo.

Después de todo, tenemos que seguir viviendo aquí, y podemos, además, reconocer que el mundo tiene su atractivo. Estoy casi segura de que mis dos hijas dieron sus primeros pasos firmes mientras estábamos en algún centro comercial. Cuando vives en un clima sofocante como el nuestro, en el que el aire es tan asfixiante y húmedo que prácticamente tienes que abrirte paso a machetazos a través de él para llegar al automóvil, las opciones que tienes para entretener a tus hijos son ir a nadar o a un centro comercial. En verano, el agua de la piscina está caliente como un jacuzzi sin chorros, así que, si eres como yo, pones la mira en los gratos pasillos del centro comercial más cercano y hurgas dentro de tu cartera por el dinero para el almuerzo.

Amanda, Melissa y yo hemos afianzado nuestra relación sobre las mesas de formica de los patios de comida durante décadas. A menudo, en nuestras expediciones a las tiendas no comprábamos nada más que el almuerzo, y agachábamos la cabeza dando gracias a Dios con alegría. Por otra parte, algunas veces habíamos despilfarrado tanto dinero que volvíamos a casa orando desesperadamente a Dios, porque no nos quedaba ni un centavo para el combustible. Nuestro ángel de la guarda estaba encarnado en una mujer de una estatura impresionante y una fuerte personalidad llamada Mary Jo. Los jefes de estado habrían hecho bien en entregarle a Mary Jo la chequera de la nación. Era un genio de las matemáticas, con un título en contabilidad para tiempos difíciles, y había sido la contadora del próspero negocio de cañerías de mi suegro durante treinta años.

Cuando Keith supo que nacería nuestra segunda hija, puso a Mary Jo a cargo de nuestra economía familiar, mientras él y yo todavía estábamos en nuestros veintitantos años. Las niñas y yo le teníamos mucho miedo, y por motivos más que suficientes. Ella había aceptado el puesto con una condición: las cosas eran como ella decía, o a la calle. El hecho de que hoy en día no estemos parando carros por la autopista es testimonio del extraordinario papel que jugó en nuestra vida. Generalmente vivíamos con un presupuesto solamente de efectivo, porque nos hacía pagar el total de nuestras tarjetas de crédito, aunque luego sólo nos quedaran cuatro dólares desde el día veinte hasta fin de mes. Todos los meses nos entregaba seis sobres que tenían escrito cosas como *víveres* y *combustible*. Cada sobre contenía la suma de dinero que ella había estimado que podíamos permitirnos gastar en cada área. Déjame acotar que la mujer no veía necesario lo frívolo y, si tengo un segundo nombre, es Frívola. Teníamos un presupuesto inflexible, por decirlo amablemente. Yo sentía que ella no comprendía nuestras necesidades. Ella sentía que yo no comprendía nuestro presupuesto.

Hace tres días, Keith y yo nos paramos delante de su ataúd, con tal nudo en la garganta que no pudimos hablar; pero si hubiéramos podido pronunciar alguna palabra, esto es lo que habríamos dicho:

Gracias, Mary Jo. Gracias a usted, tuvimos el dinero para mandar a nuestras dos hijas a la universidad. Gracias a usted, y por poco, evitamos que nos ejecutaran la hipoteca de nuestra casa durante la crisis del petróleo en Texas. Gracias a usted no estamos endeudados hasta las pestañas. Siempre cancelamos mensualmente las deudas de nuestras tarjetas de crédito, aunque eso nos deje casi en la ruina, gracias a (nuestro temor a) usted. Mantenemos las esperanzas de que haya fingido su deceso porque, sinceramente, no sabemos qué vamos a hacer sin usted. Y, Mary Jo, una última cosa: nuestras hijas son mejores mujeres gracias a usted. Hubiéramos estado en constante bancarrota, y ellas hubieran sido unas malcriadas. Después de todo, nuestro apellido es Moore. Para nosotros, lo breve es bueno, pero cuanto más, mejor. Fuimos bendecidos con un poquito menos, todo gracias a usted.

Al menos hasta ahora, Keith y yo podemos pagar nuestras cuentas todos los meses. La deuda a veinticinco años de nuestra casa ha sido saldada, al igual que la de nuestros vehículos. Menciono estos hechos porque todos nos vemos muy tentados a pensar que la solidez financiera podría hacernos personas seguras. Por eso puede ser oportuno recordarlo nuevamente: aunque la chica de la tapa del libro tenía estabilidad económica cuando escribió el primer capítulo de este libro, seguía absolutamente desesperada por liberarse de la pesada carga de la inseguridad. El dinero ayudó a pagar nuestras deudas, pero no alivió mi inseguridad crónica. Quizás, en cambio, fue la gota que rebalsó el vaso; la prueba final de que no serviría nada de lo que pudiera poseer, ni ponerme en el cuerpo. La acumulación de cosas y de dinero no puede calmar a la bestia salvaje de la inseguridad que llevamos dentro. La esperanza sostenida de que algún día tendremos lo suficiente no hace más que aumentar la presión, reducir el tiempo libre y retrasar la inevitable desilusión.

Hace miles de años, un viejo profeta dijo unas palabras que concordarían dramáticamente con muchos de los titulares que encontramos en las revistas de noticias durante la actual crisis económica de nuestro país:

Crees que tu riqueza comprará seguridad, y así pondrás el nido familiar fuera de peligro.

HABACUC 2:9

Ninguna suma de dinero puede comprar la seguridad. En este momento, todos los hombres y las mujeres ricas del mundo sufren esa realidad. Tú y yo hemos aprendido, a lo largo del camino, que nuestra necesidad es mucho más profunda que nuestras circunstancias y mucho mayor de lo que nuestros bolsillos pueden abarcar. El sistema del mundo ha hecho promesas financieras que no puede cumplir y, aunque sus confesiones sean apenas susurros, si escuchamos cuidadosamente, está admitiendo finalmente la mentira. Una abultada cuenta bancaria seguirá dependiendo de que el dólar mantenga su valor. La bandera roja está en alto. Aunque todos fuéramos más conscientes y aprendiéramos a tomar decisiones financieras más sabias ejerciendo la ciencia del ahorro, ningún banquero del mundo podría prometer una total inmunidad contra el desastre económico. Y aun si retiráramos hasta los últimos centavos de nuestras cuentas y los enterráramos en arcones herméticos en el cementerio de la familia, la pregunta seguiría siendo: ¿cuánto valdrá el dólar cuando los desenterremos? Las personas que han puesto su confianza en el dinero ahora se tambalean en un terreno resbaladizo.

Existen otros engaños que el sistema de este mundo no tiene intenciones de reconocer. Hay demasiado en juego como para siquiera pronunciar esas mentiras en voz baja. Nosotras hemos denunciado una de ellas insistentemente, porque tiene mucho que ver con la inseguridad femenina; pero, ahora que nuestro viaje llega a su fin, vamos a machacar sobre ella una vez más. Para hacer un bosquejo del conocido concepto en un nuevo esquema, permíteme volver rápidamente al centro comercial con mis dos hijas.

La mayor parte del tiempo, cuando estamos juntas, ambas chicas se me pegan como un tercero y un cuarto brazo, por lo que siempre me doy cuenta de que algo está pasando cuando tratan de perderme de vista en el centro comercial. Si alguna sugiere: "¿Por qué no vamos cada una por su lado y volvemos a encontrarnos en unos minutos?," normalmente eso indica una sola cosa: una de ellas necesita comprar nueva ropa interior en una tienda extravagante en particular, y la última cosa que quiere en el mundo es que yo la acompañe. Todo ese lío se debe a que, alguna vez, he expresado una reserva pequeñita sobre dicha tienda. Me gustaría aclarar esto: creo, sin reservas, en la ropa interior, así que mi tema no tiene que ver con la mercadería en sí. Mi objeción es contra los gigantescos letreros hipersexuales que hay en los escaparates de esa tienda, a la vista de cada chica y chico preadolescente. Eso es lo que me parece particularmente atroz.

Hace un par de años, esperé y esperé en vano en el lugar del centro comercial donde se suponía que las tres nos encontraríamos luego de "ir cada una por su lado." Entonces, me dirigí hacia el lugar donde sabía que las encontraría. Efectivamente, las dos estaban en la cola de la caja de la tienda en cuestión, y supongo que es justo agregar que ambas ya eran suficientemente adultas y podían comprar lo que se les antojara sin mi permiso. Las dos se pusieron blancas como el papel cuando me acerqué a ellas en la fila, y sostuvimos esta conversación:

Amanda: —Mamá, ¿por qué no te vas por ahí y te sientas en uno de esos bancos hasta que terminemos? Tal vez demoremos un poco más.

Yo: —¿Acaso te parezco una señora de setenta años? Todavía puedo dejarlas atrás a las dos. No me molesta esperar aquí.

Cajera: —¿Cómo se encuentra hoy, señora?

Melissa: —Por favor, señorita, no le pregunte nada. Es mejor que no hable. Ella se encuentra bien y ya se está yendo de la tienda.

Recibí un fuerte empujón, pero permanecí impresionante-
mente firme. Después de todo, la chica de la caja me había hecho
una pregunta, y habría sido muy grosero de mi parte ignorarla.

Yo: —Estoy bien. —Seguido de algo que solamente a mí, la
reina de los juegos de palabras, me parece divertido—: ¿Cómo va
el negocio de ropa interior en el mundo inferior?

Miré a mi izquierda y a mi derecha esperando un poco de
reconocimiento por mi obvia muestra de ingenio, pero Amanda
y Melissa no esbozaron ni una sonrisa. Casi perforaron mi frente
con sus intensas miradas. La cajera sintió que pasaba algo y, sabia-
mente, se les unió guardando un momento de silencio.

Yo (tratando de tranquilizarlas): "No se preocupen por mí. Sólo
cuidaré de lo mío y me quedaré aquí hasta que ustedes hayan
terminado."

Me sentía madura. Sorprendentemente, no estaba molesta. Mis
dos hijas recurrieron a un inquieto nerviosismo y a varios intentos
frustrados de adelantarse en la fila. Apreté los labios hasta que se me
pusieron blancos mientras dos mujeres delante de nosotras paga-
ban sus compras, pero comencé a sentir cierta comezón en la lengua
cuando llegó nuestro turno. Luego de esperar casi una eternidad, las
dos chicas pusieron sus pequeñas (y hago énfasis en "pequeñas") compras en el mostrador. Me adelanté un paso y me metí entre ambas, y
recibí una última mirada severa de cada lado. Había planeado mantener la boca cerrada esta vez, de verdad. Aun si abría la boca, tenía
la intención de limitarme a una conversación amigable. No obstante,
¿cómo puede aprender una persona si no hace preguntas?

Yo: —Me gustaría saber qué tiene de sexy una menta.

Cajera (visiblemente desconcertada): —¿Discúlpeme, señora?

Amanda: —Ay, no. Ahí vamos.

Melissa: —No hagas esto, mamá. Ya casi terminamos. Treinta segundos, mamá. ¡Treinta segundos!

Yo (ignorándolas): —Estaba preguntándole por estos lindos recipientes que tiene aquí, en el mostrador. Los que dicen: "Mentas sexy." Quisiera saber qué le da a la menta la cualidad de ser sexy. Quiero decir, como es algo comestible, en realidad, y ni siquiera en gran cantidad, siento curiosidad por el nombre. ¿Qué vuelve a una menta más sexy que a la otra?

La desprevenida jovencita me miró como miraba yo a Mary Jo durante alguno de sus muchos espantosos interrogatorios. En retrospectiva, la encantadora cajera era tan dulce como podía, y yo la atrapé con la guardia completamente baja. Me equivoqué al responsabilizarla por la campaña publicitaria de la empresa. Lo único que ella trataba de hacer era pagar su alquiler y conseguir algún descuento en la compra de sus propias prendas. Todo fue mi culpa. Mi dominio propio se dio a la fuga, seguido del pensamiento maduro. Precisamente cuando estaba a punto de convertirme en una de esas personas a las que apenas aguanto, Amanda y Melissa, perfectamente sincronizadas, dieron media vuelta, me tomaron cada una de un brazo y, literalmente, me arrastraron afuera de la tienda. Todavía estaba mirando yo hacia el mostrador mientras ellas se dirigían hacia la puerta, arrastrando a la mismísima mujer que había atravesado el valle de sombra de muerte para traerlas al mundo. Cuando finalmente cruzábamos el umbral sagrado para volver a la luz, solté mis últimas palabras: "¡Es que no lo entiendo! ¿Por qué una menta tiene que ser sexy? ¿Por qué no puede, simplemente, darnos aliento fresco?"

El silencio que hubo de vuelta a casa era ensordecedor. Lo único que me dijeron las chicas fue: "Se terminó. Nunca más."

Menos mal que no se referían a ir de compras. Sólo querían decir que nunca más las acompañaría a una tienda como esa. Y han mantenido su palabra. No es lo que hay dentro de la tienda lo que tanto me molesta. Es lo de afuera. Es el asalto visual involuntario a los transeúntes inocentes. Podrías estar caminando rumbo a la tienda Disney con tu hija de siete años para buscar un regalo de cumpleaños y, de pronto, ver que se queda paralizada frente a un enorme cartel brilloso de una atractiva mujer vestida en ropa interior y en una pose que debería lastimarle la espalda.

Quizás ahora no sea el mejor momento para intentar convencerte de esto, pero mientras criaba a mis dos hijas realmente traté de ejercer una pizca de equilibrio en esta sociedad desequilibrada. Keith y yo elegimos a propósito proteger a nuestras hijas dentro de la cultura, en lugar de aislarlas, como regla general. Nuestra estrategia no resultó a la perfección, pero la crianza de los hijos es un trabajo demasiado difícil y demasiado humano para llevarlo a cabo a la perfección. Para la gloria de Dios, los "cuatro Moore," como nos referimos a nosotros mismos, llegamos a la meta sin demasiadas cicatrices. A veces, el proceso no era agradable porque Keith y yo teníamos nuestra propia carga desagradable, pero nuestras hijas resultaron ser dos personas adultas misericordiosas que buscan a Dios y que parecen saber que las personas importan más que las posesiones.

Reconozco que si tuviéramos que criarlas en la cultura actual, indudablemente deberíamos hacer algunos ajustes, porque las trampas se han multiplicado en la selva de la niñez. Cada pareja de padres tiene la responsabilidad de orar pidiendo sabiduría, seguir sus sanas convicciones y decidir qué funciona mejor para cada hijo en particular. En lo que respecta a Keith y a mí, nunca sentimos que el aislamiento social fuera la mejor respuesta.

Con una mamá involucrada en sus asuntos personales, las chicas asistieron a grandes escuelas públicas, tuvieron novios y participaron en toda clase de actividades extracurriculares. Veíamos películas y programas de televisión, y nos manteníamos al tanto de los acontecimientos actuales. (No significa que lo esté recomendando, ni por casualidad. Son simplemente los hechos y, quizás, incluso una confesión con la esperanza de que pueda resultarles creíble en un tema tan actual.) Una de mis peores pesadillas era que, en mi intento de hacer lo correcto, influyera en la teología de nuestras hijas de tal manera que verían a Dios como el Gran Controlador en los cielos, en lugar de ser el Oferente de "todo lo que es bueno y perfecto" (Santiago 1:17). Nunca quise que pensaran que la única palabra que ha pronunciado Dios desde la conclusión del canon sagrado es *no*.

Así dijo el Señor: *No, no puedes de ninguna manera . . .*

No era así como yo lo veía. Tampoco creo que sea la manera en que las Escrituras lo pintaron. Esta es la clase de cosas que Dios me ha quitado: una tonelada de culpa, el camino a la adicción, una sarta de malas relaciones y un futuro igual al pasado. Cada *no* que Dios me ha dictado fue para cuidarme, para que no me perdiera un *sí* más grande y glorioso. Yo quería que mis hijas conocieran al Dios que ha sido la alegría y la aventura más grande de toda mi vida. En mi intento por elegir cuidadosamente las batallas y equilibrar algunos *no* firmes e inamovibles con muchos *sí*, de vez en cuando tambaleamos en una delgada línea entre lo mundano y lo santo. Como en un constante goteo intravenoso de gracia, finalmente logramos llegar enteras al otro lado, y las chicas supieron, sin duda alguna, qué era importante para nosotros.

¿Por qué me tomo la molestia de decirte esto? Porque quiero que sepas que no soy una de esas cristianas que le tienen fobia a todo lo que sea entretenido o superficial. No soy alérgica a la diversión. Me gusta la ropa linda e ir a la pedicurista, y rara vez tengo el cabello con menos de tres colores distintos. No vivo mi vida de creyente con la nariz respingada en constante desaprobación, ni me pregunto cada mañana a dónde irá a parar este mundo. Sin embargo, no te confundas; hay algunas cosas que realmente desprecio. Una de ellas es la propensión de nuestra cultura a obligar a que nuestros hijos crezcan demasiado rápido. Otra va de la mano con la anterior: enseñarles a nuestras hijas, desde pequeñas, la alta prioridad de la sensualidad. Es lo que la escritora Cooper Lawrence, en su libro *The Cult of Celebrity* (El culto de la celebridad), llama "hipersexualización temprana." Ella escribe, a todo adulto que esté dispuesto a escuchar:

> No está todo en tu imaginación: Hay una diferencia entre las celebridades y las imágenes de los medios que las chicas ven ahora y aquellas a las que estuviste expuesta en tu niñez. Las imágenes altamente eróticas de chicas cada vez más jóvenes están convirtiéndose en la norma.[17]

Ese es el motivo por el cual me resulta censurable que las vidrieras inmorales de las tiendas estén accesibles para toda la familia. Siempre que la boutique le dé al consumidor alguna idea acertada de lo que hay adentro, la responsabilidad es totalmente nuestra una vez que ingresamos por esa puerta. Sin embargo, el imponerles a nuestros hijos menores esas imágenes a través de las vidrieras o de las carteleras es un asunto totalmente diferente. Es un grito desaforado de valores retorcidos que deviene en toda clase de creencias y conductas destructivas para el comprador desprevenido. No, no tengo la esperanza de que la publicidad mejore, pero es mejor que empecemos a decirnos en voz mucho más alta algunas cosas a nosotras mismas y a nuestras hijas.

He observado una tendencia inquietante que se ha desarrollado a lo largo de la última década, y estoy convencida de que es el resultado de esta "hipersexualización temprana." En las generaciones anteriores, las chicas más inseguras y desesperadas, y las que tenían menos posibilidades de poner límites y ejercer el amor propio eran, normalmente, aquellas que provenían de un contexto de abuso o maltrato sexual. Éramos las que nos conformábamos con mucho menos en nuestras relaciones, las que cedíamos a las presiones, las que sentíamos que siempre teníamos que tener novio y que actuábamos como si el *no* fuera una respuesta inexistente en el abanico de respuestas posibles. En los últimos años, una cantidad creciente de chicas adolescentes que nunca han sido manoseadas han adoptado las mismas características. Luego de observar esta inquietante tendencia demasiado tiempo como para ignorarla, finalmente me he dado cuenta de que todo nuestro mundo occidental está sometido a la agresión erótica. Ya sea que una chica haya sido manoseada o no, el impacto visual de la hipersexualización temprana es tan importante como para moldear drásticamente la imagen que tiene de sí misma y de su sexualidad.

La mentira más estridente que el sistema del mundo le grita a su población femenina es: *Ser deseable es ser valiosa, y ser sensual es ser segura. Estos son los atributos que te garantizan que siempre serás amada.*

Las que creen esa mentira son cada vez más jóvenes, y el costo emocional es cada vez más alto. Este libro se erige sobre una premisa muy importante: por más que lo intentemos, es probable que no cambiemos nuestra cultura. No obstante, podemos permitir que Dios nos cambie, y un cambio vital se producirá *dentro de* nuestra cultura. Estamos rodeadas por un mundo superficial que afirma cosas engañosas. Eso no cambiará en el corto plazo. Tenemos tres alternativas básicas: (1) Podemos retirarnos completamente del sistema del mundo y aislarnos, junto con nuestras familias. En este caso, necesitaremos una suma considerable de dinero para comprar una granja alejada en la que tendremos que perforar para hacer un pozo y un tanque séptico. Olvídate de ser luz en las tinieblas. Vé y escóndela bajo un almud de arvejas partidas. No me malentiendas. No estoy atacando la vida del campo; ¡es nuestro almacén! Estoy atacando la idea de esconderse. (2) Podemos sumergirnos en la superficialidad y descubrir que es completamente insaciable. En este caso, tendremos que hacer las paces con el autodesprecio porque, sin duda, nos convertiremos en nuestro peor enemigo. (3) Podemos eludir los efectos de la superficialidad con un deliberado enfoque a lo profundo. Podemos luchar para encontrar un propósito.

Mientras vivamos, nuestro egocentrismo y nuestra inseguridad caminarán juntos, tomados de la mano y meciéndolas hacia adelante y hacia atrás como dos niñitas que caminan hacia un imaginario patio de juegos que nunca encuentran. La naturaleza humana impone que, la mayoría de las veces, seremos tan inseguras como lo seamos de egocéntricas. La mejor manera para evitar que nos arrastren a pensar en forma superficial y narcisista que el dinero, las cosas materiales y la sensualidad pueden satisfacernos y darnos seguridad es entregarnos conscientemente a algo mucho más grande. Estamos bajo el constante adoctrinamiento que dice que adquirir es la manera de recibir.

Cristo, el autor de la vida más abundante, enseñó algo totalmente diferente. Él nos mostró que dar, más que adquirir, es el medio para recibir. Volveré a decirlo antes de que finalice nuestro viaje: para encontrarte a ti misma, para encontrar tu verdad, para afianzar tu identidad, debes perderte en algo más grande.

Si me lo permites, te haré algunas preguntas a fondo, a medida que nuestro camino se estrecha para llegar a su fin. ¿Qué te apasiona? Puesto que hemos sido creadas a mano a la imagen misma de nuestro Creador, cada una tiene la profunda necesidad de vivir una vida que tenga sentido. ¿Qué tiene sentido para *ti*? Cuando llegues al final de tus días, ¿en qué te gustaría que hubiera consistido tu vida? No te sientas condenada y superficial si en este momento no se te ocurre nada significativo. Revisa tu corazón. Tu visión puede estar sepultada debajo del cinismo que has desarrollado para defenderte. La vida es difícil, pero hasta su crudeza apunta hacia un propósito. Si estás dispuesta, probablemente puedas seguir el rastro de tu pasión hasta el punto más profundo de tu dolor.

Para muchas de nosotras, Dios usó las experiencias dolorosas para dar a luz las pasiones de nuestra vida. En mi interior arde un fuego por ver que las mujeres de todas las edades y colores sean libres y que florezcan en Cristo, porque he conocido la angustia de la esclavitud y del abuso. Tengo una amiga que fue profundamente afectada por el abandono y que, en la actualidad, dedica su vida a ayudar a parejas que quieren adoptar niños. Sé de otra mujer que tuvo muchos problemas para aprender y no obtuvo su título de graduada de la secundaria hasta edad bien avanzada. Actualmente, ayuda a niños para que aprendan a leer. Conozco a infinidad de adictas liberadas por Dios quienes ahora viven para ayudar a que otros descubran la misma liberación. Tengo muchas amigas que participan en ministerios en las cárceles porque saben lo que es sentirse atrapadas por haber tomado malas decisiones. Conozco a una ex bailarina erótica que le entregó su vida a Cristo y que, a través de su presencia santificadora, preservó su amor por lo inocente y hermoso del baile. Ahora enseña ballet a niñas pequeñas, y nunca ha sido tan feliz. Las niñas no conocen su pasado, porque ya no queda rastro de él; pero las que sabemos quién era ella estamos doblemente impactadas por el lugar en el que se encuentra ahora. Ella es un milagro.

Por favor, deja que reitere, en nombre del énfasis, asuntos muy vitales para el éxito de nuestro viaje: tú también fuiste creada para ser un milagro. Tu pasado no habrá llegado a completar el círculo perfecto de la redención hasta que dejes que Cristo no sólo lo sane, sino que, además, lo use. No estoy sugiriendo que tengas que hacer públicos todos tus pecados y dolores. Simplemente pienso que la única razón por la que Dios permitió todo ese dolor en tu camino, dado que te amaba, fue para obtener algo bueno de él. ¿Le has ofrecido a Dios la libertad para que obre en todas esas penurias para bien, como lo prometió en su Palabra a aquellas personas que lo aman y buscan cumplir sus propósitos?

Querida, buscar una vida con propósito es resistir fuertemente para no comprar la superficialidad que alimenta las inseguridades. ¿Qué pasaría si dejáramos de pensar en el tema y comenzáramos a ponerlo en práctica? Si no tienes idea de dónde comenzar, intenta descubrir algunas oportunidades de ofrecerte como voluntaria en la zona donde vives. Busca en las residencias para enfermos. Siéntate al lado de una persona con SIDA, que necesita que la amen. Ve a leerles a los ancianos. La gente que está ahí afuera necesita ayuda.

Y tú tienes algo dentro de ti que *necesita* ayudarlos. Yo también. Así es como fueron hechas nuestras almas.

A menos que elijamos marginarnos por completo de la vida pública, seguiremos pasando frente a seductoras vidrieras, carteleras, tapas de revistas y publicidad en Internet que gritan toda clase de promesas que no pueden cumplir. A menos que queramos dejar que nos consuman y corrompan por completo, tendremos que saber, más allá de toda duda, que la vida tiene que ver con algo más grande. Me afecta mucho menos poner un par de jeans en el mostrador de Gap si en mi corazón sé que es la cosa más alejada en el mundo de lo que realmente importa.

Cuando Keith y yo volvemos a casa luego de hacer trabajo de ayuda alimentaria en Angola, o tareas relacionadas con el SIDA en Sudáfrica, nuestros deseos mundanos siempre se apagan dramáticamente y nuestras inseguridades se vuelven temas sin importancia. Tenemos cosas mucho más valiosas en qué pensar. Ambos estamos convencidos de que, cuanto menos dispuestos estemos a salir de nuestras propias vidas, nos volveremos más egocéntricos y miserables. Nunca olvidaré el día en que, hace más o menos un año, Keith entró por la puerta de calle, cerrándola de un golpe, y entró a nuestro cuarto, donde agarró su chequera.

—Cariño, ¿qué te pasa? —Yo sabía que estaba furioso como una avispa.

—Me sorprendí contando mentalmente nuestro dinero mientras andaba por la ciudad. Según parece, últimamente no he dado lo suficiente.

Y firmó un cheque para una organización de beneficencia. Ahora, no pienses que es el señor Superespiritual, porque no lo es. Sólo es un hombre que ha vivido el tiempo suficiente para saber que cuanto más egoísta es, más se convierte en una persona miserable. Cuanto más avaro es, menos seguro se siente. Si siente que está acaparando, sabe que necesita desprenderse de algo.

Maravillados y agradecidos ante un Dios misericordioso, también hemos observado que nuestras hijas vuelcan sus pasiones en las necesidades de la gente. Así es: mis dos hijas pueden partirse los pies yendo de compras y pasando el día conmigo en algún centro comercial de la zona, donde es posible que terminemos con algo más que el almuerzo, pero también se suben a un avión para llegar a los lugares más remotos del mundo y darle cara a la pobreza más desagradable.

Nuestra hija menor, Melissa, recientemente escribió estas palabras luego de regresar de la obra misionera en el exterior. Su experiencia nos sugiere que no es necesario que una persona espere a tener más de cincuenta años para comprender que la vida no gira alrededor de ella.

¡Ah, qué huella tan profunda dejaron [los niños] en mi duro corazón! Y no sólo ellos, sino también todas las personas, tan profundamente amadas por Dios, en Calcuta y en la India en general, quienes deben luchar por su supervivencia, día tras día. Jamás podría haberme preparado para todo lo que vi la semana pasada. Por ejemplo, durante una de mis visitas a un devastador barrio pobre, un mendigo lisiado y semidesnudo, que estaba completamente encorvado por la joroba que tenía en la espalda, se me acercó rengueando. Me había comprado un coco con el poquísimo dinero que tenía, y rebanó la parte de arriba para que yo bebiera y así me protegiera del calor. Y, fíjate, yo era la que iba a regresar a un hotel con aire acondicionado. No él. ¿Qué se suponía que tenía que hacer yo con eso? Y esa es solamente una de las cientos de historias que podría contar.

Como cada uno tenía vivencias semejantes, y porque estoy segura de que estábamos abrumados, los líderes del grupo nos pidieron que rindiéramos un informe, en lugar de una lobotomía colectiva. En este informe, nos otorgaron un lugar seguro para hablar de lo que algunos de nosotros sentíamos y pensábamos. Fue muy bueno, pero realmente necesitábamos otra semana completa para discutir y resolver todo el asunto. Nunca olvidaré la [pregunta que planteó uno de los líderes] antes de que termináramos la presentación del informe.

"Ahora que ya saben, ¿qué harán?"

Continuó diciendo: "Han dedicado magníficamente sus palabras al compartir sus historias. Ahora es tiempo de dedicar sus vidas." Eso me perturbó y así fue que regresamos.

Confesaré algo sobre mí. Te darás cuenta de que paso por un momento difícil, emocional o espiritualmente, cuando me paso la noche viendo una de las películas de la trilogía de El señor de los anillos. Otras chicas podrán preferir *Sintonía de amor*, o incluso *Orgullo y prejuicio*; pero, en mi caso, es Tolkien. Hubo una horrible época de mi vida en la que, además de leer los libros, vi por lo menos una de las películas por noche, durante dos meses. Ojalá estuviera exagerando. Puedes preguntárselo a mi padre, porque no veía el momento en que me controlara. Yo había acaparado totalmente la televisión y él no podía ver sus programas sobre la caza. Y sí, lo sé . . . pasar tres horas por noche viendo películas no era exactamente administrar bien mi tiempo.

Pero es la verdad. Recuerdo de memoria casi toda la trilogía. Y eso es mucho decir, ya que la mayoría de los nombres propios son bastante parecidos.

Bueno, ayer volvió a suceder. Esta vez, mi víctima fue [la tercera de la trilogía] *El retorno del rey*. ¿La has visto? ¿Recuerdas la última escena en la que Frodo, de modo inesperado, aborda el barco para navegar hacia los Puertos Grises? A lo largo de su temible viaje a Mordor, Frodo y Sam soñaban con cosas como el sabor de las fresas de la Comarca, pero cuando Frodo finalmente vuelve a la Comarca, por alguna razón es como si no pudiera disfrutar plenamente de las comodidades normales que la Comarca tiene para ofrecer. Siempre especulé sobre por qué exactamente Frodo tuvo que zarpar hacia los Puertos Grises. Creo que es porque Frodo, simplemente, ha vivido demasiadas cosas. Sus heridas son demasiado profundas; después de varios años de haber vuelto a la Comarca, aún no han sanado. En la película, él hace una pregunta retórica: "¿Cómo recoges los hilos de una vida pasada? ¿Cómo sigues adelante cuando, en tu corazón, comienzas a entender que no hay vuelta atrás?" Y luego explica: "Hay algunas cosas que el tiempo no puede reparar. Algunas heridas que son demasiado profundas . . . que se han arraigado."

Pero yo no soy un hobbit.

Y esta es la vida real.

No puedo hacerme a la mar y, con Gandalf, escapar de las playas blancas rumbo a unas lejanas tierras verdes bajo un límpido amanecer.

Irónicamente, da la casualidad que mi vida está inmersa

en el corazón de la desmesurada cultura estadounidense. Y te mentiría si dijera que no la disfruto. La verdad sincera es que me conozco a mí misma. Sé que la vida normal rápidamente volverá a atraparme y la tentación será olvidarme de todo lo que he visto. Seguir adelante sin ningún cambio. Mientras que las personas que me rodean quizás estén deseando que me apure en aclimatarme nuevamente a la vida normal, mi miedo es avanzar demasiado rápido. Olvidarme de todo lo que he visto, escuchado, tocado, olido y sentido.

Me conozco.

Soy una chica de veintiséis años típicamente estadounidense; estoy presa del confort, de la seguridad, la vanidad, la abundancia y el materialismo tanto como las demás. A la luz de quien soy, me siento obligada a pedirle al Señor que haga un milagro a mi favor: que impida que se cierren las heridas emocionales que se me grabaron durante las últimas semanas. Mira, tal vez piensas que soy un poco morbosa, excéntrica o, sencillamente, rara, pero no importa, porque me han dicho cosas mucho peores, con toda seguridad. Así que esta es mi oración en el día de hoy: que el tiempo no haga de las suyas conmigo. Que el borde filoso del aguijón que siento en lo profundo de mi alma nunca quede romo, ni se alivie el dolor.

Mira, a Melissa no sólo le interesaba ocuparse de otros. Sabía que, en lo profundo de su alma, *necesitaba* hacerlo. Se dio cuenta de que, como el resto de nosotros, nunca sanaría de su egocentrismo a menos que fuera irreparablemente herida con el amor por un mundo afligido. Ayudar a otros llegaría a ser algo vital. Resulta que el profeta Isaías nos dijo algo parecido hace muchos siglos. Deja que esto penetre hasta la médula de tus huesos, querida, y luego, antes de que el polvo se asiente en la tapa de este libro, empecemos a actuar. Adiós, superficialidad. Has alimentado nuestra inseguridad durante mucho tiempo.

Ésta es la clase de ayuno que quiero: Pongan en libertad a los que están encarcelados injustamente; alivien la carga de los que trabajan para ustedes. Dejen en libertad a los oprimidos y suelten las cadenas que atan a la gente. Compartan su comida con los hambrientos y den refugio a los que no tienen hogar; denles ropa a quienes la necesiten y no se escondan de parientes que precisen su ayuda.

Entonces su salvación llegará como el amanecer, y sus heridas se sanarán con rapidez; su justicia los guiará hacia delante y atrás los protegerá la gloria del SEÑOR. Entonces cuando ustedes llamen, el SEÑOR les responderá. "Sí, aquí estoy," les contestará enseguida.

Levanten el pesado yugo de la opresión; dejen de señalar con el dedo y de esparcir rumores maliciosos. Alimenten a los hambrientos y ayuden a los que están en apuros. Entonces su luz resplandecerá desde la oscuridad, y la oscuridad que los rodea será tan radiante como el mediodía. El SEÑOR los guiará continuamente, les dará agua cuando tengan sed y restaurará sus fuerzas. Serán como un huerto bien regado, como un manantial que nunca se seca.

ISAÍAS 58:6-11

CAPÍTULO 17

¿A qué le tienes miedo?

TODA COMUNICADORA QUE se precie de tal sabe que los últimos puntos de un mensaje que escucha un oyente promedio probablemente serán los que mejor recuerde. Es por eso que he esperado hasta ahora para tratar el tema de este capítulo. Si olvidas otras cien referencias del libro, espero y ruego que no olvides esta. Piensa en ella como el botón de "Inicio rápido" en una bicicleta fija. Cuando te tomas el tiempo para adaptar tu programa ingresando tu edad, peso y preferencia de descanso antes de que los pedales comiencen a dar vueltas, indudablemente lograrás una mejor sesión de ejercicios. Pero, a veces, no tienes el tiempo o la paciencia para cargar la información. Si aprietas "Inicio rápido," tal vez no logres los efectos óptimos y personalizados, pero podrás contar con una sesión de ejercicios.

Tu búsqueda de un sentido general de seguridad será más

efectiva y vigorizante si tomas la ruta personalizada que hemos tratado a lo largo de múltiples capítulos. Sin embargo, a veces sólo necesitas saber cómo apretar "Inicio rápido." Para cada uno de esos momentos hay tres palabras poderosas:

Confía en Dios.

Simple y sencillo. No es fácil, sabes, pero es básico y sin complicaciones. No siempre tienes que desmenuzarlo. A veces, puedes tomar una única y rápida decisión. Como le dijo Cristo a un discípulo que dudaba, lo único que tienes que hacer es decidir: "Ya no seas incrédulo. ¡Cree!" (Juan 20:27). Cree en que él te ama, que te cubre y que toma cada uno de tus golpes como si fueran dirigidos directamente a su persona. Llega al fondo de lo que te asusta, y luego arrójaselo a Dios, como si fuera una papa caliente. Quedémonos un minuto en esas tres palabras metidas en medio de la oración anterior:

¿Qué te asusta?

Siempre que seas golpeada por una ola de inseguridad, el viento que la traiga será el miedo. Esto será cierto con una ola monumental o con una relativamente suave. En el momento que seas consciente de un estallido de inseguridad, aprende a revisar tu corazón para saber a qué le temes. Si eres sincera contigo misma, rara vez pasarás por esa prueba de diagnóstico con las manos vacías. No hace falta hacerlo complicado. Imagina dos escenarios.

1. Estás de pie junto al escritorio de una compañera de trabajo. Se da una simple conversación. "¿Escuchaste algo acerca de . . . ?" No, no has escuchado nada. De pronto, una ola de inseguridad crece dentro de ti; algún

tipo de temor la produce. Aprende cómo identificarlo instantáneamente. Sustitúyelo por confianza.

2. Estás con tu pareja en un restaurante lleno de gente. Mientras esperan que se desocupe una mesa, él y una mujer que no conoces se saludan con entusiasmo. Ella resulta ser una compañera de trabajo que le has escuchado mencionar una que otra vez. No tenías idea de que ella tuviera ese aspecto físico. De pronto, una ola de inseguridad crece dentro de ti; algún tipo de temor la produce. Aprende cómo identificarlo instantáneamente. Sustitúyelo por confianza.

Si tú y yo estuviéramos manteniendo esta conversación en un café en la vereda, tomándonos unos capuchinos, posiblemente estarías en posición de reaccionar ante el segundo escenario de esta manera: "Pero, Beth, yo no sé si puedo confiar o no en mi hombre. ¿Qué pasa si he visto la bandera de alerta y realmente está pasando algo?"

No estoy hablando de que confíes en tu compañero en medio de esa ola de inseguridad, aunque tengo la profunda esperanza de que puedas hacerlo, y de que lo hagas. Estoy hablando de algo que depende mucho menos de la carne débil: confiar en Dios. Confiarle a él *tu persona, tu esposo, tu trabajo, tu salud, tu familia, tus amigos, las cosas que te amenazan.* Hablo de que establezcas un diálogo transformador de dos frases con un Dios muy real y activo, quien ve todas las cosas y está al tanto de todo lo que te preocupa:

Tú: —Señor, no sé si puedo confiar en _____ o no.

Dios: —Pero ¿puedes confiar en *mí?*

Cada vez que te ataque la inseguridad, ten la certeza de que le tienes miedo a algo. La pregunta es: ¿a *qué?* La respuesta podría ser una entre muchas —depende de nuestras vulnerabilidades actuales—, pero puede pasar sutilmente ignorada detrás de la agitación de la inseguridad. Tienes que mirar más allá de lo obvio para identificar el viento que empuja a esa ola. Tal vez te beneficie un arranque rápido para saber qué tipo de cosas estás buscando. Bajo ese repentino estallido de inseguridad tal vez . . .

Tienes miedo de demostrar ser una estúpida.

Tienes miedo al rechazo.

Tienes miedo al anonimato.

Tienes miedo a estar sola.

Tienes miedo a ser insignificante.

Tienes miedo a la traición.

Tienes miedo a ser reemplazada.

Tienes miedo a la falta de respeto.

Tienes miedo a ser lastimada.

Tienes miedo a cualquier tipo de sufrimiento.

Nada me ha llegado con más naturalidad que el miedo. Entiendo algo de la locura que representa y la absoluta normalidad de gran parte del mismo. A menudo tengo miedo porque el mundo demuestra, una y otra vez, ser un lugar que te pone los pelos de punta. Como en tu caso, la mayoría de mis miedos ha sido infundada, pero algunos de ellos fueron casi proféticos (sin embargo, mis ensayos no hicieron nada para hacer más fácil la realidad). Escucha con atención: de cualquier manera, hayan sido fundamentados o ficticios, nuestros miedos jamás nos harán un solo favor. Si el miedo, de alguna manera, nos protegiera de las consecuencias específicas, te recomendaría que cada mañana saltáramos de atrás de la puerta y nos asustáramos a morir, por si acaso. Si el imaginar nos evitara la experiencia, renunciemos todas a nuestros empleos y pasemos el resto de la vida inmovilizadas en el sofá, viviendo en una ráfaga de horror mental inventada por nuestra imaginación. El hecho es que el miedo a algo no lo conjura, aunque nos gustaría que lo hiciera. Tampoco nos prepara para enfrentarlo. El miedo consume enormes cantidades de energía y atención, y puede carcomer nuestros intestinos, nuestras relaciones e infinidad de grandes oportunidades. A riesgo de simplificarlo demasiado, el tipo de miedo del que estamos hablando es una colosal pérdida de tiempo.

Yo solía pensar que la esencia de la confianza en Dios era confiar en que él no dejaría que mis miedos se hicieran realidad. Sin darme cuenta, en gran medida confiaba en que Dios hiciera lo que yo le decía. Si él no lo hacía, quedaba completamente desconcertada. Después de un tiempo más prolongado del necesario, caí en la cuenta de un par de cosas sobre lo que yo llamaba confianza: (1) No era genuina. (2) Fracasaba constantemente en abordar el meollo del problema. Esperar que Dios no permita que nuestros miedos se cumplan no sirve para llegar al fondo donde acecha la inseguridad. Es una confianza demasiada condicionada. Implica que si cualquiera de nuestros terrores se hiciera realidad, Dios, después de todo, no es digno de confianza. Si te ocurre como a mí, que tiendes a pensar que la esencia de la confianza es contar con que Dios te obedecerá, sigue por tu camino y dile adiós a cualquier atisbo de estabilidad duradera. Si no podemos contar con Dios, ¿con quién podemos contar? Como dice Isaías 33:6: "Él será tu cimiento seguro."

Recorre todo el planeta y surca los siete mares. Ahonda en las mejores filosofías del mundo y considera sus religiones, si te sobra el tiempo. Si eres cándida contigo misma, igualmente descubrirás que no hay nada más constante que Dios. Nada más permanecerá.

De todos modos, cuando condicionamos la confianza, le ofrecemos al enemigo de nuestra alma el espacio perfecto para que juegue con nuestra mente. Él no puede leer nuestros pensamientos, pero puede estudiar nuestro comportamiento. Una vez que localiza nuestro talón de Aquiles emocional, tensa el arco y apunta su dardo venenoso directamente hacia nuestra debilidad. Él descubre qué es lo que más tememos, y luego nos ataca despiadadamente con su certera puntería.

Mira si esto te resulta conocido: tu hija adolescente no regresa de una cita; es tarde y no puedes localizarla en su celular. La has llamado seis veces y le has enviado diez mensajes de texto. A la una de la mañana ya la imaginas muerta y sepultada. Cuando entra caminando de puntillas por la puerta, ya te has comido todo lo que había en la nevera y has ingerido una sobredosis de antiácidos. Gran parte del poder del enemigo reside en su engaño, porque él sabe por experiencia que el miedo constante al desastre puede ser tan destructivo como el desastre mismo. Tu hija suplica que la perdones, se deja caer en la cama y se duerme como un bebé. Y tú sigues despierta toda la noche, tratando de calmar tu angustia no correspondida.

En el fondo, sabes que tiene que haber una manera mejor. Y, gracias a Dios, la hay. Para que logremos plantar nuestros pies en tierra firme, tenemos que abandonar aquello que condiciona nuestra confianza y decidir que Dios cuide de nosotras, *pase lo que pase.* Déjame decirlo otra vez.

Pase lo que pase.

No digo que sea fácil. Lo que planteo es que, si queremos ser personas seguras, esta perspectiva es una necesidad. A veces, confiar en Dios significa no tomar otras medidas de acción. Es en esos momentos que un versículo como Salmo 46:10 habla más fuerte: "¡Quédense quietos y sepan que yo soy Dios!" Otras veces, confiar en Dios quiere decir reagruparse con él hasta que la niebla se disipe, para que sepamos cómo dar el paso siguiente. No hay cosa que nos despiste más o haga que nos precipitemos más rápidamente que el miedo. Para este tipo de momentos en los que la acción es necesaria, pero no obvia, Proverbios 3:5-6 da en el blanco: "Confía en el Señor con todo tu corazón, no dependas de tu propio entendimiento. Busca su voluntad en todo lo que hagas, y él te mostrará cuál camino tomar." Me encanta la manera concisa en que Salmo 37:3 dice algo parecido: "Confía en el Señor y haz el bien."

Hace un par de años, Dios me hizo pasar por un peculiar ejercicio que causó un terremoto en el concepto de confianza que yo había tenido durante mucho tiempo. Con tu permiso, me gustaría recrearlo para ti en forma de diálogo porque, cuando ocurrió, fue como si Dios me dijera cada palabra de manera concreta y audible. En realidad, lo que describiré fue expresado en mi espíritu, más que en mis oídos. Después de muchos años de relación con Dios, buscando saber cómo es él y cómo obra en las Escrituras, yo, como muchas otras personas, puedo experimentar la sensación de algo que él está imprimiendo fuertemente en mí, sin "escuchar" palabras concretas. A veces, de la nada, me aparecen pensamientos que estoy segura de que no tienen origen en mi propia mente. Si son coherentes con el carácter de Dios y suenan parecidos a algo que él diría en la Biblia, por lo general doy por sentado que vienen de él. En última instancia, el tiempo demuestra si discerní correctamente la voz, o no. Si produce un fruto considerable, sé que se trataba de Dios y que yo estaba por buen camino. Si nada resulta de ello, probablemente lo haya malinterpretado o se lo haya atribuido a él erróneamente. Ninguna de nosotras está exenta de confundir nuestros propios pensamientos con los de Dios, no importa cuánta experiencia tengamos de él.

Habiendo dicho esto, he aquí lo que sucedió. Dios me vio *nuevamente* en una confusión interior sobre un implacable desafío relacional y, mientras estaba luchando ante él en oración, con el estómago retorcido como un trapo mojado, me interrumpió.

Hija, cuéntame tus peores temores.

Me sentí un poco perpleja. Después de todo, estaba en medio de un lamento épico. Sin embargo, según mi valoración humana, no había dudas de que él había hablado, de modo que ¿quién era yo para pedirle que esperara su turno? Hice lo que me pedía. Le conté mis peores miedos. Entonces, él "dijo" algo que yo nunca hubiera podido prever y esto, querida, es precisamente lo que quiero decir con "de la nada."

Digamos que esas cosas ocurrieron.

Créeme cuando te digo que esto *no* es lo que yo quería escuchar de parte de Dios. Yo quería algo que me tranquilizara, algo como: "Jamás dejaré que ninguna de esas cosas te sucedan." Sentí que él continuaba interactuando, a pesar de mi desconcierto y mi temor.

Beth, imagínate pasando por todo el proceso de que se haga realidad uno de tus peores miedos. Llega hasta el final, al otro lado. ¿Qué ves ahí?

Así lo hice. Me vi recibiendo la noticia que más temía, llorando a lágrima tendida, sufriendo por una pérdida o atravesando todas las emociones de una traición. Las lágrimas me hacían arder los ojos. Sentí un vacío en mis vísceras. Tenía el estómago revuelto; pero, al llegar al otro lado, sucedió algo extraño. Usaré un ejemplo puntual para graficar el proceso:

Uno de los miedos que le confesé a Dios era que, en mi vejez, Keith dejara de amarme y se enamorara de otra persona. Una más joven. Después de todo, es lo que han hecho algunos de sus amigos íntimos. No era exagerado imaginarlo. No es algo que no sucede. Anticipé el peor de los escenarios: que Keith no sólo conociera a otra persona, sino que, además, mis hijas la quisieran y la aceptaran. Ahora *sí* que era una pesadilla.

De acuerdo, Beth, has hecho un buen trabajo imaginándote algo terrible. ¿Y luego?

Entonces entendí qué se proponía Dios. Él y yo sabíamos lo que yo haría. En un primer momento, quedaría destrozada. Probablemente, en mi enojo pecaría y diría toda clase de cosas y haría otras muchas que lamentaría por el resto de mi vida. Me sentiría indescriptiblemente sola y rechazada y, probablemente, vieja y fea. Pero sabía que al final me postraría ante Dios, como lo hice otras cien veces en momentos difíciles, aceptaría su gracia y su misericordia, creería que él puede llevar mi causa y ayudarme; entonces me levantaría y elegiría vivir.

El espantoso ejercicio emocional fue lo mejor que Dios pudo haberme pedido que hiciera. Él sabía que yo había imaginado reiteradamente la devastación y la derrota, pero nunca había ido más adelante en mi imaginación. Fue como si él me dijera: "Ya que vas a buscar problemas en tu futuro, ¿por qué no avanzas un poco más y pides la gracia para seguir adelante y verte a ti misma nuevamente de pie, desafiando los pronósticos de tu enemigo . . . así como lo hemos hecho juntos tantas otras veces?"

Aun ahora podría aplaudirlo. El diablo recibió un fuerte golpe ese día, porque nunca volví a repetir ese esquema de pensamiento. Y además, la victoria sobre una fortaleza mental de tanto tiempo me hizo contemplar la posibilidad de que yo podría, de la misma manera, ser libre de mi batalla contra la inseguridad. Después de todo, son inseparables. Actualmente, en mis oraciones digo mucho menos: "Señor, confío en que tú . . ." Simplemente trato de decir, una y otra vez: "Señor, confío en ti. Punto."

Siempre he tenido miedo de perder a mis seres más queridos. Cuando doy lugar a formas particularmente avanzadas de auto-tortura, hasta me he imaginado de pie frente a sus ataúdes (es morboso, lo sé, pero no trates de decirme que no lo has hecho). No obstante, nunca me había imaginado algunos años después, nuevamente de pie para la gloria de Dios, acongojada y marcada, pero entregando mi vida en bien de las personas lastimadas. Al ayudar a otras personas a salir adelante en situaciones por las que yo he pasado, encuentro la redención. Es la única manera que existe para despojar al dolor.

Claro que me doy cuenta de que Dios preferiría que me abstuviera de ensayar esa clase de miedos; pero él también conoce mis debilidades y de qué manera subconsciente yo relaciono amor con riesgo. Siempre que insisto en torturarme con esas posibilidades aterradoras, él parece sugerirme que las imagine hasta el final. La posibilidad de perder a un ser amado es horrible. No puedo imaginar soportarlo, pero porque sé que Dios es fiel, debo confiar en que, de algún modo, lo haría. ¿Puedes creer que tú también lo harías?

Dios ha prometido que dará su gracia conforme a nuestra necesidad, y que no solamente sobreviviremos a duras penas; si confiamos en él y nos aferramos a él con todas nuestras fuerzas —sufriendo, sí, pero como los que tienen esperanza—, también volveremos a crecer con fuerza. Podemos entregarnos a algo más grande que la falta de dolor. Podemos entregarnos a un *propósito*. Si cooperamos, el bien nos alcanzará a nosotras y a quienes nos rodean, y con toda certeza, Dios recibirá la gloria. De lo contrario, él habría prohibido la tragedia. Las que estamos en Cristo, además, pasaremos la eternidad con los seres amados que compartieron nuestra fe; y esta vida, en comparación, será como un suspiro.

Romanos 8:18 promete que el futuro que tenemos por delante es tan glorioso que ninguna cosa que hayamos sufrido se comparará con su magnitud y su esplendor. No debemos permitir que el enemigo de nuestra alma se salga con la suya, convenciéndonos de que cualquier cosa puede destruirnos por completo. Si lo hacemos, le entregaremos una invitación formal para que nos atormente constantemente. Una y otra vez, Jesús implora a sus seguidores: "¡Tengan ánimo!," como si él extendiera su mano y nos la abriera para ofrecernos un tesoro. Es hora de que lo aceptemos. ¿De verdad queremos pasar el tiempo ensayando muertes de todo tipo en lugar de participar de la efervescencia de la vida? Como dijo Shakespeare: "Los cobardes mueren miles de muertes. Los valientes prueban la muerte una sola vez."

Cuando me harté de mi batalla de toda la vida contra la inseguridad y comencé este viaje lleno de baches, encontré un párrafo en la Biblia que, desde entonces, se ha convertido en mi mantra. Esta porción se hace eco, con un rico tenor, de todo lo que hemos hablado en este capítulo. Describe a un ser humano con un corazón seguro, y yo estaba decidida a convertirme en alguien así. No sé cuántas veces he recitado este pasaje en los últimos doce meses. Ayer mismo lo dije en voz alta, y suficientes veces en las últimas semanas para saborear la persistente dulzura que me queda en la lengua al beber la verdad de a sorbos. Para nuestros propósitos actuales, no creo que a Dios le moleste que cambiemos el pronombre "ellos" por "ellas."

> *[Ellas] no tienen miedo de malas noticias; confían plenamente*
> *en que el SEÑOR [las] cuidará. Tienen confianza y viven*
> *sin temor, y pueden enfrentar triunfantes a sus enemigos.*
> *Comparten con libertad y dan con generosidad a los*
> *necesitados; sus buenas acciones serán recordadas para*
> *siempre. [Ellas] tendrán influencia y recibirán honor.*
>
> SALMO 112:7-9

Asimila nuevamente la afirmación: *Tienen confianza.* Mientras nuestro camino llega a su final, imagina que esas palabras son utilizadas para describirnos a ti y a mí. Hagamos un pacto, en este momento al acercarnos a la conclusión, de no rendirnos hasta que nuestros corazones estén firmemente seguros. Esas palabras son mucho más verdaderas respecto a mí hoy que hace nueve meses. Clava tus ojos en esas palabras gloriosas:

Ellas no tienen miedo de malas noticias. . . . Tienen confianza y viven sin temor.

A estas alturas, tú y yo sabemos que el miedo se come cruda

a la persona crónicamente insegura. Algunas hemos vivido tanto tiempo con el temor que ya lo sentimos como parte de nuestra alma, pero ha llegado el momento de tratarlo como a un enemigo extranjero. El mandamiento más reiterativo que Dios le da a su pueblo a lo largo de todas las Escrituras es: "¡No temas!" Cuando comenzamos este capítulo, hablamos de cambiar nuestro miedo actual por confianza, para quitarle el impulso a las velas de la inseguridad. No le quedará otra alternativa que irse a pique, como una cometa sin viento. Toma nota del miedo concreto que la persona del Salmo 112 cambió por confianza.

[Ellas] no tienen miedo de malas noticias. (*énfasis añadido*)

No creo que el salmista quisiera decir que las personas descritas tenían una garantía de por vida de parte de Dios de que nunca recibirían una mala noticia. Las cosas duras nos suceden a todas, y a menudo llegan en forma de "noticias." Son parte del hecho de tener un corazón en este planeta turbulento. El salmista solamente quiso decir lo que dijo. Ellas no viven con miedo a las malas noticias. ¿Por qué están libres de semejante autotortura? Presta atención porque esta conexión es crucial: ellas son libres porque saben que "pueden enfrentar triunfantes a sus enemigos." ¿La traducción? Dios arreglará todas las cosas —sin importar cuán difíciles o devastadoras sean— para el bien de ella. Su enemigo no triunfará sobre ella. Podrá lastimarla, al principio, pero al final será hermoso.

A la maestra que llevo adentro le encanta atar dos conceptos pendientes con un gran moño regordete y hermoso. Hagamos eso ahora mismo. ¿Recuerdas nuestro versículo clave en Proverbios 31, el que aprendimos a recitarnos a nosotras mismas cada vez que nos sintiéramos inseguras? Te refrescaré la memoria. Proverbios 31:25 habla de una extraordinaria mujer de valor: "Está vestida de fortaleza y dignidad." Sin embargo, esta es sólo la mitad del versículo. Es hora de que veamos el resto.

Está vestida de fortaleza y dignidad, y se ríe sin temor al futuro.

Tanto Salmo 112:7-8 como Proverbios 31:25 describen a las personas seguras. No es casualidad que estas personas tengan una profunda característica en común. Ninguna le da al futuro el derecho a intimidarlas. "Confían plenamente en que el SEÑOR las cuidará." La inseguridad se alimenta como un lobo hambriento del miedo al futuro, y no sólo del lejano futuro del envejecimiento, de las dolencias o de la muerte. La inseguridad teme lo que pueda suceder hoy, más tarde, esta noche, mañana, la semana que viene, el año que viene, la década que viene. Su mantra constante es: "¿Qué haré si . . . ?" El miedo al futuro hace que las personas se conformen en el presente con cosas que desafían a la vida abundante. También es un insulto a la gracia de Dios, que estará apilada de a montones para nosotras cuando lleguen los tiempos difíciles. Agonizamos por la incertidumbre de cómo lo lograremos, aunque en el trayecto podamos mirar sobre nuestro hombro y ver a dónde nos ha traído Dios. Y a menudo, atravesamos cosas peores que las que ahora tememos.

Cuando sientes que ese pánico conocido comienza a crecer en tu corazón como un río que se desborda, y tu alma empieza otra vez con las dudas de "¿Qué haré si . . . ?," ¿qué pasaría si estuvieras dispuesta a escuchar la voz de Dios susurrándote estas palabras inaudibles?

Hija, estás haciendo la pregunta equivocada. Esta pregunta es la que disipará tus temores: ¿Qué hará Dios si . . . ?

Aquí tienes algunas respuestas a esa poderosa pregunta. *Yo, el Creador de los cielos y la tierra . . .*

. . . llevaré a cabo los planes que tengo para tu vida (Salmo 138:8).

. . . haré que todas las cosas cooperen para tu bien (Romanos 8:28).

. . . pelearé contra quienes peleen contigo (Isaías 49:25).

. . . pelearé esta batalla por ti (2 Crónicas 20:15).

. . . te daré mis armas poderosas (2 Corintios 10:4).

. . . me deleitaré en mostrarte mi amor inagotable (Miqueas 7:18).

. . . supliré todo lo que necesites, de las gloriosas riquezas que te he dado por medio de Cristo Jesús (Filipenses 4:19).

. . . te daré mi gracia, que es todo lo que necesitas (2 Corintios 12:9).

. . . seré tu poder en tu debilidad (2 Corintios 12:9).

. . . lograré mucho más de lo que pudieras pedir o incluso imaginar mediante mi gran poder, que actúa en ti (Efesios 3:20).

Hay muchas cosas que no sé. Muchas de las que no tengo certeza. Muchas que hacen que me cuestione, pero, hermana, estoy segura de esto: basada en la autoridad de Dios, y en los siglos de testimonio de su fidelidad, te aseguro que si pones tu confianza en él, siempre —he dicho: siempre— él se asegurará de que al final enfrentarás triunfante a tus enemigos. Ninguna

enfermedad, pérdida, rechazo o traición tendrá la última palabra. Volverás a ponerte de pie, más fuerte que nunca. Y ¡que tu
enemigo invisible lamente el día en que puso la mira de su arma
sobre tu frente!

CAPÍTULO 18

Permanecer limpias

ESTE HA SIDO un libro desordenado. En caso de que quieras saber si soy consciente de ello, lo soy. La pasión no siempre es la mejor tinta. Tiende a salpicar y manchar, en lugar de escribir cuidadosa y melodiosamente, como las notas en la partitura de un compositor. El autor de Proverbios hablaba de palabras dichas con propiedad, pero me parece que lo que conseguiste aquí han sido palabras dichas a borbotones. Las cosas se dicen mejor en retrospectiva; pero si yo hubiera esperado a superar mi patética inseguridad, la presión habría disminuido y el mensaje escrito nunca se habría concretado. La nueva fase de mi vida habría llegado con todas sus exigencias, y detenerme para mirar atrás habría sido un lujo inalcanzable. Si este libro es tan desordenado como yo creo que es, por lo menos lo es de una manera limpiadora. Eso es posible, aunque te parezca mentira.

Hace poco, mi cuñada estuvo en Houston por una visita que nos debía desde hacía mucho tiempo. Ha vivido fuera del país con su familia durante varios años, y se adaptó a viajar en tren a la mayoría de los lugares, en lugar de hacerlo en automóvil. Al parecer, estaba un poco desacostumbrada al modo en el que se hacen las cosas en los espacios ampliamente abiertos de Texas, donde los trenes todavía son más aptos para llevar el ganado, y donde el sistema subterráneo es usado por las personas que se niegan a conducir una camioneta. Mientras completaba algunos trámites, mi cuñada decidió hacerles un favor a sus padres y llenó el pequeño tanque de gasolina de su Toyota Corolla plateado de cuatro puertas. Pagó con tarjeta frente al surtidor y llenó hasta la última gota de combustible que le cabía y, mientras estaba volviendo a poner en su lugar la boquilla, vio en la pantalla la pregunta habitual: "¿Quiere lavar su auto?" Cuando vio la mancha de polvo que tenía en la parte de sus pantalones con la que se había apoyado en el guardafangos, mi cuñada decidió que les haría un doble favor.

Añadió siete dólares para el SuperWash, llevó el auto a la parte posterior de la tienda de víveres, encontró el letrero que decía "Ingrese aquí" y marcó su código de seis dígitos. La voz grabada le indicó que pusiera el auto en punto muerto e, imaginando lo contentos que pronto estarían sus padres, procedió felizmente a hacerlo. Eso fue lo último que pensó con claridad en los cuatro minutos más largos de su vida. Algunos de los detalles son muy superficiales; pero, basada en mis perfeccionadas habilidades como investigadora del comportamiento humano extraño, esto es lo que he deducido:

La cinta trasportadora empezó a arrastrar el vehículo en punto muerto hacia el túnel de lavado, como debía, pero la voz grabada todavía seguía dando instrucciones. Según lo que narró mi cuñada, asomó la cabeza fuera de la ventanilla del conductor y le gritó a la voz: "¿Qué? ¿Qué dijo?" Si no eres oriunda de esta parte del país, donde los modales le ganan a la autenticidad y, a veces, al sentido común, es posible que no entiendas nuestra renuencia a marcharnos mientras alguna persona todavía está hablándonos. Sí, incluso si se trata de una voz automática de género indistinguible encerrada en una caja de metal con parlantes de mala calidad. Por estos lugares es de mala educación.

Exasperada, se dio media vuelta un segundo antes del primer chorro. No pudo describir su color porque le pegó directamente en el ojo; pero, como experta cliente de lavaderos automáticos, tengo muy en claro cómo era. Era del color de un tono de tintura azul de peluquería, en el pelo de una mujer bien entrada en años, de cabellera blanca como el algodón. No lo dudo para nada. He visto ese tono cientos de veces en la iglesia. En su ceguera momentánea, y tremenda sorpresa, mi cuñada comenzó a golpear frenéticamente la parte interior de la puerta del auto en busca del botón para cerrar la ventanilla del auto. Sin embargo, ella había manejado muy pocas veces el auto de sus padres, así que es perfectamente entendible que le diera al botón que baja la ventanilla del asiento posterior, en lugar de levantar la ventanilla delantera. Lo que vino a continuación fue el SuperWash de su vida. Cuando logró salir del lavadero, había sido empapada, enjabonada, abofeteada hasta la inconsciencia por largos trapos grises, y luego enjuagada y encerada con una efectividad impresionante. La única que falló en su funcionamiento completo fue la secadora eléctrica que había a la salida. Desde luego, esta no fue una deficiencia menor, en términos de su cabello. He omitido su nombre a propósito, para proteger el último resto de dignidad que le quede. No obstante, ella sabe a quién me refiero aunque ahora, probablemente, lamente habérmelo contado; pero, como es buena gente, creo que lo tomará de buena gana.

No me estoy burlando de ella para nada. Estoy relatando. Es exactamente lo que he soportado durante los últimos nueve meses de arduo trabajo en este libro. Me siento como una persona que ha caminado descalza por un lavadero automático y que pagó una buena suma de dinero por ello. Particularmente, siento los duros golpes de los largos trapos grises. Después de muchos meses estoy bastante más limpia, pero necesito con urgencia un día en un centro de belleza. Hablando de salones de belleza, en caso de que alguna vez nos conozcamos en persona, te conviene saber de antemano qué puedes esperar de esta amiga como consecuencia de este libro. Después de todo, lo que más odio es no estar a la altura de las expectativas de alguien; pero, lamentablemente, es uno de los riesgos de trabajo más previsibles en el enmarañado campo de la escritura. Prefiero decirte de antemano que, si nos encontráramos, podrías apostarle a tu amiga una taza de café que todavía me hago los rayitos, la manicura (o que necesito hacérmela) y que aún quiero comprarme el último delineador gris o, mejor aún, un buen par de jeans.

No hago ninguna de esas cosas por inseguridad. Las hago porque me gustan, no porque no me agrade a mí misma, ni porque necesite agradarte. Además, tengo dificultad en considerar estas cosas como contrarias a la Biblia, no sea que se conviertan en idolatría o en una montaña de deudas. Primera de Pedro 3:3-4 cumple espléndidamente con la tarea de recordarnos a las mujeres que no confundamos de dónde emana la verdadera belleza, y disipa cualquier duda en cuanto a la prioridad que tiene lo interior sobre lo exterior. Sin embargo, en el contexto del consejo bíblico en conjunto, de principio a fin, te resultaría difícil respaldar el concepto de que es erróneo que una mujer se esfuerce razonablemente para verse bien, siempre y cuando no ponga en riesgo la primacía de su carácter. En realidad, la Biblia no santifica la falta de atractivo ni el adornarse. Dios simplemente "no ve las cosas de la manera en que tú las ves. La gente juzga por las apariencias, pero el SEÑOR mira el corazón" (1 Samuel 16:7).

Mi objetivo, como consecuencia de este viaje del corazón, es dejar de pensar o de actuar por inseguridad. Desde el punto de vista del observador, la línea, a veces, puede resultar muy delgada, pero para la persona en sí, la diferencia en la lucha interna puede ser tan clara como la luz del día, si está dispuesta a prestar atención. La inseguridad tiene un sabor enfermizo. Una inquietante urgencia y desesperación. Si la sensación queda enmascarada con otros sentimientos, lo único que debemos preguntarnos es por qué pensamos como pensamos, o por qué hacemos lo que hacemos. La inseguridad es, sobre todo, un motivador ansioso. Podemos llegar directamente al meollo de nuestra motivación con este tipo de preguntas:

Esto que estoy haciendo, o comprando, o diciendo o vendiendo ¿se debe a la inseguridad?

Si la respuesta honesta es que sí, entonces es hora de ser valiente y decir que no. No estoy segura de cómo se vea esta plomada junto a tu vida, pero te aseguro que, junto a la mía, significa que mientras que ir de compras está bien, algunas otras prácticas y opciones probablemente estén mal, porque sé muy bien que sólo están impulsadas por la inseguridad. Los que estamos en Cristo poseemos un entendimiento sobrenatural para reconocer la diferencia, y el poder divino para actuar al respecto.

No hace mucho, recibimos un comentario en el blog que nos dio una alegría indecible a Amanda, a Melissa y a mí. Entre nuestras dos generaciones y nuestras tres personalidades distintas, tenemos el privilegio de servir a todo tipo de mujeres, de todas las edades y condiciones sociales. En nuestra comunidad en Internet tenemos estudiantes universitarias y jubiladas expertas en sitios web, y en el medio, encontrarás ocupaciones que abarcan una gama desde anestesistas hasta misioneras. Como la mayoría de las comunidades que hay en los blogs, la nuestra tiene sus miembros regulares que dejan comentarios con frecuencia suficiente como para convertirse en amigas bien recibidas. Una de ellas es la hermana Lynn. En este caso, el término "hermana" no es solamente una figura del lenguaje para nombrar a una amiga cristiana. Lynn es una "hermana" de verdad en el sentido eclesiástico de la palabra. Ella y su alegre grupo de participantes en redes sociales son monjas que se vinculan desde el sencillo mundo de conexión inalámbrica de su convento.

Hace poco, puse un comentario en el blog sobre una canción que había estado cantando reiteradamente en medio del caos laboral y de un pequeño desengaño. Las palabras y la tierna melodía me recordaron cuánto amo a Jesús. Es la clase de canción que no solamente cantas *sobre* él, sino que le cantas directamente a él. Compartí la letra en el comentario y pedí a nuestras lectoras el nombre de alguna canción que acostumbren cantarle a Jesús cuando sienten el amor, o cuando quieren sentirlo. Los comentarios llegaron como un torrente de alegría. Las lectoras brindaron cientos de títulos sacados de las listas de música cristiana contemporánea y de las resbalosas páginas plateadas de los eternos himnarios. ¿Y la hermana Lynn? Apareció con una canción clásica y conmovedora de finales de los años sesenta, una que cantaba Aretha Franklin. Las que tuvimos la suerte de ser jóvenes o de estar sobrias cuando el *rhythm and blues* era el ritmo que reinaba en las estaciones AM de radio probablemente recordemos el estribillo de memoria. Baja un poco la velocidad antes de leer sus últimas dos líneas. No puedes apurar una letra como esta. Cada sílaba fue creada para colgar como un vestido de verano en un tendedero del campo, hasta que alguna mujer que casi ha olvidado quién es pueda sentir que la brisa vuelve a soplar vida en sus pulmones:

"Tú me haces sentir como una mu-jer na-tu-ral. [Y aún más lento aquí:] Una mu-u-u-jer na-tu-ral."

Eché mi cabeza hacia atrás y me reí a todo pulmón de la atrevida elección de la hermana Lynn, pero también supe exactamente de qué hablaba. Jesús ha sido el amor más puro y constante de mi vida y, a pesar de los inevitables dolores y los golpes de haber vivido durante cinco décadas, de alguna manera, con él mi juventud se renueva inexplicablemente. A la luz de su presencia, estoy feliz de ser una mujer y de sentirme curiosamente experta para ello, aun en un mundo que se ha desquiciado. Lejos de la percepción consciente de su persona, quedo a la amarga merced de mi próximo malhumor. Ese es el punto en el que la hermana Lynn consentiría felizmente en ser un poco superada. En realidad, con Jesús somos mucho más que mujeres naturales. ¿Recuerdas? Tenemos este *Tesoro*: este poder que sobrepasa a todas las cosas, en estas defectuosas vasijas de barro. Cada vez que nos miramos al espejo, estamos cara a cara con la obra sobrenatural de Dios. Entonces,

¿qué problema hay si el color de tu cabello no es exactamente natural? Admítelo. A veces sobrevaloramos lo natural.

Mientras terminamos las cosas por aquí, ¿no sería maravilloso si tú y yo pudiéramos buscar una mesa en un restaurante y sentarnos frente a frente durante un rato? Yo te preguntaría si Dios ha logrado alguna cosa perceptible en tu vida a través de las páginas de este libro, y luego te diría que el papel de Dios en este proceso ha sido monumental para mí. Si la verdad es que para ti fue sustancialmente menor, te pediría disculpas por no cumplir con mi deber. Nada me alivia más que tener la absoluta certeza de que las huellas de las manos humanas no pueden manchar el rostro de Dios cuando él está decidido a revelar un poco de sí mismo.

Una de las cosas que me encanta de él es su fuerte afición por lo auténtico. Ni la persona hipócrita ni la incapaz pueden usarlo a él como excusa. Si algún mensaje, ya sea escrito o en persona, fue verdaderamente idea suya, y estuvo impregnado en su unción, primero lo ha probado meticulosamente en el mensajero. Para demostrar que como escritora soy auténtica en cuanto a este tema, Dios ha pasado este último año exponiendo sistemáticamente cada inseguridad desagradable que yo tenía, y probó estos métodos en circunstancias demasiado asombrosas como para que fueran una coincidencia.

Para empezar, permitió que Keith y yo soportáramos una época desafiante que, por mis antecedentes, me habría arrancado el corazón por la falta de confianza en mí misma. Antes de que lográramos salir del embrollo, tuve infinidad de oportunidades para recordarme: *Estoy vestida de fortaleza y de dignidad*, y para decirle silenciosamente a cualquier persona o cosa que vinieran a robarme mi seguridad: *Dios me la dio; es mía. No puedes quitármela.*

Y luego, uno de mis seres queridos ha enfrentado una crisis de salud a temprana edad adulta y, hasta ahora, no se ha resuelto el tema. Después de permanecer inquebrantable, por su bien, a lo largo de los meses de las pruebas médicas, finalmente di lugar al pánico frente a la creciente preocupación de los especialistas. Eso me dolió en lo más profundo del alma debido a los conceptos que posteriormente enseñé en este libro. Una noche, mientras volvía en mi automóvil después de haber pasado el día con ella, le dije en voz alta a Dios estas palabras, entre gemidos:

"Señor, te pido que la sanes completamente. Tú sabes que es el deseo de mi corazón. La quiero muchísimo, más que a mi propia vida, pero ni ella ni yo tendremos seguridad duradera creyendo que tú harás solamente lo que te pidamos que hagas. Mi fe condicional deja la puerta abierta para que el enemigo me atormente. Por lo tanto, con cada gota de determinación que hay en mí, elijo confiar en ti. Punto."

Allí, con mi rostro bañado por las lágrimas y con un nudo en la garganta, sentí que mi fuerza resurgía. En medio de estas dos preponderantes pruebas a la seguridad llegaron todas las variantes cotidianas que afectan más lentamente, pero muchas veces más indeleblemente a la persona con el paso del tiempo. Al igual que tú, estoy demasiado involucrada en la vida real como para no tener problemas laborales, problemas personales y dificultades con otras personas. En ocasiones me he sentido atacada, malinterpretada y criticada, como probablemente te ocurra también a ti. Yo también he visto en el espejo a una persona un día más vieja y, sin importar tu edad, a ti te habrá sucedido lo mismo. He sentido miedo a la oscuridad, y mucho más miedo a la luz. He dudado de los motivos que hay en todas las cosas que hago.

Y, mientras tanto, los conceptos de los que hemos hablado en este libro han soportado la prueba. Pase lo que pase, hayan sido bien recibidos o no, Dios quiso que yo sea capaz de mantener mi cabeza en alto cuando este mensaje salga a la venta, y que sepa, más allá de toda duda, que no soy la misma persona que escribió la primera página. Las tormentas llegaron y los métodos sirvieron . . . por lo menos en una mujer crónicamente insegura. Dios y yo hemos recorrido un largo camino desde el punto de partida. Ya no estoy seriamente enojada. Preocupada sí, pero ahora estoy a una o a dos cuadras del enojo. He tropezado con un lavadero de automóviles en el que mi enojo se transformó en pasión: una pasión que anhela ver prosperar el derecho a la seguridad dado por Dios a las chicas desde la primaria hasta las veteranas, en una cultura que es cruel con nuestro género.

Aunque pronto nos separaremos, quiero que sepas cuánto me importas y lo mucho que te agradezco por hacer este viaje conmigo. Lo comencé por mi fuerte necesidad, pero nunca habría llegado tan lejos sin ti. Neguémonos a ceder un solo centímetro del terreno que hemos ganado. No quiero sufrir una recaída.

Para ayudar a provocar una victoria continua, he escrito una plegaria que incluye nuestros conceptos y que está sustentada en las Escrituras, la cual pienso usar todo el tiempo que haga falta para que este proceso mental se transforme en mi segunda naturaleza. Si quieres unirte a mí, la encontrarás al final de este capítulo. Úsala cuando quieras. Úsala todos los días. Considérala tu oración de mantenimiento. Si la vida te deja sin aliento y has perdido en parte tu sentido de seguridad personal, regresa a la plegaria más larga que está en el capítulo 9. Esa es tu oración de reparación. Con esas dos, sería raro que te quedaras sin palabras cuando necesites renovar tu seguridad.

Estoy a punto de cerrar la boca, pero ten la seguridad de que Dios la abre completamente. Él está llamándote, querida. Está convocándote a ser libre. Está atrayéndote a la alegría. Él está invitándote a una vida con propósito y a dar vueltas con la fe de una niña que se sabe amada por él. Su mano está extendida. Recupera tu dignidad, sin importar dónde hayas estado o qué te haya sucedido. Aférrate a tu seguridad a más no poder. Es tuya. Nada ni nadie puede quitártela.

> *El SEÑOR es tu seguridad. Él cuidará que tu pie no caiga en una trampa.*
> PROVERBIOS 3:26

Ahora, sal de ahí y muéstrales a algunas chiquitas incrédulas cómo es una mujer segura.

Padre mío que estás en los cielos:

Te agradezco por darme aliento en este día para alabarte.

Te agradezco por una vida en la que nada se desaprovecha, una vida en la que el dolor se convierte en propósito y en la que tu providencia confiere un destino personal.

Nunca permitirás en mi camino algo que no te glorifique, o que no sea para mi bien o para el bien de las personas que me rodean.

Sin importar qué pueda transcurrir en este día, yo estoy vestida de fortaleza y dignidad.

Tengo la fuerza divina para superar cada obstáculo y toda opresión, porque pertenezco a Jesucristo y su Espíritu Santo vive dentro de mí.

Señor, tú eres mi seguridad.

Nada ni nadie puede separarte de mí.

Tú impedirás que mi pie caiga en una trampa.

Yo elijo darle la espalda al miedo, porque tú estás aquí conmigo.

Puedo sonreír por los días que vendrán, porque tu plan para mí es bueno y justo.

Mi corazón está firme y confía en ti, Señor.

Al final, enfrentaré triunfante a mis enemigos.

Por ti, yo, _____,

soy segura.

En el nombre victorioso de Jesús,

Amén.

Si estás considerando a Cristo

No PODRÍA TENER un privilegio más grande en mi vida que compartir contigo la salvación de Jesucristo por medio de una sencilla oración llena de tu fe. Te darás cuenta, con el paso del tiempo, de que ningún ser humano puede hacer esta invitación. Ella sólo proviene de Cristo. Él te ha seguido durante años, y ahora, si así lo deseas, ha llegado el momento de que empieces a vivir la vida para la cual fuiste creada. Muchas veces, la sencillez del evangelio resulta ser un escollo para la gente. Pensamos que lograr la vida eterna en el cielo y la salvación en la tierra deberían tomarnos más de cinco minutos, pero es porque no comprendemos quién está haciendo el trabajo.

Jesús ya consagró tiempo, energía e inimaginable sufrimiento en su camino a la cruz. Todo lo que tienes que hacer es recibir el regalo que él ha colocado, con amor infinito, frente a ti. Una vez que aceptes su regalo de gracia, nunca más tendrás que dudar de tu salvación. Tu condición eterna no depende de cómo te sientes día a día. Mantente firme en lo que sabes. En el preciso momento en que aceptas a Cristo como tu Salvador, recibes su Espíritu. Una vez que él reside en ti, nunca te dejará ni abandonará. Cuando mueras, despertarás inmediatamente a una nueva vida en un Reino glorioso, donde te sentirás más viva de lo que jamás soñaste en la tierra. Toma consciencia y recuerda que nada ni nadie, inclusive tú, pueden menoscabar tu salvación.

Cada persona en busca de respuestas encuentra unos pasos sencillos para ser cristiano en Romanos 10:8-13:

> *"El mensaje está muy cerca de ti, está en tus labios y en tu corazón." Y ese mensaje es el mismo mensaje que nosotros predicamos acerca de la fe: Si confiesas con tu boca que Jesús es el Señor y crees en tu corazón que Dios lo levantó de los muertos, serás salvo. Pues es por creer en tu corazón que eres declarado justo a los ojos de Dios y es por confesarlo con tu boca que eres salvo. Como nos dicen las Escrituras: "Todo el que confíe en él jamás será deshonrado." No hay diferencia entre los judíos y los gentiles en ese sentido. Ambos tienen al mismo Señor, quien da con generosidad a todos los que lo invocan. Pues "todo el que invoque el nombre del SEÑOR será salvo."*

Confiando en lo que dice la Escritura y de corazón, repite estas palabras para Dios. Si te es posible, hazlo de rodillas para santificar este momento y recordarlo siempre.

Padre del cielo y de la tierra,
Gracias por enviar a tu Hijo
a morir por todos mis pecados
—pasados, presentes y futuros.
En este día _____,
recibo el regalo de tu gracia,
me arrepiento de mi manera destructiva de vivir
y acepto a tu Hijo como mi Salvador personal.
Creo de corazón
y confieso de palabra
que Jesucristo es el Señor.
Guíame diariamente a cumplir mi destino.
Lléname con tu Espíritu
y fortaléceme para lograr lo imposible.
Hoy día la cuenta está saldada.
Soy tuya y tú eres mío.
En el nombre liberador de Jesús,
Amén.

Querida, si has formulado esta oración con un corazón dispuesto y sincero, te has convertido en una hija de Dios. Tu vida eterna está asegurada y tu salvación es completa y absoluta. Cada vez que te asalte la duda, en lugar de ello, dale gracias a Dios. Lo estarás honrando al creer que él ha hecho exactamente como prometió. ¡Bienvenida a la familia de Dios! Me faltan palabras para expresarte lo feliz que me siento de presentarte al Salvador, quien ha sido mi alegría, mi fuerza y el propósito de toda mi vida. Que su poder y su misericordia estén contigo.

Por favor no hagas nada que te incomode, pero si lo deseas,

me gustaría saber si tomaste esta decisión. No voy a publicar tu nombre ni avergonzarte en forma alguna. Nomás me encantaría celebrar contigo tu salvación. Aquí me puedes encontrar: www .solonginsecurity.com.

Notas

1. Entrevistas a 953 encuestadas hechas por Adrienne Hudson, estadística, noviembre de 2008, página del blog de Living Proof.
2. Joseph Nowinski, *The Tender Heart: Conquering Your Insecurity* [El corazón sensible: Conquistando su inseguridad] (Nueva York: Fireside Publishers, 2001), 23.
3. Ibídem, 23–24.
4. Tomado de "Mostly Late at Night [Mayormente a medianoche]" por Kate Crash; citado en "Poet Turned Songwriter: An Interview with Kate Crash [Poeta convertida en compositora: Una entrevista con Kate Crash]," *Carpe Articulum Literary Review* (marzo–abril 2009).
5. Nowinski, *The Tender Heart*, 57.
6. Michael Levine y Hara Estroff Marano, "Why I Hate Beauty [Por qué odio la belleza]," *Psychology Today* (julio/agosto 2001): 41.
7. Sermón en la First Baptist Church de Houston, 26 de abril de 2009.
8. *Merriam Webster's Collegiate Dictionary*, 11ª edición (Springfield, MA: Merriam-Webster, Inc., 2003).
9. Richard Winter, *Perfecting Ourselves to Death* [Perfeccionándonos hasta la muerte] (Downers Grove, IL: InterVarsity Press, 2005), 125–126.
10. Fuente original: Terry D. Cooper, *Sin, Pride and Self-Acceptance* [Pecado, orgullo y aceptarse a sí mismo] (Downers Grove, IL: InterVarsity Press, 2003), 166.
11. *Word Biblical Commentary* [Comentario bíblico Word], tomo 22 (Nashville: Thomas Nelson Publishers, 1998), 243.

12. Palabra *hadar* (pronunciada *ja-DAR*), *Key Word Study Bible* [Biblia de estudio Palabras claves] (Chattanooga, TN: AMG Publishers, 1996), Ayudas léxicas AT, #2077, 1511.

13. Nowinski, *The Tender Heart*, 138.

14. Ibídem, 139.

15. Rob Jackson, "Confronting Your Spouse's Secret Sin [Confrontando el pecado secreto de tu cónyuge]," http://www.pureintimacy.org/piArticles/A000000483.cfm (accedido el 4 de septiembre de 2009).

16. Jennifer Rothschild, *Me, Myself, and Lies* [Yo misma y las mentiras] (Nashville: LifeWay Press, 2008), 119.

17. Cooper Lawrence, *The Cult of Celebrity* [El culto de la celebridad] (Guilford, CT: Skirt Publishers, 2009), 233.